主　编：陈　恒

光启文库

光启随笔

光启文库

光启随笔　　光启讲坛
光启学术　　光启读本
光启通识　　光启译丛
光启口述　　光启青年

主　编：陈　恒

学术支持：上海师范大学光启国际学者中心

策划统筹：鲍静静
责任编辑：周小薇

商务印书馆（上海）有限公司　出品
The Commercial Press (Shanghai) Co. Ltd.

五个世纪的维度

俞金尧 著

商务印书馆
The Commercial Press

图书在版编目（CIP）数据

五个世纪的维度 / 俞金尧著. — 北京：商务印书馆，2023
（光启文库）
ISBN 978-7-100-22048-4

Ⅰ.①五… Ⅱ.①俞… Ⅲ.①随笔—作品集—中国—当代 Ⅳ.①I267.1

中国国家版本馆CIP数据核字（2023）第036725号

权利保留，侵权必究。

五个世纪的维度
俞金尧 著

商务印书馆出版
（北京王府井大街36号 邮政编码 100710）
商务印书馆发行
山东临沂新华印刷物流
集团有限责任公司印刷
ISBN 978-7-100-22048-4

2023年5月第1版　　开本 889×1194　1/32
2023年5月第1次印刷　印张 12½

定价：85.00元

出版前言

梁启超在《清代学术概论》中认为,"自明徐光启、李之藻等广译算学、天文、水利诸书,为欧籍入中国之始,前清学术,颇蒙其影响"。梁任公把以徐光启(1562—1633)为代表追求"西学"的学术思潮,看作中国近代思想的开端。自徐光启以降数代学人,立足中华文化,承续学术传统,致力中西交流,展开文明互鉴,在江南地区开创出海纳百川的新局面,也遥遥开启了上海作为近现代东西交流、学术出版的中心地位。有鉴于此,我们秉承徐光启的精神遗产,发扬其经世致用、开放交流的学术理念,创设"光启文库"。

文库分光启随笔、光启学术、光启通识、光启讲坛、光启读本、光启译丛、光启口述、光启青年等系列。文库致力于构筑优秀学术人才集聚的高地、思想自由交流碰撞的平台,展示当代学术研究的成果,大力引介国外学术精品。如此,我们既可在自身文化中汲取养分,又能以高水准的海外成果丰富中华文化的内涵。

文库推重"经世致用",即注重文化的学术性和实用性,既促进学术价值的彰显,又推动现实关怀的呈现。文库以学术为第一要义,所选著作求思想深刻、视角新颖、学养深厚;同时也注重实用,收录学术性与普及性皆佳、研究性与教学性兼顾、传承性与创新性俱备的优秀著作。以此,关注并回应重要时代议题与思想命题,推动中华文化的创造性转化与创新性发展,在与国外学术的交流对话中,努力打造和呈现具有中国特色的价值观念、思想文化及话语体系,为夯实文化软实力的根基贡献绵薄之力。

文库推动"东西交流",即注重文化的引入与输出,促进双向的碰撞与沟通,既借鉴西方文化,也传播中国声音,并希冀在交流中催生更绚烂的精神成果。文库着力收录西方古今智慧经典和学术前沿成果,推动其在国内的译介与出版;同时也致力收录汉语世界优秀专著,促进其影响力的提升,发挥更大的文化效用;此外,还将整理汇编海内外学者具有学术性、思想性的随笔、讲演、访谈等,建构思想操练和精神对话的空间。

我们深知,无论是推动文化的经世致用,还是促进思想的东西交流,本文库所能贡献的仅为涓埃之力。但若能成为一脉细流,汇入中华文化发展与复兴的时代潮流,便正是秉承光启精神,不负历史使命之职。

文库创建伊始,事务千头万绪,未来也任重道远。本文库涵盖文学、历史、哲学、艺术、宗教、民俗等诸多人文学科,需要不同学科背景的学者通力合作。本文库综合著、译、编于一体,也需要多方助力协调。总之,文库的顺利推进绝非仅靠一己之力所能达成,实需相关机构、学者的鼎力襄助。谨此就教于大方之家,并致诚挚谢意。

清代学者阮元曾高度评价徐光启的贡献,"自利玛窦东来,得其天文数学之传者,光启为最深。……近今言甄明西学者,必称光启"。追慕先贤,知往鉴今,希望通过"光启文库"的工作,搭建东西文化会通的坚实平台,矗起当代中国学术高原的瞩目高峰,以学术的方式阐释中国、理解世界,让阅读与思索弥漫于我们的精神家园。

上海师范大学光启国际学者中心
2020年3月

序　言

历史有什么用？

如果这是一个高考试题，肯定不算偏题、怪题。

"以史为镜，可以知兴替""读史使人明智"，这些格言在中国的语境下基本上算是常识了，写在试卷上，它们几乎就是标准答案。

但是，如果换一个语境，放在西方文化背景下，要答好这个问题，就不见得那么容易。事实上，这个问题被马克·布洛赫的小儿子提出来时，就难住了这位著名的法国历史学家。他当然想不到用中国式的格言就可以轻松回答他儿子提出的问题，他承认，他未能给那个求知欲极强的孩子以圆满的回答。

不过，就算他借用中国的格言来解答，一般人能明白其中的道理吗？我看也难。且不管文化上的差异和隔阂，只有在认识上达到了唐太宗那样的境界的人，才有可能真正明白其中的意义。我的意思是说，即使居唐太宗之位的人，也未必能够做到以史为鉴。而不在唐太宗之位的人，就算答出了"以史为镜，可以知兴替"这样的标准答案，那种"有用"对他来说也未必真的有用。除非他能够直接为唐太宗提供历史的借鉴，否则，他所获得的历史知识只能用来自娱自乐。可见，如何回答"历史有什么用"的问题，因人而异，并非只有一个标准答案。

实际上，对这个问题的回答取决于对谁有用和对"用"字的理解。对绝大多数人来说，通常情况下，有用就是指实用，比如能挣钱或获利。以这样一种功利性的标准来说，历史对于绝大多数人之中的绝大多数人来说，基本没什么用。不过，人的需求不限于物质方面，还有精神和心理上的。学习历史能长知识，也能使人明智，还能自娱自乐，那也非常有用，我们可以把这种有用性理解为无用之用。可见，如果不纠缠于实用，历史的用处还是比较广泛的，有用的地方还真不少。

呈现在读者面前的这个集子，是作者在学习历史过程中留下的点滴思考，属于"准学术、轻学术"的范畴。取名"五个世纪的维度"，既表示了本人对16世纪以来的世界历史的兴趣，同时也说明了学习历史的一种用处，那就是历史可以给人们提供一个认识世界的时间维度。

时间维度是指人们在理解事物发展、变化时所拥有的时间深度。现实世界从漫长的历史中演变而来，是时间连续的最新表现形式。要想认识现实世界，就得有足够的时间维度。例如，要想深刻认识当代工业化、城市化，我们的眼光需要回看到18世纪；全球化起源于地理大发现时代，那就需要把全球化放在五个世纪的时间维度里，才能认识它的长期趋势；观察全球生态环境的变化甚至需要更长的时间尺度；当今世界处在"百年未有之大变局"，这个判断一下子把理解大变局的时间尺度确定在"世纪"上。现实世界各个方面都是历史造成的，要理解它，无论是它的部分，还是整体，都离不开历史。就此而言，历史的用处是无处不在的。希望本书的出版也能够为历史的有用性提供一个旁证。

  本书收录的文章大多已发表，为方便阅读，原文的注释均已省略，有的文章有少部分内容重复，也做了删节，这次重新编辑出版，得到了陈恒先生的鼓励和支持，上海师范大学光启中心和商务印书馆的周小薇女士为此做了大量的工作，在此我深表感谢。

俞金尧

2022年8月8日

目录

第一部分 过去与现在

历史学：时间的科学	3
全球时间标准化进程	17
周和周日的历史演进	25
欧洲人对夜晚态度之变迁	32
西欧历史上的城市钟声	39
文化构建的欧洲	46
近代早期欧洲经济增长与能源	55
资本主义与1500年以来的世界历史	80
当代全球问题的资本主义根源	88
反全球化运动的要害	94
英、美霸权转移的经济基础	113
从世界体系到人类命运共同体	120
世界体系中"边缘"的相对性	127
"普世价值"的现实困境	136
历史遗留问题：直布罗陀之争	144
文化是人类生活的果子	150
最低工资至少应足以养家糊口	155

第二部分　历史学评论

"世界历史"与世界史学科定位	163
大变局时代的世界史研究	186
历史学有责任重建宏大叙事	195
微观史研究以小见大	203
微观史研究与史学的碎片化	211
寸有所长而尺有所短：评新文化史	218
令人困惑的后现代	230
社会史的定义与开放性	238
儿童的历史并非一部进步史	244
妇女史是一座值得挖掘的富矿	249
制度变革和人类社会的发展	262
全球史观下的文明传统与交往	277
全球史研究的理论与方法评析	286
关于全球史上的跨文化交流	293
评现代世界起源研究的理论和方法	302
全球气候变暖与人类的活动	321
历史研究中的时间尺度	326
中国抗日与"二战"的开始	333
地方文史资料保存的民族记忆	342
时势与英雄	347

第三部分　学术访谈

做学问是值得追求的事业	355
用唯物史观构建16世纪以来的世界史体系	360
欧美史学新动向：实践史学	369

第一部分
过去与现在

历史学：时间的科学

"史学是时间的科学"，这句话出自法国历史学家雅克·勒高夫。

法国年鉴学派的历史学家比较注意时间与历史研究的关系，做过一些阐述。马克·布洛赫说，历史学是"关于时间中的人"的科学，因为"人的思想所赖以存在的环境自然是个有时间范围的范畴"。布罗代尔认为，时间与历史研究紧紧地联系在一起，历史是人类生活中形形色色的矛盾和时间的体现，它不仅是过去的实在，而且是当今社会生活的组成部分，时间紧贴在历史学家的思想上。他还发现，历史时间是具有不同运动节奏的各种历史过程，表现为各种不同的周期。他的著名的时段划分理论，尤其是"长时段"概念，是历史研究者在分析历史过程时可以凭借的一个重要工具。到勒高夫那里，史学就成了时间的科学，因为"它与存在于一个社会中的各种时间概念密切相关，并且它也是该社会的历史学家们进行思维的一个基本元素"。就这样，在年鉴学派史学家眼里，时间从人们从事历史研究活动的一个条件，转变为历史学本身。

把史学看成是时间的科学，我以为是极为精辟地表达了史学与时间的关系。然而，关于"时间的科学"的内涵，勒高夫没有做充分的阐发。仅仅凭历史学家在研究工作中离不开时间这一事实，还不足以断言历史学就是时间的科学。只有当我们认识到，时间在历史学中已经充分渗透，不论在历史学者身上，还是在历史研究的对象、方法和手段上，也不管历史研究者是否意识到，时间在历史研究过程中无处不在的时候，历史学才真正称得上是时间的科学。

我们从以下几个方面来理解作为"时间的科学"的历史学。

一

一方面，即从大的方面讲，历史学研究人类文明的演变，文明有起源，就此而言，历史必然有一个时间上的开端，我们讲"起源"，自然包含了时间上的开端那样一个意思。另一方面，自有人类以来，世界上有无数的文明起起落落，汤因比列举了21个具有文明发展过程的社会，而在他那个时代，已知的原始社会的数量已经超过了650个。曾经有过如此数量的文明或社会，至今还剩几个呢？大多数文明或社会都已消失，成为历史。因此，凡历史性的存在，都有一个时间的终点。

不论是文明，还是更加具体的历史事件和进程，在时间上都有开端和终结，在这个意义上，"历史"就意味着时间。马克·布洛赫说历史学是"关于时间中的人"的科学，也应该是这个意思。编年史可以看成是这个意思的典型体现。编年史是历史编纂的基本体例之一，这种历史体例的著作在理论上没有太复杂的要求，主要是要求编纂者把所选定的历史事件和人物放在时序中的准确位置就可以了。当然，把哪些事情选到时序中去是有讲究的，但那是另一个问题。

可见，历史学者从一开始就必须与时间打交道，确切地说，是时间把历史学家框住。历史学家布罗代尔与社会学家古尔维奇曾经辩论过历史学家的时间与社会学家的时间有什么不同，在辩论中，双方都使用了比较刻薄的言辞，但他们都承认，历史学家的时间与社会学家的时间是不同的。社会学的方法是类型学的方法，它可以不顾虑时间顺序谈论社会及社会问题。因此，社会学中的时间是"重构"出来的；而历史学家则不可以抗拒时间，一切以时间为开始，一切以时间为结束，永远都摆脱不了历史时间的束缚。

因此之故，历史年代学就成为历史研究中一个很重要的辅助学科，它的作用就是把历史事件根据一定的时间顺序排列起来。目前流行的公元纪年方法，即以耶稣诞生为基准计算此前和此后年代的方法，是在中世纪到近代初期逐渐地创立、完善和得到推广的。有了这样一种方法，历史上所发生的事件都可以井井有条地被安放在这条可以向前和向后无限伸展的时间之线上。而且，世界上不同地方在其曾经使用过的各种纪年法上的历史事件，都可以折换到这一线性的时序中去。

这种以数字标记的线性时间，看起来客观、中性，其实不然。

二

虽然每个以数字表现出来的年代，原本并没有什么意义，但是，当历史学家在这些年代上开始编排历史事件的时候，这些年代就可能被赋予一定的意义。例如，公元476年，是西罗马帝国灭亡之年，这在西方的历史上具有特殊的意义。1492年，哥伦布到达美洲，这一年被认为是对近代历史发展有深远意义的年代。在以往的中国历史教科书中，1917年因为发生了俄国"十月革命"而被定为世界现代史的开端，如此等等。这种被赋予了重要意义的年代，在漫长的人类历史上几乎到处存在。历史学家对历史事件的选择和倾向性，使一些数字化的时间具有非同寻常的意义。

单个的年代因为与某个历史事件相关而具有特殊的意义，如果在连续不断的线性时间上把一系列历史事件串联在一起，那么，历史时间可以获得非凡的意义。比如，以往的中国近代史，在上起鸦片战争，下至五四运动前夕的约80年的时间里，着重安排了外来侵略、洋务运动、农民起义、政治改良、资产阶级革命等内容，联系起来看，这就是一段侵略与反侵略、救亡图存、探索中华民族未来之路的历史。在所有的努力最后都归于失败以后，中国共产党顺应时势，登上了历史的舞台，从而说明了只有共产党才能救中国的历史必然性。这样,"近代"作为一个时代,其独特的意义通过这一系列的历史事件就凸显出来了。又如,以前,美国的历史教科书贯彻了一条"进步"的主线,从美国革命写到第二次世界大战,其中的历史内容重在说明自由和民主的价值观如何在美国一步一步地实现。这样的事例在历史著作中比比皆是。一段线性的时间在历史学家的手中十分巧妙地充当了展开某一历史主题的工具。

对历史进行"分期"就是对已经过去的历史事件进行时间排序的结果,也可以看成是给某一时间段赋予某种意义的一种尝试。为了对选编在时间之线上的历史进行解释和说明,历史学家需要划分出不同的时间段,像"古代""近代""现代"等,这些是历史分期中常用的词汇,但它们从来都含有意义和价值。比如"中世纪",自该词出现以来,它的负面含义一直很突出。"现代"的含义也是历经反复,最近出现的变化使"现代"从一个含义积极、正面、值得期待的词,变得令人疑虑,负面的含义在其中有所扩大。

历史时间承载着意义这一事实说明,历史学家根据自己的价值观给历史时间确定性质,给历史上的年代标记,对时代和时期进行划分,是历史学家有意识的活动所引起的结果。

三

现在我们所了解的人类历史,不管是何种体例,基本上是以直线、连续的方式展示其发展和变化的，但这样的历史既不是从来就有，也不是世界各地普遍地如此看待，毋宁说，这种线性的历史是近代以来以进步观念为基础的线性时间观在历史学中的反映。

人类学家根据人类对时间的态度，把时间分为循环时间和线性时间两种。大多数古代文明的时间观被认为是循环时间，这是一种古老而原始的时间取向，对时间的感觉仅仅延伸至不久的将来和刚刚消逝的过去，以及目前正在进行的活动，无法呈现一种从遥远的过去一直通向未来的时间观。根据循环时间观，事件都是以一种可以重现的节奏出现。这种时间观说明人类在很大程度上仍未摆脱自然，人类的意识仍然屈从于大自然的季节变化和相应的生产周期，结果就产生了时间永恒轮回的观念。所以，循环的时间观念就被认为是符合自然的时间观。当这种时间观与代表线性时间观的基督教时间观相比较时，循环时间观又被认为是保守的时间观，因为"它漠视人的独立性和独创性"。而线性的时间观产生于古罗马具有犹太教传统的基督教中，强调历史从基督降生开始，是基督成肉身和献身、救赎的过程。不可逆的观念取代了永恒轮回的思想，这样，时间就成为线性的、有矢量的，而且是不可逆转的。

但是，线性时间即使在西方的历史学中也是逐渐得到应用和起主导作用的。据研究，8世纪，英国教会历史学家比德第一个用公元纪年，这一做法后来慢慢地为其他历史学家所采用。用"公元前/公元"这样一种标记年代的方式，晚至18世纪才成为标准的纪年体系。线性时间观之所以到近代才主导历史学，与牛顿的时间观有关。牛顿认为，存在着一种绝对的、真实的、数学的时间，"绝对时间""均匀地流逝着而同任何外部事物无关"。这样，用"公元前/公元"标记时间的方式，与牛顿的绝对时间就很容易地结合在一起。牛顿本人正是最早使用这一纪年体系的学者之一，他根据自己在物质世界中所发现的那种可数量化的秩序，将人类历史上所发生的事件编成年表，写出一系列编年体著作，其中包括《年代学提要》（1726年）和他去世后出版的《古代王国编年修订》（1728年），他的主要目的就是要标注历史上所发生的那些事的准确时间。由于牛顿在近代科学中的影响，他的"绝对时间"为线性时间观奠定了科学基础。

与此同时，启蒙运动关于人类的历史是人类不断进步的过程的观念，也要求用线性时间来表达这一历史进程。很多启蒙时期的思想家，如孔多塞、康德、黑格尔，都阐述了人类理性或精神的发展过程，从哲学上构想了一种人类历史不断进步，并且具有无限前景的历史体系。线性的时间不仅可以满足叙述进步历史的要求，而且具有可向未来无限伸展的特点，从而符合理性进一步展现的需要。

到了工业资本主义时代，技术进步和生产增长引起人们的乐观主义情绪，现实让人们普遍感到，这的确是一个不断进步的时代，"过去"被认为是一去不回的，"现在"是短暂的，而"未来"则是无限的和值得期待的。于是，线性时间观又有了现实的基础。

这样，到19世纪历史学在西方形成学科体系时，专业历史学者以启蒙运动时期所建立起来的进步观念为依据，开始撰写世界走向现代化进程的科学化历史。他们把西方的发展路径当作具有普遍意义的人类历史发展图式，力图把全世界的研究同质化，纳入西方式的一般历史发展模式之中。结果，"历史"就被整合成了一个集体单数性的过程。有人指出，到20世纪，西方历史解释的三个主要流派（马克思主义、法国年鉴学派和美国的现代化理论），都把西方世界当作普遍现代化的表率，把西方以外的世界归拢到这一历史的进程之中，从而形成了一种独特的西方历史学形态。

所以说，历史发展呈何种轨迹演变，在一定程度上体现了历史学家及其所在时代占主导地位的时间观，在坚持线性时间观的现代历史学家眼里，人类的历史就是直线式的、处于不断进步之中的历史。

四

线性时间把历史理解为单一的运动过程，而多重的时间则把历史理解为具有多重节律的复杂过程。布罗代尔提出长时段理论，把历史运动节律的多样性揭示出来了。尽管他的长时段理论具有决定论的倾向，但用多重节律和时间去认识及理解历史的方法，有重要的学术价值。

当前受到人们重视的生态环境历史研究，可以借用这一方法。在生态环境的变迁中，短时段中发生的事件往往不容易引起人们的关注，但它们的影响和后果则可能是长期的、潜伏的，比如，用现代化的伐木技术，二三十年内可砍倒一大片经过了几个世纪光合作用才长成的森林，而由此发生的对生态环境的破坏性后果，更是会长期存在下去。如果我们在评价伐木这一行为时把这些不同的时段都考虑进去，则可怀疑这样一种砍伐森林的方式是否合适。自工业革命以来，仅仅过去二百多年的时间，尽管人类享受了它的成果，但也为生态环境的破坏付出了极大的代价。而严重的问题还在于，我们在物质资源消耗上透支未来的同时把生态恶化的后果外化给了未来的人类。在经历多种时间的考察以后，我们曾经在单线进步的时间观下，在较短的时段内对工业革命做过的乐观评价，现在看来有反思的必要了。

同样的方法适用于近来舆论对于转基因食品的安全性问题的争议。主张转基因食品安全性的人，往往根据迄今为止尚未发现不良后果这一事实而做出安全性判断。但是，如果站在"长时段"的立场，我们就有充分的理由去质疑仅仅根据有限的时间段而得出的安全保证。这一争议现在还算不上历史，但在经历几代人以后它就一定会成为历史。像这种事关人类未来的大是大非问题，用多种时间尺度，尤其是使用"长时段"去观察，不失为评判转基因食品的安全性的科学方法。

这一方法在理解全球化史时也很有用。我们现在对待全球化的历史，重点关注世界各地相互之间的联系和交往，甚至包括物种的交流、疾病的传播等，这是空间意义上的全球化史，时间这一主题尚未引起人们的关注。不过，时空不可分离，倘若缺乏时间的标准化、统一化，全球交往的扩展就不可能实现。事实也正是这样，随着西方霸权在世界范围内的扩张，全球时间协调变得迫切和必要，结果就形成了一个以经过英国格林尼治天文台的经线为基准的全球时间体系，而原先在世界不同文明、不同族群中长期使用的地方性时间体系，则处于辅助性的和次要的地位。此外，我们还应当看到，全球化和全球时间标准化的过程是一个"长时段"的进程，如果把一些短时段的事件放到这样一个进程中观察，有时也会有令人意外的发现。比如对拿破仑废除法国共和历（或称法国大革命历法）的认识，在短时段中观察，它被废除的原因总是局限在宗教、习俗、政治等方面；但是，从时间标准化的长期进程中去看，则能发现大革命的历法其实是与全球化进程相抵触的。所以，它被废除是早晚的事。

以上只是举例以说明时间在理解和评判历史中的作用。其实，时间因素渗透在历史研究的每一个环节，甚至人类历史的本身都可以被理解为人类争取自由时间的历史。

五

人类对时间的利用程度与其所处的社会经济发展水平相适应。

一般说来，在社会经济发展水平较低的人群中，人们的时间观念比较简单，时间度量单位不太精细，对时间的利用基本上处在适应自然的状态。比如在农业社会里，生产活动大体上依从季节的变换而进行，庆典、娱乐、社交活动往往安排在农闲时节，而日常的生产活动则遵循日出而作、日落而息的习惯。但是，在城市环境里，工商业的发展要求人们有较强的时间观念，时间的划分也更加精细，随着钟表机械技术的进步，分和秒不只是概念，也是实际生活的需要；而夜间本来作为休息、睡觉的时间，后来也成为工作和娱乐的时间。城市生活使人们创造出可以不完全依赖于自然节奏的人为时间。在现代社会，由于技术的不断进步，生活节奏越来越快，从电报、电话到互联网，现代通信技术的广泛应用，大大改变了人们的时空观念。在当今世界，时间已经把空间压缩，距离基本上已经消失。

人类社会的历史表明，生产力的发展基本上就是这样一个过程：人类用于生产为生存所需的物质资料的时间越来越少，而可用于从事其他活动的时间越来越多。手工业与农业分工、城市的出现，从时间的角度来看，都以一部分人能够脱离粮食生产、把时间用于工商业及其他活动为前提。这样，时间就成了人类从事一切活动的基础，人类在发展生产力上所取得的每一项进步，直接的后果之一就是争取了更多的可用于其他活动的时间。因为有了时间，人类才可能在思想、文化、艺术等精神领域创造出光辉灿烂的成就。

当然，在有些情况下，人类缩短为生产生活资料所需的时间的过程，也可能成为一个异化的过程。资本主义的产生和发展开启了人类历史上第一个在社会经济生活领域产生强烈的时间意识的时代，"时间就是金钱"成为资本主义社会的座右铭。在资本主义制度下，利润最大化的追求总是以对时间的有效利用为主要途径而展开的，提高劳动强度、进行技术改造而提高生产效率、采用泰勒制等措施，都是资产者为了更充分地利用所购买来的劳动时间，其直接的后果就是劳动的异化，人受到机器的奴役，成为时间的奴隶。资本主义生产使人类进入了这样一个时代：一方面，由于近代以来的科学技术和生产力迅速发展，人类为用于生产基本生活资料的时间越来越短；另一方面，不仅劳动的强度越来越大，整个社会的节奏也变得越来越快，生活更加匆忙，大多数人反而感到时间越来越紧张。在我们这个时代，对大多数人来说，时间依然是一种稀缺资源，人的全面自由的发展还缺乏时间条件。

那么，未来到底会怎样？根据马克思和恩格斯的说法，在未来社会里，人能得到全面的、自由的发展，而每个人的自由发展又是一切人的自由发展的条件。他们的话的确就是真理。不过，我在这里还想加上一句：拥有可自由支配的时间，是每个人能够自由发展的条件。

由于时间在人类社会生活中具有重要意义，掌握社会时间就成为政治权力的一个象征。

在古代中国，授时颁历一直都是君王的要务。而且，每一位新的君王登基，都要颁布新的年号，重新计算时间。现在，由于采用了公元纪年，中国已不再沿用旧历或旧的纪年法。但是，关于节假日的具体时间，每年仍由中央政府来规定和发布，显示对全社会的时间进行协调的权威。在西方，修改历法的权力历来都属于最高统治者，从古罗马的恺撒、奥古斯都，到中世纪教皇格里高利，每一次重大的历法改革都是在最高权威的主持或支持下进行的。格里高利历法从天主教世界被推广到新教国家，也是政治力量较量的结果。近代以来，历法革新往往成为一些国家推行新政的标志性事件，其中最突出的事件是法国大革命时期颁布共和历，以示革命的政府与宗教的决裂。在19、20世纪，一些非西方国家在经历重大的政治革命或改革以后，陆续采用西方历法，比如日本（1873年）、中国（1912年）、俄国（1918年）等国家的历法改革，具有明显的政治意义。

当然，历法改革毕竟不是经常发生的事，但掌管时间的政治意义依然渗透在日常的社会生活之中，比如在欧洲中世纪，教会掌握着时间，教堂的钟声既是指导民众从事宗教活动的信号，也是民众日常生活的重要时间参考。中世纪晚期，随着工商业的发展，"商人时间"发展起来，教会控制时间的局面被打破，在教会时间之外，开始存在与工商业活动的节奏相适应的世俗时间。然而，对于世俗社会来说，掌管时间依然是权威的象征，时间控制在城市当局手里，城市当局把公共时钟安放在市政厅及其他公共建筑物上，以他们所设定的公共时钟的时间作为公众遵守的标准时间。在生产领域，劳资之间也存在着争夺时间控制权的斗争。在工作场所，时间往往掌握在工商业者手里，他们决定着工作日的开始和结束，这对雇佣劳动者十分不利，于是就引起了欧洲近代早期和工业化时期城市里的雇佣劳动者反对资产者的斗争，缩短工作日成为近代工人阶级与资产阶级之间斗争最为激烈的一个方面。

这样看来，人类社会不仅是在时间中演进，而且也是与时间一起演进的，是时间给了人类文明以生命和活力。人类文明的历史体现在经济、政治、文化和观念等各个方面，如果我们换个角度，即从时间的视角来看，人类文明史其实也可以被理解为一部关于时间的历史，这是一部关于人类从适应自然的时间到利用、争取、掌握时间的历史。

综上所述，历史学在本质上是一门关于时间的学问，当前的历史研究中一些常用的词汇，如起源、发展、演进、进步、延续、变迁等，都包含着时间因素。历史研究者不管是否意识到这一点，在研究过程中一定会牢牢地把握其研究对象的时间定位。历史学者也需要把事情的来龙去脉、前因后果弄清楚，善于把历史过程编入一个井井有条的时间序列。历史学者还特别关注历史人物的经历、历史社会的变迁和进程，根据不同的时间段去观察人与事的变化。更为重要的是，人类的历史本身就是一部时间的历史。可以说，时间因素在历史学中几乎是弥漫性地存在着的，正是以这个认识为基础，我欣赏雅克·勒高夫的主张："史学是时间的科学。"

然而，这究竟是什么样的"时间"呢？毕竟，时间也是相对的。在历史学中，"时间"的性质、内涵，还有它的形状（比如是线性的、多重并存的，还是交互影响立体的）究竟如何，都需要我们做进一步的辨析。当然，这应该是另文讨论的话题。

（原载《江海学刊》2013年第1期）

全球时间标准化进程

人类社会对时间规则的需要与对空间的需要一样，是基本的和必须的。没有空间，人就无法生存；而缺乏时间概念和规则，则人类的生活就缺少秩序，社会交往难以进行。对人类社会来说，时间就是协调人们相互关系的工具，有了共同遵守的时间规则，即使是涉及面广泛而复杂的社会活动，也能有序展开，人类的时间本质上是社会文化时间。

如果说，地球自转一周产生由白天和黑夜构成的"一天"是自然形成的时间单位，那么，把1天分割为24个小时，把1小时分为60分，把1分钟又分为60秒，这完全是人类的创造。人类根据自身的生产和生活需要来建立、完善时间体系。

在农业社会里，人类生产和生活追随大自然的节律，根据季节变换安排生产和生活，日常生活遵循日出而作、日落而息的规律。那时，粗略的时间划分足以应付日常需要，"时"就可成为分割1天时长的基本的时间度量单位。在中国传统社会里，比"时"更小的时间单位是"刻"。古时，"刻"已是一个很小的时间单位，所以，它常常被用来表示事物变化速度极快的关键节点，说明情势的紧迫或危险，如"即刻""此刻""顷刻""刻不容缓"，等等。

但是，人类历史发展到近代以后，工商业、交通工具快速发展，旅行速度加快，社会交往更加频繁，对时间的精细度及精确度就有了更高的要求，"分""秒"这些时长单位成了生活中的常用时间。可见，人类的时间观念和规则是适应社会生活的需要而形成的，是人类文明不可或缺的组成部分。文明越发展，时间标准就越趋于复杂、精细，时间体系也随之完善。

不过，历史上任何一种时间体系都有其适用的限度，这在古代世界各国分散、孤立发展的时代尤为明显。当人类的生产力还比较低下时，人口、货物的流动和文化传播能力较弱，彼此难以建立较为密切的交流，各个时间体系的应用范围也相应局限在各个社会或文化共同体的边界内。历史上的中东、东亚、南亚、美洲等文明都创造了各自的时间体系，其适用范围与这些文明的空间存在范围大体上是一致的。当然，这也意味着，一旦人类文明分散发展的局面被打破，那么，来自不同文化背景的人群想要顺利交往就需要有一系列相适应的时间规则和标准。否则，时间上的麻烦和不便甚至可能导致危险状况的发生。

现在，日期和时差已是世界各国人民熟知的常识。早在14世纪下半叶，就有人提出，假如两个旅行者分别从东西不同方向做环球旅行，并且在同一天回到出发地，会产生日期差的问题。向西的旅行者会发现，他算的日子会比留在老家的人计算的日期早一天。而向东环球旅行的人，日期又会晚一天。这种推测是正确的，等到地理大发现时代，西班牙人、葡萄牙人、意大利人的环球航行和殖民活动证明，的确存在日期差的问题。

纪年和历法不统一也是一件麻烦事。在全球化以前，处在不同文明中的人们使用各自的纪年方式和历法来计算日期，偶尔交往不会特别在意时间观念上的差异。但是，当交往越来越密切时，这种差异引起的不便、不适就无法回避了。例如，到18世纪中叶，欧洲各国基本上改用格里高利历，但信奉东正教的俄国人一直使用儒略历。两种历法日期误差很大，俄国人与其他欧洲国家的商人签订贸易协议就得写两个日期。中国到1912年正式开始采用阳历纪年，在此之前，中国一直使用阴历，并采用干支纪年、年号纪年等纪年方式。甲午战争、《辛丑条约》、辛亥革命等重要历史事件，我们都能说出它们的阳历年份，因为这些年份实在重要，以至于我们不需要特别在意时间换算的困难。但要说乾隆二十三年是阳历或干支纪年的哪一年，一般人就很难说清楚了。经常要去换算时间，是个麻烦事。

随着全球化的发展，世界各国交往更加密切、广泛，卷入交往的人也越来越多，海上运输更加繁忙，而铁路的开通和路网的迅速扩展，使人类历史进入到大众旅行的时代。但是，无论是海上航行，还是铁路交通，由于时间不统一，人们在享受更快捷、更远距离的旅行的同时，也饱受了时间混乱所带来的不便。

在航海中，本初子午线是航船定位、定向和计算时间的依据。自大航海时代以来，各国航海人任选了自己心中的本初子午线。据统计，在1884年华盛顿国际子午线大会之前，光是欧洲人在地形图上标注的本初子午线就多达14条。这就是说，每一艘位于海洋某处的船只，至少可以依据14条本初子午线来表述它们的方位，这就容易给相互之间的沟通造成极大的混乱。有时，这还隐藏着危险。1912年4月15日，泰坦尼克号撞上冰山沉没，这是世人皆知的海难。这一事件也给了人们一个警示，就是经度和时间计算标准应该尽快统一。其实，在那个时候，世界上主要的国家早已接受以经过英国格林尼治天文台的经线为零度经线，但法国不愿接受，坚持以巴黎天文台所在的经线为本初子午线。泰坦尼克号在沉没的前两天，曾收到一封发自一艘法国轮船的无线电报，这份电报通报了浓雾和冰山的位置，使用了两个标准：在注明时间时，电报用了格林尼治时间；在说明浓雾和冰山的位置时，电报是以巴黎的经线为依据。这给换算成统一的时空数据带来一定的麻烦。虽说泰坦尼克号不是因为时间标准的混乱而导致其撞上冰山沉没，但这种混乱所隐藏的危险因此次灾难而为世人所警觉。

与航海相比，陆上的时间标准更加复杂。地域越是辽阔，地方时间就越多。在使用传统交通工具旅行的年代，人们一天也走不了多远，时差不成问题。但现代化交通工具可以快速穿越东西，时差问题凸显出来。例如在美国和加拿大，火车行进在横贯东西的大铁路上，就需要不断调整时间。在1870年之前，从华盛顿旅行到旧金山，如果沿途所到的每个城市都要对表的话，得对20多次表。到1870年，美国仍有多达80种的铁路时间。欧洲国家众多，时间体系更加复杂。例如，使用各自时间标准的法国和德国的列车，在使用当地时间的瑞士巴塞尔交会，就会出现三种不同的时间体系。铁路工作人员或许还能分清三者的差别，但对一名旅行者来说，就很混乱了。

总之，从大航海时代以来，全球层面的时间问题就摆在人们的面前。到19世纪后期，全球联系更加频繁和紧密，时间标准的混乱甚至影响到了普通人的日常生活。现代文明要求有一个综合性的时间体系，把时间这一抽象概念具体化，制定出一套具有世界意义的时间体系。

事实上，人类遭受时间混乱所带来的麻烦的同时，一直在自己的交往实践中致力于建立可共享的时间体系，从而展现出了一种趋势，那就是全球层面上的时间趋同。我们称为阳历的西方历法格里高利历，现在已成了世界通用的"公历"，它的推广过程便展现了这样一种趋势。

在教皇格里高利十三世进行历法改革以前，基督教世界采用的历法是儒略历。公元325年，在尼西亚宗教会议上，整个基督教世界将3月21日或者在3月21日后的头一个圆月以后的头一个星期日确定为复活节。但是，儒略历的时间误差较大，根据该历法计算得来的时间每年要多11分钟。教皇格里高利十三世在1582年进行了历法改革。新的历法纠正了儒略历的错误，使日期计算恢复正常，而且也更加精确。

但是，放在16、17世纪欧洲正在发生宗教改革和反宗教改革的背景下，由教皇主持的历法改革首先具有宗教意义，这导致格里高利历起初只能适用于天主教世界，信奉新教的国家则长期抵制罗马教廷主持修订的历法。到17世纪末，新教国家的历法改革引起关注。因为在儒略历中，1700年是一个闰年，但在格里高利历中却不是，致使两者相差的时间从10天一下子扩大到11天。这一情形直接促使一些新教国家弃儒略历而改用格里高利历。到17、18世纪，格里高利历在基督教世界的推广也成为大势所趋，挪威、丹麦、所有德意志地区和荷兰等新教国家纷纷接受该历法。英国晚至1752年才采用格里高利历，其历法改革法案影响广泛。从此，格里高利历不仅适用于整个大不列颠，也适用于其殖民地和自治领地。到19世纪末，格里高利历已成为基督教世界的历法，并且通行于美洲、非洲、亚洲和大洋洲的欧洲人殖民地。

从19世纪70年代起，格里高利历的影响扩大到非基督教世界。1873年和1875年，日本和埃及成为最早接受格里高利历的非基督教国家。随后，阿尔巴尼亚和中国（1912年）、保加利亚（1916年）、爱沙尼亚（1917年）、俄国（1918年）、南斯拉夫（1919年）、希腊（1924年）、土耳其（1925年）等国家也陆续采用。就这样，格里高利历从一部"地方性"的天主教历法，逐渐地变为一部世界通用的"公历"。

从格里高利历的推广过程来看，早期的进程与宗教的关系比较明显，无论是接受它的还是抵制它的，皆因宗教、政治立场的差别而表现出不同的态度。但是，随着世界联系的不断发展，在对待格里高利历法的问题上，宗教因素越来越淡，人们更注重于时间的精确性和时间标准趋同在全球交往中的便利和实用性。格里高利历向世界传播，从一个方面看，反映了西方主导全球化进程的事实，是西方文化向全球的扩张和渗透；但从另一个方面来看，世界各国纷纷自愿地接受格里高利历，也可以理解为这些国家为融入全球化这一世界性潮流所做出的一种努力。

与历法和纪年方式的传播不同，国际通用的计时方式则是19世纪由主导全球化的一些国家共同制定并建议各国遵守的。他们选择经过格林尼治天文台的经线作为全世界的本初子午线，从而为各国计算经度和时间确立了世界通用的标准。

在全球时间标准化之前，一些国家的铁路公司首先致力于辖区内的时间标准化。在英国，1840年，西部铁路公司要求所属车站和火车时刻表都使用伦敦时间。在以后几年里，英国其他铁路公司也陆续跟进。随着格林尼治天文台承担起向社会提供时间的服务，铁路的标准时间就与格林尼治时间保持一致。到1847年，几乎所有的英国铁路公司都采用了格林尼治时间。由于坐火车出行变得更加普遍，很多城市也开始放弃自己的地方时间，改用了格林尼治时间。1880年，格林尼治时间终于成为英国的法定时间。

1883年4月8日，美国铁路方面决定将当时仍在使用的50个左右的时间标准减少到4个。11月18日，铁路标准时间在北美正式施行，分别命名为东部时间、中部时间、山区时间和太平洋时间。它对美国社会各方面产生了根本性的影响，没过几天，大约有70%的学校、法庭和地方政府采用铁路时间为自己的官方时间。1891年以后，德国、奥匈帝国、罗马尼亚、比利时、丹麦、荷兰、意大利、瑞士等欧洲国家也纷纷采用了与格林尼治子午线相联系的计时体系，时间统一进程在欧洲很快推进。

关于航海上的时间标准，多数国家也在向格林尼治时间靠拢。1871年，第一次国际地理学大会在安特卫普召开。会议决定，各国航海图都要以格林尼治子午线为零度经线。并且建议，不论何时，航船在海上交流经度时，应当以格林尼治经线为基础。1883年，第七次国际大地测量学大会在罗马举行，这次会议指出，无论是出于科学研究的目的，还是因为航海、商业、国际交往的考虑，都需要经度和时间的统一。考虑到当时从事外国贸易的航海人中已有90%的人是根据格林尼治子午线来计算经度，罗马会议建议各国政府将格林尼治经线作为本初子午线。

1882年8月3日，美国国会通过一个法案，授权总统召集一次与美国有外交关系的各国派代表团出席在华盛顿召开的国际会议，以确定一条能在全世界通用的计算时间和经度的本初子午线。当年10月23日，美国国务院致信各国征求意见，其建议得到积极的响应。1884年10月1日，由27国代表参加的华盛顿国际子午线大会正式召开，决定采用一条所有国家都通用的本初子午线，建议派代表参加会议的各国政府接受经过格林尼治天文台中星仪中心的经线为本初子午线。自该子午线起，双向计算经度至180度，东经为正，西经为负。这次大会无疑是全球时间标准化进程中的一个重要时间点，国际社会通过这样一次具有外交性质的学术会议，制定了一些全球适用的时间标准，对于推动全球化的发展有深远的意义。

（原载《人民政协报》2015年11月9日，原题为《时间的历史》，收入本书时做了删减）

周和周日的历史演进

时间存在于政治、经济、文化、宗教等人类活动的各个领域，调节着人类的活动节奏。没有时间规则，人类社会的有序运转便无从谈起。然而，时间规则实则来源于生产和生活，是人类根据自身的需要而建立起来的时间体系。周和周日的制度性安排就与人类的活动直接相关，既体现了经济活动的节律，也反映了文化交流、宗教、政治等因素所起的作用。

一

时间是秩序的一种表现形式，人类社会的有序运转离不开时间。不同跨度的时间度量单位适合人类多样化的生产和生活节奏，"世纪""年""月""周"就是这样一些表示不同长度的时间度量单位。"世纪"是一个较长的时间周期，它超越了绝大多数人的生命，人们在日常生活中较少用到"世纪"这种长周期概念。常用的时间单位则是年、月、日，以及我们现在称之为星期的周。

年、月、日是根据不同星球的运行规律而确定的，是自然形成的时间周期，地球绕日一周为一年，自转一周为一天。但"周"有长短，完全是人为的划分。历史上，在不同的社会和文化中，曾有以八日、十日为一个周期的时间单位，也有以四日、五日或六日为一个周期。所有这些时间长度不一的"周"，大多与生产、市场和生活节奏相关，比如古代罗马，曾以八日为一周，罗马人在地里干活七天，到第八天就进城，把他们的产品卖到集市上，然后又开始新的生活周期。古代犹太人的周则与上帝创世的故事有关，具有强烈的宗教色彩，他们的周由七天组成，造物主在前六天创造了宇宙万物，第七日休息，称为"安息日"。穆罕默德时代的阿拉伯人也有七天周期这种时间观念，其中有一天，相当于星期五，用于宗教活动。古代波斯人的周与月吻合，由两个七日周和两个八日周组成。不过，由若干日子组成的周并不是一个普遍存在的时间概念，比如在印度，受希腊、罗马文化的影响，大约到公元2世纪才出现七天周。

大体上说，对时间的度量和划分，服务于人类的生产和生活需要，而"周"作为一种人为设立的时间单位，比其他任何一种时间单位更能体现社会、经济和文化生活的节奏。

二

周的形成有一个历史的过程，是不同文明相互交流和影响的结果。三种因素的结合，造就了我们所熟悉的星期的概念：一是七天一周；二是以七颗行星命名一周各日；三是星期日为休息日或安息日。

古代犹太人根据上帝创世的故事，创立了七日周。那时，七日一周并不是今天我们所熟知的星期，因为日子不是根据行星的名字来定，而是按顺序从第一日到第七日来计算。造物主在前六日创造了世界万物，到第七日，便停止一切的工作，安息了。安息日不仅仅是使人们放松身体，更是使人获得精神上的休息，是思索、赞美、欢乐的一天，这一天是圣日，适合去会堂做礼拜。

公元1世纪时，从犹太教内部的一种民众运动，发展出了基督教。初期的基督教并未改变犹太教的周的观念和尊第七日为安息日的规定。但是，基督教在公元头几个世纪在罗马世界传播过程中，逐渐改变了古犹太人七日周的一些重要特征，并使罗马人放弃了原来习惯的八日周而改用七日周。

首先是按顺序计算日子的周，变成了以不同的行星命名每一天的行星周，即星期。尽管一周七天不变，但以不同的行星指称每一天却是一个重要的变化。

行星周的形成与占星术有关。占星术最初产生于古巴比伦，在希腊化时代作为希腊文明的一部分而进入西方世界。占星家认为，根据从土星到月亮的内在顺序，每天的每个小时都处在某一行星的支配之下。而且，每一天都受当天第一个小时支配的那颗行星的主宰。这样，古人就用太阳、月亮和他们所知的五大行星，即火星、水星、木星、金星和土星，分别给一周各日命名，形成了称为"星期"的周。行星周向东传至印度和中国,向西传到罗马。到公元纪年前后,在奥古斯都进行独裁统治的时期,当时的罗马人已有崇拜土星的记载。石刻上也出现了与八日集市周并置的关于行星周的信息。经过公元前两个世纪的流传,占星术和行星周在罗马帝国内的私人生活中已广泛应用。

其次,星期制的确立,改变了礼拜的意义和习惯。早期基督徒仍接受犹太人以数字计算每一天的七日周。但是到3世纪末,行星周开始取代七日周。由于古代埃及人的太阳崇拜,及其对希腊人和罗马人的巨大影响,在行星周中,太阳日(即星期日)具有特殊的意义。

公元313年,罗马皇帝君士坦丁改信基督教。321年,君士坦丁大帝在罗马历中正式引进了七天一周的星期制度,并把太阳日定为行星周的第一天。在这一天,除农业生产以外,人们不得从事其他劳作。这样,原来第七日的休息和礼拜活动改到了一周的第一天,太阳日就变成安息日。礼拜的意义也有了变化,犹太人的安息日原是根据《圣经》中上帝创世的故事而立,而太阳日(星期日)被基督教奉为主日,为的是纪念耶稣基督被害后于次周的第一日复活。

最后,罗马人传统的八日集市周,逐渐地并最终以法律的形式为七日行星周所取代。

综上所述,行星周的形成和确立是不同文明相互交流和影响的过程,特别是马其顿国王亚历山大征服北非、西亚、中亚和希腊各城邦,建立了亚历山大帝国,东西方之间的文化交流更加频繁。在这个过程中，两河流域文明对西方的影响显而易见。星期制的确立也反映了罗马帝国内部正在经历的深刻变化，是基督教会取得成功的一个重要表现。当基督教以一周起始日的太阳日，取代犹太人周期中的第七日（安息日）作为休息日、礼拜日的时候，基督教也就进一步疏离了与犹太教的关系。

三

除却信仰上的差别，休息日无论是在一周的第七日，还是第一日，并无根本区别。作为犹太人周第七日的安息日，与作为星期中第一日的太阳日，都强调的是休息和礼拜。

安息日禁止一切工作，戒律上的规定最早见于《圣经·旧约》中的摩西十诫。古代犹太人严守安息日不工作的规定，极端的事例发生在公元前2世纪，犹太人在安息日听任敌人残杀也不拿起武器自卫。321年，罗马皇帝君士坦丁颁布了关于星期日停止工作，以便人们有时间从事礼拜活动的法令，这是最早的官方律法，成为后世类似各项规定的先声。中世纪英国的法律曾规定，驱使农奴在星期日干活的领主要处以罚金，自由民在这一天干活也要受罚。有条件获得自由的自由民，在无领主许可的情况下从事劳作就要丧失自由。农奴未经领主同意在星期日劳动，受鞭笞惩处。11世纪时，英国法律甚至禁止人们在星期日聚会、狩猎，以及从事其他世俗活动。

宗教改革以后，在基督教会中，依然有一些派别坚持把星期日当安息日，尊为圣日，禁止一切工作。新教反对罗马教会的腐败和权威，把《圣经》视为基督徒的信仰和宗教活动的唯一权威。就安息日而言，新教各派别坚持摩西戒律，把太阳日（星期日）当作休息和礼拜的时间。加尔文把摩西戒律看成是虔诚、神圣生活的永恒规则，应当永远遵循而不能改变。路德反对那些要求废除摩西戒律的言论。英国国教、美国圣公教会、浸礼会、卫理公会均持这种立场。

以星期日为安息日是对上帝的敬畏和对基督徒的一种内在要求。破坏这一规定，则是对教会的挑战。在法国大革命时期，革命者制定和实行新的历法，以十天为一旬的时间周期，取代了七天为一周的星期，以往视星期日为安息日不再工作的节奏被打破，革命者以此表达了对宗教的蔑视。不过，这只是历史的插曲，拿破仑最终废除了革命的历法，星期制得以恢复，也算是教会的胜利。

四

星期制及安息日规则能长期而广泛存在，并非仅仅因为它们有宗教和文化上的意义。事实上，周的概念和生活节奏存在于不同的文明中，就其基本意义而言，周所体现的乃是人类经济和社会活动的惯常节律。在行星周盛行之前，罗马社会已存在集市周，便是最好的证明。罗马皇帝君士坦丁在宣布星期日停止一切工作的法令时，也为农业劳动者留出了活动的余地，毕竟，农业生产具有时不我待的紧迫性。不过，宗教和政治的权威的确强化了这一节律，使休息具有神圣和强制的双重特性，凸显了西方历史上长达千余年的信仰时代。

近代以来，欧洲社会越来越世俗化，尽管周的宗教意义从未消失，但是在把时间看作金钱的时代，星期日越来越受到商品化的侵蚀，从休息向休闲的转变，体现了商品经济在时间中的"殖民"过程。

18、19世纪以来，休息和礼拜依然是人们在星期日的重要生活内容。休息使身体得到放松，以便在下一个周期有充沛的体力和活力从事劳动。无所事事的周日怠惰是休息的一种方式，娱乐、玩耍、聚会等活动，则是另一种放松身心的方式。

然而，在传统的休息方式之外，休息也出现了商品化的趋向，吃喝玩乐发展成为一种产业。随着工业化和城市化的发展，日复一日围着机器忙碌的人们也有了远离城市和工厂环境的需求，郊游和旅游业得到发展，甚至逛街购物也成为人们在周末的一种休息方式。

（原载《光明日报》2017年6月5日）

欧洲人对夜晚态度之变迁

除了季节的变换导致夜的长短发生变化,黑夜本身并无变迁可言,昼夜交替是自然规律,亘古不变。夜的变迁发生在与人类的关系中,从长久以来黑夜被人类当作恶的化身,到近代以后黑夜成为现代生活方式所必需的一个时段,人类对黑夜的态度伴随着经济社会的发展而发生转变。

一

历史上,人类对黑夜的感情十分复杂。黑夜常常与恐惧联系起来,令人产生长夜漫漫的感觉。

从希腊神话中,我们可以读出黑夜恶的本性。据赫西俄德说,纽克斯是夜神,她生了厄运之神、横死之神和死神。尽管没有和谁结婚,黑暗的夜神还生了诽谤之神、悲哀之神、折磨凡人的涅墨西斯，继之，生了欺骗女神、友爱女神、可恨的年龄女神和不饶人的不和女神。恶意的不和女神生了痛苦的劳役之神、遗忘之神、饥荒之神、忧伤之神、争斗之神、战斗之神、谋杀之神、屠戮之神、争吵之神、谎言之神、争端之神、违法之神和毁灭之神，所有这些神灵本性都一样，那就是恶。

由此可见，黑夜在希腊神话中几乎是万恶之源。

到中世纪，黑夜的负面形象并没有发生变化，尤其是在基督教支配下的欧洲社会，由于魔鬼和巫师在黑夜出没，黑夜恶的性质更加突出。在当时的作品中，经常会看到如下论述：魔鬼在夜色的掩护下出没，黑夜属于魔鬼，而魔鬼是上帝的敌人。巫术是教会另一个痛恶的对象，中世纪巫术盛行，而巫术也属于黑夜，如同金斯伯格《夜间的战斗》所揭示的那样，"本南丹蒂"与巫师的战斗就发生在夜里。人们把黑夜当作魔鬼、阴谋的同义语。即便在现代英语中，夜仍有黑暗、罪恶、悲伤等含义。

其实，夜晚与白天一样，是一种自然现象，无所谓善或恶。人们赋予黑夜以恶的性质，乃是因为人的恶劣的一面往往在看不见的黑暗中展开，夜色为鸡鸣狗盗、杀人越货之事提供了天然的遮蔽，因此背上了恶的名声。黑夜具有恶的本性，是人们的情感投射所致。

二

伴随着近代城市化的兴起，城市中出现夜生活，这在一定程度上改变了人们对黑夜的负面看法。这种生活方式以酒馆、咖啡馆、音乐厅、剧院、俱乐部为载体和平台,为人们提供娱乐休闲以及社会交往的机会;这些场所大都具有经营性质,一些活动(如音乐、戏剧等)由专业人士提供,参加活动的人往往是需要付费的。在这里,黑夜不再漫长而需要打发,反而成为一天中最有生活情调的时段,为了享受这种生活方式,人们等待夜幕的降临。

在伦敦和巴黎这样的大都市,上层社会、中产阶级、知识分子和年轻大学生们从17、18世纪开始最先享受夜生活。随着夜生活内容的丰富,公众参与也更加广泛。

俱乐部的兴起,成为英国夜生活的一个重要特征。考文特是伦敦夜生活的中心,那里集中了酒馆、咖啡馆、赌场、桑拿浴室等场所,多数娱乐场所通宵营业。进入19世纪,伦敦的夜生活更加丰富,剧院、俱乐部、赌场、酒馆依然是夜生活的主要场所,而且数量越来越多。到19世纪末,伦敦已经形成了三大夜生活中心,即斯特兰德、莱斯特广场和皮卡迪利广场。

夜晚的巴黎也是一个梦幻之地。巴黎的夜生活主要集中在"皇家宫殿",这里集中了全巴黎的一流餐厅,吸引了来自世界各地的人。到第二帝国时期(1852—1870年),巴黎人的夜生活展现出更广泛的参与性和公共性,拱廊成为市民在夜晚逛街、购物的好去处。拱廊的通道顶层为玻璃,光亮从上面投射下来,流光溢彩,通道两侧还排列着外饰华丽的商店,为巴黎人提供了富有法国特色的夜生活场所。在第二帝国鼎盛时期,巴黎主要大街上的店铺在晚上十点以前不会打烊。

在有夜生活的地方，黑夜不再令人厌恶和恐惧，灯光照明的绚丽璀璨也更加凸显。此时，黑夜开始成为一种可以利用的资源。

三

然而，夜晚的价值只是到工业化以后才得到充分利用。在工厂制度下，劳动者24小时生产作业，整个夜晚都被纳入生产过程之中。

在前工业化时期的农业生产中，农忙时节，农民需要借助月光干一些农活。平时，农家妇女也会在油灯的照明下在家里从事一些手工劳动。原工业化阶段，生产往往在分散的家庭作坊里进行，晚上干活是常有的事。不过，在城市里，情况有所不同。晚钟敲过，城市实行宵禁，市民要放下手中的活计，准备休息。同时，在行会对生产的组织和管理体制下，行规也禁止工匠在夜间挑灯生产。在15、16世纪，无论是法规还是行规，明确规定的劳动时间是从天亮到天黑，依然遵循着日出而作日落而息的生产和生活节奏。所以，在工业化之前，夜间生产劳动的情况虽然也有，但远不是常态。

近代以后，夜间生产逐渐成为一种趋势。起先只是一些行业的生产活动向夜间延伸，后来有更多的行业借用夜晚时间进行生产。马克思曾讲到，"自18世纪最后三十多年大工业出现以来，就开始了一个像雪崩一样猛烈的、突破一切界限的冲击"。这其中就包括摧毁昼和夜的界限,"旧法规中按农民的习惯规定的关于昼夜的简单概念,也变得如此模糊不清"。

工厂的劳动日突破白天与黑夜的自然界限,劳动时间向夜晚延伸,从经济学来看,是把黑夜当作一种资源进行开发和利用。但是,不断延长劳动日引起了劳动者的抵制和反抗,迫使各国议会或国会以立法的形式缩短并限定劳动日,这就是劳工史上工人以罢工方式争取到的缩短工作日的成果,从14小时、12小时工作日,到最终形成8小时工作日的过程。

劳动日的缩短致使夜间生产制度化。当法定劳动时长为12小时的时候,工厂主采用换班工作的方式,他们把劳动者分成几个作业班,轮换进行生产劳动,确保机器及其他生产设备在夜间得以利用。到19世纪末20世纪初,工作时长进一步缩短至8小时,劳动者实现了"8小时劳动,8小时娱乐,8小时睡觉"的梦想。不过,8小时的工作既可以在白天,也可以在夜间。工厂主就采用"三班制"的劳动方式,保证投入的资本在24小时内不停地得以利用。

夜间劳动改变了人的生理节奏,但8小时工作制仍不失合理性。

现在,在那些需要利用夜晚时间进行生产的行业,以及交通、通信、医疗、娱乐等服务业中,"三班制"已成为普遍推行的劳动制度,夜以继日的劳动早已常态化。

四

在人类对黑夜态度发生转变的过程中,照明技术的进步无疑起着十分重要的作用。

有人把黑夜比作荒原,那么照明技术便是拓荒的工具。没有照明技术的发展,就无法对黑夜进行掌控和利用。很难想象,为了照亮一个纺织车间,去点燃千百支蜡烛,这不仅容易引发火灾,而且生产成本高昂,夜间生产无利可图。只有汽灯及后来电灯的发明和应用,才使得集中了千百劳动者的工厂在夜间生产成为可能。同样,照明及灯光调节对于娱乐场所,乃至一般意义上的夜生活极为重要。在巴黎,拱廊通过灯光及玻璃的透光和折射打造出绚丽夺目的效果;在伦敦,一些商家投入大量资金用于照明,数以千计的汽灯火焰把门店装饰得富丽堂皇,炫目的灯光可以使半英里开外的人们看清百货公司内部的廊柱。

不过,最重要的照明技术终究也只是工具,对夜晚时间进行开发利用的动力主要源自资本的力量。在中世纪,城市行会禁止夜间生产,与其说是由于照明条件差,不如说是生产体制的原因;在前资本主义时代,行会面对的是地方性市场,为了避免竞争,需要禁止夜工;资本主义兴起以后,世界市场逐渐形成,行会的生产体制已无法满足远方市场的需求,向夜晚要时间便成了扩大生产最便捷的途径。而到工业革命时期,大量投入的资本必须一刻不停地使用起来,才有可能以最快的速度得到回报,夜以继日的生产便成为不可避免的事情。马克思就曾说过,资本主义的生产为无限度地延长工作日以及夜间劳动奠定了基础。

同样，夜生活也是因为资本的介入而充满活力。工业革命时期，城市化迅猛发展，人口在城市大量聚集，资本很快发现了其中的商机。结果，世世代代传承下来的各种业余玩耍变成了专门的生意，娱乐渐渐发展成为一个行业。

（原载《光明日报》2018年9月3日，原题为《欧洲夜史：人类对夜晚态度之变迁》）

西欧历史上的城市钟声

一

现在，人人有手机，看时间很方便。在此之前，手表也已普及，时间都在腕上，抬手便知时间。再往前，当随身可携带的钟表还是奢侈物品时，时钟主要安置在固定的公共场所及私人住宅内。虽然想知道时间也不是难事，但到底不是那么方便。在那种情况下，人们获取时间信息，一个重要的来源就是公共时钟的报时信号。

公共报时是指由拥有权威的一方，通过某种方式向公众报知时间。

公共报时主要通过两个途径传送时间信息：

一是视觉途径。在古时候，计时设施简单，日晷、水钟、沙漏等都是常用的计时工具，人们通过观察时计而得知时间，比如日晷，人们看表盘上太阳投影的变化，可以知道大致的时间。公元前9年,在罗马的马尔斯广场上竖立了"奥古斯都太阳钟",就是用一座方尖碑作为指时钟。近代以来,科学得到发展。1833年,在格林尼治天文台建起了报时设施,一只巨大的红色报时球在每天下午一时差五分时升起,到一时正,报时球便突然落下。这时,来往于泰晤士河上的船只和远近的居民都可以清楚地看到这只红色球体的升落,并以此来校正时间。自古至今,视觉一直是传送时间信息的重要方式,即使现代的机械和电子时计配有声音报时设施,"看时间"依然是获取时间信息的基本途径。

二是听觉途径。无线电报时使人们靠听觉而知道时间。1884年国际子午线大会确定格林尼治经线为本初子午线以后,这里的时间就成为全球的时间标准,每隔一小时,格林尼治天文台就会向全英国和全世界发出信号报告时间,经常听BBC广播的人,就会熟悉它的报时信号。敲钟是一种较为古老也较为普遍的公共报时方式。今天,人们听钟楼发出的报时钟声在城市上空悠扬回荡,仍不失为一种享受。

在这两种报时方式中,"看"的方式更古老一些。在14世纪,机械时计已经发明,但由于相关的科技还没发展起来,当时的机械时计还没有配上打铃的装置。公共报时分两个步骤完成:先是看管时计的人读取时刻;再敲钟,向公众报送时间信号。

可见,时计与报时钟原是两个分开的物件。钟的原始意义并不是专指能报时的时钟,而仅仅是一种用金属做成的中空的响器,它在遭到打击的时候能发出一种声音,例如编钟,大小不同的钟组合在一起,发出悦耳的声音。这时,钟就是一种乐器。所以，钟的本义与时间无关。但是，到中世纪晚期，随着技术的进步，机械时计与敲钟的装置相结合，到一定的时间节点，钟受打击而鸣，报告时间信息，这就是走时与报时合成一体的机械钟。近代，机械时计逐渐普及，自鸣钟得到广泛应用。钟就逐渐与时钟同义。今天，当我们说到"钟"这个字，脑海里马上会想到它的对应物——时钟。其实，钟与时钟同义，这是历史的形成。

钟与时计结合，使视觉和听觉这两种报时方式合于一体。英国议会大厦的钟楼是一个世人皆知的报时建筑，上面安装的大本钟几乎成了伦敦的标志，它是一个兼顾了视觉和听觉的报时装置。1859年，大本钟被安装在议会大厦东侧高95米的钟楼上，钟楼四面都装有圆形钟盘，直径达6.7米。钟楼高，加上表盘大，时间刻度一目了然。大本钟每隔一小时报时一次，报时钟声洪亮悠扬，方圆数英里之外都能听到其钟声的回响。

二

公共报时古已有之。不过，在欧洲，从古代到中世纪，日常生活中的公共报时并不多。城门的开和关，需要权威的报时信号。中世纪的城市还实行宵禁，相关的时间信号也需要广而告之。实际上，宗教生活中的公共报时频率比俗界更多一些，由于从早到晚有多次神圣的礼仪活动，教会和修道院都制定了明确的作息表，到一定的时候，教堂就会鸣钟报时。报时当然是为修道院内部的统一行动服务，但报时的钟声必然越出修道院而传遍所在的村社。因此，教堂的钟声很自然地成了世俗生活的时间参考。

法国历史学家勒高夫研究过中世纪欧洲的时间，提出了"商人时间"和"教会时间"两个概念，以说明中世纪社会是一个由教会和教士掌控时间、人们的日常生活节奏屈从于教堂钟声的社会。但是，随着工商业活动的发展，商人需要有适合工商业活动的时间安排。结果，在城市里，在一些公共建筑物上，比如在市政厅和塔楼上，世俗当局安装公共时钟，形成了与教堂的钟塔相对的城市景观。体现工商业者需要的时钟时间是世俗社会的时间，"商人时间"开始取代"教会时间"。勒高夫认为，这一变化体现了城市共同体运动在时间领域中发生的一场"伟大革命"。

在勒高夫之前，从未有人从时间的角度观察过那个时代欧洲社会的变化。他的研究给人们留下了深刻的印象，以至于在人们的观念中，"教会时间"和"商人时间"仿佛成了中世纪欧洲社会和近代欧洲社会的两个标签。而在时间观念的演变方面，这两种时间似乎呈现了前后相继的线性发展过程。

不过，勒高夫对这一变化的叙述却显得简单化。首先，教会时间与商人时间并非对立，它们长期共存。世俗的钟声起初与其说是取代教堂的钟声，不如说是一种补充。宗教生活一如既往，而世俗的生活才开始丰富起来。其次，在城市中，以工商业为主的世俗活动越来越重要，专门为世俗生活提供时间信息成为必要，特别是在工商业城市，经济生活的节奏具有摆脱对教会时间的依赖的趋向。自14、15世纪以后，在意大利中部和北部、法国北部、英格兰南部和德国的城市商业中心、市政厅、广场、市场、码头等地方建起了钟楼，高高的钟楼与教堂的塔楼遥遥相对，从视觉和听觉两个方面为市民和工商业从业人员获取时间信息提供便利。那时，教堂的钟声和世俗社会的公共报时声此起彼伏，构成了中世纪以后欧洲城市上空的和谐乐章。

世俗时间变得越来越重要，这是一个明显的事实。市场的营业、工场和工厂的上下班、学校的上学和放学都需要公共报时。于是，公共时钟得到普及，机械时钟甚至进入千家万户。据估计，到1700年时，英格兰的钟表数量已将近20万只。在近代以后的欧洲城市里，人们出门在外，除了能听到每天照例敲响的教堂钟声以外，还能随处获知公共时钟发出的报时信息。到19世纪末，随着钟表制造技术的进步，公共时钟不仅可以做到每隔一小时、半小时报时，甚至每过一刻钟就可以向人们发出悦耳的报时信号。钟表时间正是通过定时报送时间信息，不断提醒人们时间的流逝，从而开始支配城市的日常生活节奏。

时间不是独立的存在，不论是教会时间，还是世俗时间，都与现实社会相适应，它们起源于现实，并服务于现实。丰富的现实生活造成了多重的时间节奏，它们都借由钟声而得到表达。

三

钟声是由权威的一方，向其所辖范围内的民众发出的时间信号，具有强烈的政治和社会意义。

谁掌握时间，谁就掌握权力。

在历史上，城门的开和关，由城市统治者决定时间和发布信号。在信仰的时代，教会掌握时间，教堂的钟声号令人们的生活节奏。世俗力量强大起来以后，城里建起钟楼，这成了世俗权力的象征。在中世纪，时间中的政治最典型的事例莫过于法国国王查理五世（1337—1381年）在1370年发布的敕令，他要求巴黎所有的钟表都要以宫廷中的时钟为准来校对时间。这只钟不管走时是否精准，它的时间仰仗于国王的权力而成了巴黎的标准时间。以它为准来核对时间，就是我们所说的"对表"，表面上看，对表只是一种技术上的操作，而实质就是与国王保持一致，表明政治上的认同。

钟声的社会意义由时间的社会性所规定。当一群人共同从事一项活动，时间就起到了协调行动的作用，而报时的钟声就是集体行动的信号。在中世纪的欧洲，修道院的钟声主要服务于修道院内部的集体行动；教区教堂的钟声为辖区内的信徒提供做礼拜的时间信号；而城市公共时钟则服务于城市社会的每一个人，人们根据各自所需的报时信号，参与相关的社会经济活动。

从中世纪晚期以后，欧洲城市钟声的内涵不断丰富，除了常规的报时功能以外，钟声还具有很多社会意义。

在中世纪，钟是神圣的物件。人们相信它们具有神秘的力量，有纯洁空气和驱散恶魔的能力。在现代早期的英国，人们仍然广泛地认为，钟声可以制服恶魔的世界，传播中的钟声可以阻止恶魔在临死的人身上徘徊。同样，在雷电交加的天气里，人们认为钟声可以驱散空中正在发生碰撞的邪气。

教堂的钟声也开始为世俗活动提供服务。例如在现代早期的英国，每年有一个专门祈求丰收的节日：祈祷日。参加者都是本教区的成员，他们在为新发芽的庄稼或为当时正好进行中的有利于本教区的经济活动祈祷的同时，也歌颂教会、大地和森林，还有他们在这个世界上赖以栖身的住所和街道。在这个日子，教堂敲起钟声，欢庆的队列沿着教区边界行进。在这一活动中，每个教区的教堂都会敲响各自的钟声，钟声把教区成员凝聚在一起，并与其他教区相区别。钟声起到了唤起人们的身份意识和归属感的作用。

国王登基的日子、国王的生日等重要的日子，是民众欢庆、纪念的日子，教堂在这些日子敲起钟声，为城市增添节日的气氛。英国女王伊丽莎白一世统治时期，女王登位的11月17日被称为"女王的圣日"。在这一天，人们用各种方式纪念女王登基，其中，教堂的钟声最能渲染喜庆的气氛。

近代的英国大约有一万个教区，大多数教区钟在节日和欢庆的时刻要敲钟。有的教堂钟只是一两只钟的简单组合，而有的教堂钟则由六只到八只调好音调的一组钟组成，意在敲出欢快和悦的声音。敲钟人在鸣钟的实践活动中探索出了钟声变调的艺术，由不同的韵律组合而成和谐、悠扬的钟声，创造出神圣、欢乐、喜庆的氛围。

（原载《光明日报》2019年4月1日，原题为《14—19世纪西欧城市的钟声》，收入本书时略有修改）

文化构建的欧洲

一

世界正在经历百年未有之大变局，多极化的世界正是大变局的发展方向。在多极世界中，欧洲努力想成为重要的一极在世界舞台上发挥积极的作用。欧洲成为世界的重要一极，既符合国际社会的需要，也符合欧洲自身的利益，它应该成为世界格局中的重要力量。

不过，欧洲作为一个整体，它有内在的缺陷，欧洲自身的认同问题始终是一个无法克服的障碍。世界上没有一个大洲意义上的地域像欧洲那样，用看待民族国家的方式来看待自己，要用民族国家那样的行动方式在世界上发挥作用。欧洲要实现这种超民族国家的愿望，在现实中困难极大。况且，何处是欧洲，从来都是不确定的。欧洲作为一个大洲，地理学意义上的空间范围是清楚的。但日常所说的欧洲，往往又不是地理学意义上的那个大陆，而主要是指以西欧为中心的部分欧洲地区，二者的边界是不匹配的。这种不匹配意味着欧洲内部的矛盾和冲突。

日常所谓的欧洲虽然处在地理欧洲的范围内，有一个特定的空间，然而，它的边界却变动不居。这样一个欧洲不像民族国家那样有一个统一的主权，有政治权力可以涵盖的明确的边界，它的空间由一种具有明显的意识形态特征的文化所建构，而文化是流动的，一方面，从历史上看，在不同的历史时期，欧洲主流文化发生过重大变迁，例如，以民主、自由、文明、进步为核心的西方文化是近代以来西方社会的主流文化，与中世纪以基督教为主导的欧洲文化截然不同；另一方面，文化的传播和扩张，有时还会收缩，使得文化的边疆易于流动，文化的影响程度大体上界定了欧洲的范围。正是文化的流动性，造成了由文化构建起来的欧洲边界也呈现流动的特征。

边界的流动性特征，从好的方面看，有利于欧洲的势力范围借助于文化的软实力进行扩张。但从另一个方面来看，无法安定的边界，使得欧洲看上去不是那么实在，从而制约了欧洲像中国那样在世界上发挥巨大的作用。

二

作为政治实体的欧洲从来不曾存在。

欧洲又称欧罗巴。欧罗巴是古代希腊神话中的美女，原来是腓尼基人的公主，她与宙斯生下的后代，成为开创希腊文明的源头。腓尼基人是当时地中海东岸一个擅长航海和经商的民族。欧洲之名来源于东方美女，从起源上讲，欧洲具有东方基因。

事实上，在古代希腊时期，希腊人的活动范围主要在希腊半岛和爱琴海地区，与今日欧洲其他地区的交往限于爱琴海沿岸的马其顿、色雷斯。古代希腊文明在欧洲的波及范围非常有限，而与亚洲（主要是小亚细亚）的关系则更加密切。在希腊化时代（前330—前30年），希腊文化的传播方向主要是东方的亚洲，包括小亚细亚、西亚，其影响所及向东至中亚和南亚，向南到埃及。在那个时期，欧洲广大地区还没有进入文明的门槛。而当时所谓的欧洲，只不过是希腊人区别于东方小亚细亚的西方之地。

到古代罗马时期，罗马文明在欧洲的影响扩大了。罗马帝国（从公元前27年起）的扩张使得欧洲的相当一部分地区，包括西欧地区，进入了罗马帝国的版图，帝国在欧洲的疆域西起大西洋，北至莱茵河和多瑙河，东到黑海，南到地中海沿岸。今天欧洲的主要部分土地（包括不列颠），在历史上首次，也是唯一一次，统一在一个帝国之下。不过，即使在罗马帝国时期，今欧洲大部分地区（包括今德国，欧洲中部、东部和北欧）依然不受帝国统治。罗马帝国是一个地跨欧亚非的大帝国，地中海是帝国的内海。帝国欧洲部分的繁荣之地，实际上还是在地中海沿岸，而不是帝国征服下的阿尔卑斯山脉以北的广大欧洲。那时，有一个统一的罗马帝国，但不存在一个统一的欧洲。

公元476年，西罗马帝国在蛮族的进攻下灭亡，一系列蛮族王国主要在原罗马帝国的欧洲属地上建立起来。在这些王国中，法兰克王国比较强大，它不断向外征服扩张，到查理（742—814年）时期，王国的疆域超越了罗马帝国在欧洲统治的范围：向北扩张到了易北河；往东，势力到达中、东欧；往南，扩张到意大利北部。查理缔造的这个王国，基本上相当于今日西欧之地。公元800年，教皇给查理加冕，称他为"罗马人的皇帝"。听起来，查理成了罗马帝国的继承人。实际上，两者并没有直接的继承关系。只是从教会的角度来看，查理作为教会的保护人，承担了以前罗马帝国的皇帝对于教会的保护之责。查理在当时就被人称为"欧洲之父"。可见，通常人们所说的"欧洲"的历史，起点是在查理统治时期。

查理的帝国在公元843年一分为三。其中，西法兰克王国基本上就是法国的疆域；东法兰克王国的土地，相当于德国；介于两者之间的中法兰克王国，相当于意大利以及其他西欧小国的地方。自此以后，"欧洲之父"打下的江山，再也没有统一过。

不过，欧洲人一直有统一欧洲的愿望。中世纪出现过神圣罗马帝国（962年起），它一直存在到1806年，被拿破仑废除。但这个所谓的"帝国"，既非罗马，也不神圣，更非帝国，没有统一欧洲。后来，拿破仑和希特勒也都试图建立欧洲帝国，但都没有成功。一千多年以来，欧洲人统一欧洲的努力没有放弃过，这似乎形成了欧洲的历史文化传统。今天的欧盟代表了最新的欧洲统一方向，也是欧洲最接近统一的状态，尽管离欧洲统一还有很长的路要走。

三

尽管欧洲在政治上没有统一过,但欧洲人的欧洲意识在历史的进程中逐渐形成,共同的文化和价值观把生活在西欧和西北欧地域上的族群凝聚在一起,产生了欧洲人的身份认同。

在中世纪,基督教把欧洲团结起来,并且在与异教徒的斗争中加强了欧洲人的欧洲认同和凝聚力。蛮族入侵以后,信奉了基督教。以后,法兰克王国对外扩张,与基督教的传布齐头并进,军队征服到哪里,基督教就传布到哪里。世俗政权与教会互相支持,巩固了各自的地位和统治。尽管封建主义的欧洲在政治上是分裂的,但基督教把各国联系在一起。这特别体现在十字军东征(1096—1291年)上,教皇号召全体基督徒与异教徒斗争,把欧洲各国联合起来,形成了一致对抗穆斯林的基督徒集体认同。那时,欧洲人通过"拉丁基督教世界"的方式表达了欧洲认同,他们在与异教徒的对抗中界定了自己的身份。

到近代早期,基督教世界发生分裂,经过宗教改革,许多国家变成了新教国家,基督教已经无法承担起凝聚欧洲的重任。不过,人文主义思想在文艺复兴时代的欧洲传播开来,世俗的观念取代宗教的纽带。与此同时,地理大发现也使欧洲人重新定位,他们用文明与野蛮的关系,取代了以前基督徒与异教徒的关系,用这种关系来区分欧洲人与世界其他地方的人类。"文明"成为认识自己和区分他者的标记,这同样是通过制造二元对立的方法来实现的。

到18、19世纪，经过启蒙运动、工业革命和以法国大革命为代表的一系列政治革命，欧洲人创造了新的话语体系，除了"文明"以外，进步、理性、现代、民主、自由、人权等观念成为西方人新的意识形态的基本组成部分。欧洲人构建了新的认同基础，这个基础是世俗的，而非宗教的。但认同的方法，一如历史上惯用的二元对立法，通过强调他者的野蛮、落后、愚昧专制、传统等，凸显欧洲文化的优越感。

近代欧洲在政治上依然分裂，而且分裂成许多民族国家。分裂和冲突的现实更加急迫地调动起欧洲国家的有识之士关于欧洲认同的情结。卢梭和伏尔泰呼唤欧洲的人们将自己当成"欧洲人"，而不再归属某一个国家。从圣西门到康德、基佐、雨果、伯克，思想家们都提出了他们的欧洲理念。莱布尼茨和休谟则倡议打造欧洲国家联盟。明确的欧洲理念、欧洲认同，到近代终于形成。

从近代以来的欧洲身份认同来看，凝聚欧洲的文化基础已经发生了重大的变化，今天欧洲人的价值观基本上就是在最近的四五个世纪里形成的。但与中世纪的文化基础不同，近代欧洲人具有明显的种族优越感，它的文化带有文化种族主义的性质，至今依然不免欧洲中心主义色彩。

四

欧洲的历史表明，法国、德国和意大利是欧洲的核心，这是查理帝国时期留下来的基本盘，无论什么时候，所谓的"欧洲"总是以它们为中心，其他的欧洲国家或多或少都处在"欧洲"的外围。

英国与欧洲的关系十分微妙，它既在欧洲之内，又在欧洲之外。它在欧洲之内是因为共同的文化认同。从文化和价值观方面来说，英国无疑是欧洲的核心国家之一，它在处理与非西方国家的关系中，自然站在欧洲的立场。然而，从历史上来看，英国不属于查理帝国，不是"欧洲"的起源地，这使它与法、德不同，在某种程度上可以使它游离于"欧洲"之外。近代以来，它一向操纵欧洲大陆的均势，使自己能够进退自如。19世纪末，英国的外交政策体现为"光荣孤立"。欧共体成立时，英国就不在其中。1973年，英国才加入欧共体。但到2015年，英国竟然公投脱欧。这些事实表明，英国的确不是"欧洲"的自然组成部分。

俄罗斯常常被排斥在欧洲之外。尽管俄罗斯是欧洲面积最大的国家，但俄罗斯一直以来难以挤入欧洲的核心圈。从历史上看，查理帝国形成之际，现在的俄罗斯、乌克兰等地还是众多处在部落族群发展阶段的斯拉夫人居住的地方。9世纪末，乌克兰人建立基辅罗斯，这个国家与当时的"欧洲"在空间上相距遥远。而莫斯科大公国要到13世纪末才建立，比查理帝国晚了好几个世纪。可见，在查理帝国存在的时候，欧洲还没有俄国的影子。俄国是在近代以后通过扩张才逐渐与欧洲接壤的。到19世纪，俄国通过与拿破仑的战争和随后的维也纳会议，以及通过镇压1848年的欧洲革命，终于跻身于欧洲大国之列。但是，俄国从来没有在文化上与欧洲形成一体，它信奉东正教，有独特的斯拉夫文明，没有成为文化构建起来的欧洲的组成部分。不难理解，为什么今天的法国、德国、英国等主要的欧洲国家常常可以不顾俄罗斯的感受而以"欧洲"自居，为欧洲代言，但俄罗斯却不能抛开西欧和西北欧的国家，尤其是在没有德、法、英等欧洲主要国家参与的情况下，为欧洲代言或以欧洲的名义从事活动。地理意义上的欧洲事实上是分裂的，这是由历史文化造成的分离。

欧洲由文化和价值观限定其边界，随着欧盟势力扩张，处于欧洲文化边疆的其他欧洲国家在接受了欧洲的文化和价值观以后，已经成为欧洲的一部分。今后，欧洲的扩张还将以文化和价值观的认同为基础。需要指出的是，欧洲人建立欧洲认同所采取的惯用方法是二元对立，不仅通过辨识欧洲文化的共性来界定自己与他者，而且通过与他者的对抗来加强自己的认同。近代以来的欧洲认同具有强烈的优越感和排他性，欧洲人种对其他人类的优越感和欧洲人看待世界的中心主义，与欧洲认同不可分割。因此，文化构建的欧洲必然具有强烈的意识形态色彩。

欧洲固然由文化来建构，但用文化建构起来的欧洲，实质上是一个利益共同体。在中世纪欧洲四分五裂之时，基督教凝聚欧洲不同的政治力量，共同对抗伊斯兰教。近代以来，欧洲认同确保了殖民主义和帝国主义对世界的征服和扩张。经历两次世界大战，欧洲人认识到欧洲的分裂和对抗造成灾难，欧洲的凝聚和重建符合欧洲的利益，法、德、意等西欧国家再次走上了构建欧洲的漫长道路。今天，世界正在经历百年未有之大变局，为了欧洲的利益，欧洲努力成为一个整体，在美国、俄国和中国之外形成一个独立而强大的共同体的愿望，比历史上任何一个时期都显得更加迫切。

共同的文化和价值观有助于构建欧洲的边界，在历史文化、意识形态和共同利益的基础上，欧洲的团结是可以实现的。尤其在面对共同的敌人时，欧洲会凝聚起来，使欧洲认同再一次得到强化。但文化的欧洲无法承担使欧洲成为统一的实体的使命，从查理帝国解体以来欧洲一千多年的历史来看，欧洲的政治统一是一件非常困难的事情。

（原载《中国社会科学报》2022年2月14日，原题为《欧洲：文化构建的利益共同体》）

近代早期欧洲经济增长与能源

一

近代早期英国经济的增长是一个很重要的话题。英国是世界上第一个工业化国家，英国的工业革命是世界上第一次工业革命。而近代早期，即在工业革命对英国的社会经济发生决定性影响之前的两三个世纪里，英国经济发展状况直接关系到它怎样成为第一个工业化国家。

不仅如此，英国的经济发展在一定程度上已经成为世界其他地方进行现代化的参照。

马克思、恩格斯当年在《共产党宣言》中就"把英国当作资产阶级经济发展的典型国家"。在今天的学术界，近代早期英国经济的发展事实上已经成为近代世界经济史研究中具有"标本"意义的话题。

美国学者彭慕兰（Pomeranz, Kenneth）的著作《大分流》（*The Great Divergence: China, European and the Making of the Modern World Economy*）在中国学界产生了很大的影响，在这本副标题为"欧洲、中国及现代世界经济的发展"的书里，"欧洲"的核心地区是指英格兰。

而中国学者在研究为什么明、清以来中国（江南）的商品经济蓬勃发展，但始终不能走上近代化道路问题时，也同样看重英国的经验。李伯重在《江南的早期工业化》中认为，"对于明清江南工业发展前景的研究来说，使用英国模式作为最主要的参照，不仅是非常重要的，而且也是非常必要的"。他还说："英国经验所体现的社会再生产扩大的普遍规律，适用于任何国家或地区的近代工业化的研究。换言之，无论任何一个国家或地区的近代工业化，都必须遵循这些规律。"可见，近代早期英国经济的发展已经被看成是一个具有世界历史意义的事实。

应该说，这个问题本身的历史与英国近代经济的发展过程一样古老。当近代早期英国经济正在增长的时候，就已经有人在思考经济是如何增长的问题了。亚当·斯密发表于1776年的著作《国民财富的性质及其原因的研究》，就探讨了通过市场来有效地配置资源，把握经济增长的机会，以及通过劳动分工来提高生产效率的问题。斯密所说的这种经济增长，现在被看成了一种专门的模式，如果经济的增长是根据斯密所说的那种方式增长的，那么，它就称之为"斯密型"增长。

斯密所描写的那个世界似乎为劳动生产率的进步提供了大量

的机会，这是与资本主义的事业心密切地联系在一起的。说到资本主义，我们的确应该承认，关于近代早期英国的经济是如何增长的问题，最有影响力的解释，都与资本主义有关。马克思、恩格斯、马克斯·韦伯、桑巴特、布罗代尔、沃勒斯坦，等等，他们都是用资本主义来解释近代早期的英国和世界的经济发展。

可以说，到现在为止，资本主义的解释仍然是最适当的解释体系和框架。但是，资本主义解释不了近代早期经济增长中的一切问题。因为在资本主义的体系下，经济既可以蓬勃发展，也可能出现衰退。经济要持续增长，需要资本主义体制以外的某些东西。

近代早期荷兰的经济发展是一个很能说明问题的事例。

二

荷兰的资本主义经济发展较早，16、17世纪时，它是欧洲最成功的经济体，所以，它又被称为"第一个现代经济"。在发展资本主义经济方面，荷兰比英国的资格更老，马克思在《资本论》中讲过，"17世纪的荷兰被认为是经济发展的模范国家"。16、17世纪是荷兰经济的旺盛期，那个时期有"黄金时代"（Golden Age）的美称。当时，荷兰的城市化水平远远高于欧洲其他国家。荷兰劳动力的就业结构也较早达到较合理的比率。荷兰在其他方面都有优势，无论在工业还是农业中，荷兰的经济功能专业化早已大大地领先，它拥有优越于英国的国内交通运输网；

它是欧洲的公共运输人，资产阶级有很大的政治影响；资本主义在法律和制度上的障碍比其他任何地方都少。

但是，荷兰的经济到17世纪末出现了增长后劲不足的问题。进入18世纪，荷兰共和国的经济停滞了，当时，西欧各国的人口都在增长，只有荷兰的人口停止增长，城市化也出现下降。"黄金时代"一去不复返了。

荷兰经济持续增长了两个世纪。它所采用的资本主义制度尽管保证了荷兰享有一个"黄金时代"，但终究不能使荷兰长期地、可持续地发展。荷兰的经验告诉我们，荷兰的经济发展可能缺少资本主义以外的某些东西。

英国的经济起初也是沿着荷兰走过的道路发展起来，但英国显然比荷兰更加成功，17、18世纪，英国的经济发展势头很好，18世纪，当荷兰经济停滞之际，英国却是一路领先。曾经有人担心英国的经济增长最终会落入与荷兰一样的结局，但实际上，到18世纪下半期，英国开始了我们习惯上称为"工业革命"的经济发展的新阶段，走上了工业化的道路。相对荷兰来说，英国的经济增长称得上是长期地、可持续地发展。

从荷兰与英国的对比中，人们很自然地会想到保证英国经济持续增长的主要原因是工业革命。因为荷兰的经济在发展了两个世纪以后，没有工业革命做后盾，结果，它的经济发展难以为继，衰退难以避免；而英国比荷兰幸运，工业革命把英国的经济推到了一个新的发展阶段。

大体上，这种说法是正确的。但是，最近一二十年，随着研究的深入，国外学者关于工业革命对英国社会经济的影响提出了一些新的观点，这些观点修正了我们以前持有的、认为18世纪下半叶工业革命已经对英国的经济发生革命性影响的传统说法。新的研究认为，英国的经济不是从工业革命一开始（或者说在工业革命开始不久）就出现突变的。

三

"工业革命"这个词，最先是法国人开始使用的。19世纪初，法国人就使用了"工业革命"这个词，有意识地与法国革命相匹配。在英国，用一场特定的革命来讨论英国的工业化经历的第一位经济史学家是阿诺德·汤因比，1880—1881年间，他在牛津大学就这一主题发表了一系列演讲。从那以后，人们都喜欢用"工业革命"这个词来表述经济领域的大变革。在很短暂的时间里发生激烈的、翻天覆地的变化，使事物的性质或状态发生根本的变化，这就是"革命"的意思。经济史学家迪安和科尔认为，"革命"意味着突变。芒图认为，近代大工业的发展，自始就是那么迅速并且造成那么些后果，以至于人们能够比之为革命，的确，许多政治革命还不这么彻底。除了使用"革命"这个词，还用"起飞"（take off）一词来形容当时英国经济发生迅速变化。

大多数历史学家认为，英国的工业革命是在18世纪下半叶的某个时段发生的。迪安认为，工业革命大约从18世纪中叶开始。阿诺德·汤因比把工业革命的起点定在1760年。新编《剑桥世界近代史》(第九卷)在关于英国的工业生产的论述中认为,作为革命标志的急剧上升运动是在1780—1790这十年间发生的。罗斯托提出了一个更为精确的历史时段,认为1783—1802年这个时期是现代社会生活的一个重要的分水岭。

工业革命的突出表现就是生产的快速发展。大部分学者认为英国在18世纪下半期发生工业革命,也是根据英国在这方面出现的变化来判断的。比如迪安和科尔在1962年出版的《英国经济的增长》一书中认为,在工业革命期间,英国国民生产增长率明显加速。根据他们的统计,1760—1780年英国经济的年均增长率只有0.49%,而1780—1801年的年均增长率达到3.43%。

迪安和科尔的研究是第一份对英国的经济做出全面定量分析的研究。他们的研究为以后的20年间,人们对英国工业革命的认识奠定了基调。但是,迪安和科尔的研究现在看来有一些重大的缺陷。他们在统计英国经济增长情况时所依据的主要是英国当时在进出口贸易方面的资料,用进出口贸易量的增长来推测英国的工业生产状况。但进出口的总量不能作为工业经济增长的可靠向导,因为它们并不总是真实、全面地反映工业生产的情况。比如进出口贸易中的数字显示,棉纺织业发展很快,因为英国棉纺织生产的原料依赖进口。在18世纪的头40年,原棉的进口增长很慢;到40年代晚期,原棉进口的增速加快了。棉花进口的增长模式,无论是从数量上,还是从时间上看,都十分符合这个观点,即在18世纪的最后20年,英国的工业革命开始显神威。

但是,棉纺织业的迅速发展说明了什么呢?我们以前认为,棉纺织业是英国工业革命的一个具有代表性的行业，它的快速发展表明工业革命期间英国的经济发展速度十分惊人。但是，棉纺织业的发展很快，仅仅代表的是这个行业本身的革命性变化。它不能说明英国经济整体的发展状况。因为在那时的英国工业中，棉纺织业只是一个很小的行业，甚至在纺织业中，很长时期里，棉纺织业都不是个重要行业。19世纪以前的工业革命时期，英国大部分的和主要的工业领域，在原材料的供应和产品销路方面主要依赖于本国，总体上看，它们的扩张远没有像棉纺织业那样的、以出口为主的工业发展得那么快。所以，仅仅依据外贸资料来评估当时英国工业生产总体的变化难免是不真实的。

以克拉夫茨的同名著作《英国经济的增长》为代表的新研究表明，有关工业革命的传统图景是错误的。迪安和科尔显然是过高地估计了工业革命期间英国工业产量和贸易的增长，1780年以后工业总产量的增长过程相当缓和。也就是说，新的研究认为，18世纪的最后几十年，英国的经济在总体上并没有出现激烈的转变，尽管在那个时期，英国在工业技术上开始出现突破，棉纺织业迅速发展。

新的研究对于我们认识18世纪下半期这个传统上属于工业革命时期的前期的英国经济增长状况有很大的参考价值：

第一，从总体上看，英国的经济在18世纪的最后三四十年里并没有出现大幅增长的形势。棉纺织业是英国工业革命时期发展最快的一个行业，棉纺织业的发展是惊人的快，把棉纺织业的发展速度和产量的大幅增加称为"革命"大概是合适的。但是，必须考虑棉纺织业在当时英国整个国民经济中所占的地位。棉纺织业在18世纪60年代只贡献了大约0.5%的国民收入,到1780年,它的贡献率也才1%。棉纺织业到18世纪末依然不是英国的主要行业。在英国的经济生活中占有重要地位的纺织行业是毛纺织业,毛纺织业是英国的主要工业。棉纺织业的重要性一直要到进入19世纪以后,才超过麻纺织业和丝织业,但它对净产量的贡献仍小于毛纺织业。

所以,在谈到19世纪以前的工业革命时,我们应当注意区分"传统的"和"革命化了"的经济领域增长状况的不同。不同经济部门的增长率有很大的差别,导致它们在相对重要性上的变化。棉纺织业的相对重要性肯定在增加,但一些传统行业的相对重要性也在增加,比如说,建筑业是一个传统行业,在当时没有出现什么技术变革。它在工业革命期间也发展很快,它的发展表明了在国民经费支出方面建筑业的投资份额的上升,但这个传统行业在工业化期间的相对重要性在增加。

第二,在19世纪以前的工业革命期间,工厂制度远没有普遍地建立起来,生产主要是在家庭为单位的作坊里进行。在工业革命的前半期(19世纪以前),英国的经济所经历的增长基本上是在传统领域及用传统的方式实现的。

第三,英国在19世纪以前的主要经济部门是农业,农业在国民生产的增长中的地位和作用,不能因为发生了工业革命而被忽视。17、18世纪时,英国经济中出现人均产量的增长,其贡献主要来自农业。手工工业对英国国民收入的贡献在不断增长,从

1770年的20%增加到1812年的25%，1831年才增加到33.5%（大约三分之一），但在1780—1830年间，英国平均每年的国民收入中有三分之一的份额来自农业。所以，农业在19世纪以前是英国主要的经济部门。

可见，在传统上被认为是经典工业革命时期的前半期，即18世纪的最后几十年中，除了个别行业以外，英国工业领域在总体上没有发生迅速的、革命性的变化。在那个时期，英国的经济的确在增长，但增长是渐进式的。在工业领域，传统的工业部门增长相对缓慢，但由于它们在工业经济中所占的比重很大，所以，即使它们增长缓慢，仍然左右着英国工业经济的整体发展状况。与此同时，应当充分注意到农业对英国国民生产的主导作用。不过，也不能否认，工业革命的种子已经在这个阶段埋下，虽然革命性的影响力要到19世纪才充分释放出来。

基于上述认识，我们可以把1800年当作近代早期英国经济增长的终结点，即把进入19世纪以后看成是工业革命真正开始在英国的经济生活中显神威的时代，而不是以1760年，或1770年，或1780年为界，把英国经济分成前工业化时代和工业化时代。

四

从1800年回溯到16世纪中叶，英国在这两个半世纪的发展就是属于近代早期的经济增长阶段。对英国来说，16世纪中叶是一个重要的转折点。此前，英国还不是欧洲经济上的核心国家，当时，英国无论从人口上还是从经济上看，都处在大陆欧洲的边缘。但从那以后，英国的发展前景被十分看好。16世纪中叶，伊丽莎白做了英国女王（1558—1603年），她在位期间，依靠新兴贵族和资产阶级的支持，厉行专制统治，鼓励海外殖民，并开始与欧洲一些主要国家争夺霸权。1588年，英国舰队在英吉利海峡击败西班牙的"无敌舰队"，从此，英国取代西班牙掌握了海上霸权。

从16世纪中叶以后，英国的经济发展也很有成就。从16世纪中叶到19世纪初，英国经济的发达程度，无论从绝对意义上，还是相对于西欧其他国家，都不难说明。

这一时期，英国的人口增长很快。从1600年到1800年，英国的人口从420万增至870万，增加了一倍多。为了便于比较，我们选取从1550年到1820年的人口增长，这个时期，法、西、德、意、荷各国都出现人口增长，增幅在50%—80%之间，而同期英国的增幅达280%。

在一般情况下，确切地说，如果经济没有出现同步或以更快的速度增长，那么，人口的快速增长意味着经济增长压力加大，人均产量和人均国民收入的下降。但是，那时的英国从许多方面看都没有发生人均产量下降、生活水平大为下降的情况。同期，英国的粮食生产基本上能满足自己的需要，这就意味着在这两个世纪里，英国粮食产量可能也翻了一番。同时，英国从事农业生产的劳动力几乎没什么变化，这意味着英国粮食的人均产量很可能也翻了一番。在200年间，人均产量翻番，那就意味着每年的平均增长率大约为0.35%。与19世纪中叶以后的增长率相比，这个数字是不值一提的。但是,如果与农业时代一般的经济增长率相比,这个数字很不一般,而且这是200年的长期增长。

在劳动力的就业结构方面,19世纪初,男性壮劳力中,大约只有40%的人在务农,40%这一比率在当时的欧洲国家中是最低的。在欧洲大陆,相应的数字一般在60%—80%的幅度。从事农业的劳动力的比率较低,这当然也就意味着在第二、第三产业工作的劳动力的比率较高。

而在城市化发展水平上,16世纪中叶,英国的城市化水平在欧洲是很低的。但是,英国的城市化在17、18世纪发展很快,以致当时欧洲城市化水平的提高主要是英国的贡献。

德弗里斯的研究指出:1600年生活在人口规模5000及5000以上的城市中的欧洲人,占欧洲总人口的10.8%。到1800年,这一数字上升到13%。但是,如果把城市化水平发展极快的英国排除在外,那么,欧洲这一时期的城市化图景就改变了:上述百分比分别是10.9和11.9,这意味着大陆欧洲的城市化水平只出现了稍微上升。

差不多与德弗里斯同时,贝尔劳切也对欧洲的城市增长做了类似的研究。他的研究结果更是让人吃惊。他也是把人口规模为5000及5000以上的居民定居地算作城市,他所估算的欧洲整体的城市化水平在1600年时为12.9%,1800年上升到13.8%。但是,如果把英国排除在外,这两个年份之间的城市化水平竟然有所下降,从13.1%降至13.0%。

18世纪下半期,英国城市化率增长十分明显,而欧洲其他地方的增长又十分缓慢。结果,光是英国一地的增长份额就占了这个时期欧洲全部城市增长的70%左右，而英国的人口在欧洲总人口中所占的比率只有8%。所以，从1600年到1800年，欧洲城市化的发展实际上主要是英国做出的贡献，如果不算英国，欧洲大陆在1800年的城市化水平比1600年时没高出多少。

各种情况表明，自16世纪中叶以来，英国在经济上出现了长期的、较快的进步，并且与邻国和竞争对手相比，差距越拉越大。在发生具有实际意义的工业革命之前，英国的经济相对来说已经比其他欧洲国家取得明显的成功。而工业革命的实际影响力一旦爆发，那么，英国在经济上的成功就不是相对意义上的了。那时，英国的经济增长更快，取得了绝对的优势。

五

于是，我们面对着的是在从16世纪中叶到19世纪初大约250年间英国工业革命的威力还没有真正发挥出来，基本上仍处在"前工业化"（pre-industrial）的状态下所发生的经济长期、稳定增长的事实。我们需要对这个事实做出合理的解释，究竟是什么原因引起英国近代早期的经济如此增长？农业革命、技术进步、劳动分工、资本主义，等等，人们从很多角度对这一事实做出了很有说服力的解释。但是，所有这些解释还不能提供圆满的答案。因为同样可以用这些理由去解释荷兰曾经的经济增长。但荷兰的经济只经历了两个世纪的"黄金时代"就消退了。可见，劳动分工也好，市场经济也好，资本主义也好，都推动了经济的发展，但都没有保证经济能长期增长。

其实，古典经济学家们早就注意过这个问题。按照古典经济学家（即当时代的经济学家）的看法，任何一个经济体发展到一定的阶段就会走向衰退。他们认识到，技术上和组织方面的进步可以不断提高农业产量，或者可以使劳动力和资本的投入降低，使单位面积的产量提高。更合适的轮作方式，新的农作物品种，更加有效的灌溉方式，更便宜更优良的农产品加工、储存和分配方式，等等，所有这些都可以推动经济的增长，从而推延经济滞缓这一天的到来，但并不能最终阻止这一天的到来。

是什么原因扼制了增长？为什么出现了经济增长的限度？

大卫·李嘉图提出的报酬递减律提供了完整、清晰的答案。他认为，在适宜的环境下，工资有增长的可能，但生活水平的提高会引起人口的增长，而人口的增长又反过来会逼使劳动力的工资下降，降到人们习惯上能接受的最低程度，因此劳动回报降低了。同样，投资的回报最后也呈现减少的趋势。比如以农业生产来说，生产总是在生产条件最好的地方开始的，最适宜耕作的土地成为投资的首选。但是，一旦达到适宜耕作的限度，产量的进一步增加只能通过这样的途径来达到，即要么开发相对贫瘠的高地、陡坡地、洼地，要么在已经耕作的土地上进行更为集约化的生产。无论是在哪种情形下，要增加产量只有通过投入更多的劳动或资本，或两者，才能做到。结果，对资本和劳动的回报必定双双下降，下降到一定的程度，进一步的扩张就不可能了。投资回报的降低将使投资的动力不足，从而使增长停滞。无论是劳动力还是资本必然要遭到土地供应受到限制这一事实的拖累。

工业生产的情形与此相同。只要生产过程中的原材料、燃料和动力来源主要依赖有机物，工业生产的发展趋向就与农业是一样的。约翰·斯图亚特·米尔在《经济学原理》中说，工业原材料全都来自土地，其中有很多来自农业生产，尤其是，农业为纺织业提供了全部的原材料。从土地中产生的生产的总法则，即报酬递减律最终一定会像作用于农业那样，作用于制造业。可见，工业生产也不能逃脱李嘉图提出的报酬递减律。

所以，古典经济学家都谈到了一个共同的问题，就是人们不管采取什么生产方式或什么制度，经济都不可能无限增长下去，经济发展到某一个水平，就会进入停滞状态。因为生产过程中的三个要素（生产资料、生产工具和劳动力）之中，后两个因素是可变因素，尤其是劳动力，即人口，总是呈现不断增长的趋势。而生产资料，在农业社会里，这主要是指土地，虽然也可以通过开垦荒地而得到扩大，但归根到底，地表可用于耕作的土地是有限的，因而也意味着能够投入到生产过程中去、充作生产资料的地表物产也是有限制的。所以，生产的专业化程度越高、生产的方式越是优越、生产的数量越大，虽然表明了经济增长越快，但是在同时，这也意味着经济发展离受到抑制的状态越近。在传统时代，生产上的每一个进步，同时也意味着要实现下一个进步变得更加艰难。所以，经济的"停滞状态"（stationary state）是必然要发生的事。在人口和资源关系上，我们只要回顾一下马尔萨斯的理论，就能够充分理解前工业化时代经济增长最终走向"停滞状态"的必然性。

根据这种理论，可以看出荷兰经济的停滞和衰退的原因。

六

近年来，有人对荷兰的能源利用问题进行了研究，这个研究从一个很具体的方面解释了荷兰经济的兴衰，并在一定程度上为古典经济学家的理论做了注释。

根据这个研究，荷兰在16、17世纪的黄金时代之所以在经济上取得突出的成就，其中一个重要的原因就在于它可以得到大量的泥炭（peat）。16世纪时，西欧的好多人口比较稠密的地区由于森林植被的衰竭，面临燃料问题。在所有的欧洲国家中，只有荷兰逐渐通过大规模地开发泥炭资源以补充其他以土地为依赖的能源资源。能方便、大量地得到很便宜的燃料，使得黄金时代的荷兰的工业欣欣向荣，其中很多工业属于能源密集型的生产，如制盐、制糖、酿酒、烧砖、制革，等等。所以，荷兰工商业的巨大成功，在于便宜的能源所造就的竞争优势。

荷兰的经济因使用大量的泥炭而成功，但是也因为泥炭资源的耗竭而衰退。荷兰的泥炭有两个问题，一是储量小。荷兰在16、17世纪的黄金时代很多欣欣向荣的工业属于能源密集型的生产，泥炭的消耗极大。一个保守的估计是，荷兰在17世纪每10年平均开采泥炭为可用泥炭储藏总量的3%—5%。如此看来，在相对较短的时间内，资源的耗竭和边际成本的上涨就是不可避免的了。二是与煤炭相比，热能的产量低。煤作为一种燃料比泥炭产生出更大的能量。据估计，一吨泥炭产生的热量只相当于大约半吨煤所产生的热量。17世纪的荷兰每年的泥炭产量为150万吨多一点，那就是说相当于每年生产75万吨煤。1700年前后，英格兰每年的煤炭产量大约是250万吨，英格兰煤矿开采得到的热能是荷兰泥炭生产的热能的3—3.5倍。

可见，荷兰经济能够繁荣，很大程度上得益于它能方便地得到泥炭这种燃料资源。当其他欧洲国家因为地面上的森林被砍，燃料供应发生问题时，它因为有泥炭而暂时免却了燃料问题的困扰，它的许多工业之所以欣欣向荣就是建立在泥炭资源丰富的基础上的。但是，以泥炭为基础的经济又是不牢固的。荷兰的经济不能持续发展与它的资源消耗是有较大的关系的，起码在资源的开发和利用方面，荷兰与英国相比没什么优势，这就是泥炭和煤炭的差别。

七

既然泥炭资源的衰竭成为荷兰经济停滞的一个重要原因，那么，英国的经济能比荷兰更长久、更持续发展的原因，完全可以归于英国有丰富的煤炭资源，并且较早及较大规模地开发、利用。英国在工业革命期间，大量地使用了煤炭。蒸汽机需要煤，金属冶炼需要煤，尤其是炼铁，煤炭的消耗量极大。如果没有大量的煤炭供应，就不能设想工业革命能够以这样的速度和规模发展起来。

但是，英国人在生产和生活中大量使用煤炭并不是从工业革命期间，尤其不是在发明了蒸汽机以后才开始的。很久以来，煤炭一直是英国热能的一个重要来源。英国人很早就使用煤，但范围并不广泛。后来，森林遭到大量砍伐，木材短缺，导致传统燃料价格上涨，人们才逐渐转向用煤。

1550年时，英国大约生产21万吨煤，这个数字还不算很大。但从那以后，英国城市中使用煤的情况似乎变得越来越普遍。1630年，煤产量达到150万吨。煤的需求量增长快的原因在于人们不仅在生活中用煤，而且更主要的在于工业生产中也开始广泛地用煤做燃料。1610年前后，煤已能用于玻璃生产。再过10年，煤开始用于烧砖。17世纪40年代，焦炭被用于烘干麦芽，这是在酿酒行业中的使用。17世纪80年代，煤成为冶炼铅、锌、铜等金属的燃料。这样，我们看到了从16世纪中叶以来，英国人越来越多、越来越广泛地使用煤做燃料的过程，这个过程就是从生活用煤逐渐向生产用煤的转变。

与当时的欧洲国家比较一下，能看出英国近代早期的经济对煤的依赖程度。总体上看，在1750年以前，欧洲大陆很少使用煤炭，直到1800年之后才普遍地使用。但在英国，1700年的煤产量已经达到250—300万吨之间，是法国产量的30倍，据估计，这一产量是整个世界其余地方煤产量总和的5倍。1800年，英国的煤炭产量达到一年1500万吨左右，为法国的20倍，而当时，整个欧洲大陆加在一起的产煤总量也不会超过300万吨。

上述数字反映的是英国人在19世纪以前使用煤的情况。那时，由蒸汽机的使用所引起的大量消耗能源的状况还没有充分显现。到19世纪以后，英国的煤炭生产和消耗规模就更大了。1850年，英国的煤炭生产量为5000万吨，1900年达到2.25亿吨。

大量地生产和使用煤替代木炭作为热能的来源，对英国经济的发展起很大推动作用。

很多工业部门的大规模扩张因为能够得到大量的煤炭供应而成为可能。有的工业部门在生产过程中需要消耗大量热能，比如陶瓷生产、烧砖、玻璃制造等，如果烧木炭来生产这些产品，不仅成本高，而且林木资源有限，不允许这些行业进行大规模生产，但有煤做燃料，扩大生产规模的问题就解决了。

制铁业更是这样，铁的用处很广，但生产铁的燃料消耗极大。据估计，在以前，生产1万吨铁，得砍倒10万英亩（1英亩相当于中国的6亩）林地上的林木。所以，在煤炭用于铁的生产以前，制铁业对环境资源的破坏极大，炼铁的高炉一般就设在靠近林木生长的地区，一些离森林太远的矿床只好放弃。人们认识到这个问题，所以，就竭力去限制铁的生产。伊丽莎白一世在统治时期曾颁布过好几项法令：这些法令限定某些郡里炼铁厂的数目，并禁止在伦敦周围22英里内开设炼铁厂。在这种情况下，炼铁业就不能大发展，产量就上不去。但是，有便宜的矿藏燃料，就可以使铁矿大量开采，并使钢铁产量达到千百万吨的规模。

煤炭的大量开采和使用，使英国经济得到发展，但经济增长的压力并没有增加。古典经济学家们预计，经济发展到一定程度，进一步的发展就变得困难，有限的资源为经济的增长预设了天花板。因为古典经济学家所看到的经济增长所依赖的资源是产生于地球表面的有机物。人们的衣、食、住、行、取暖，都离不开有机物，而有机物的数量，归根到底是由土地来决定的。但是，煤炭的大量使用为英国经济的增长开辟了极为广阔的空间。因为煤炭是一种全新的资源，是来自地下的矿藏资源。

从燃料这个角度看，英国人大量用煤确保了英国充足的燃料供应；而从取代木炭这个角度看，英国人大量用煤，相当于为英国扩大了土地。有这么一个估计，每年生产100万吨煤炭所提供的热量相当于100万英亩的林地提供的木柴燃烧所得到的热量。那么，我们不妨换算一下，1550年，英国的煤产量大约为21万吨，这与后来的煤产量相比，几乎可以忽略不计。到1800年时，英国的煤产量约为1500万吨，这些煤产生的热能相当于在1500万英亩的林地上生产出来的木炭提供的热能。也就是说，与16世纪中叶伊丽莎白一世登基时相比，到1800年时，英国相当于增加了1500万英亩的土地。或者也可以这么说，如果不是因为使用煤，要维持那时英国的经济运行规模，需要从耕地和牧场中挤出1500万英亩的土地用于林木生产。所以，我们不能设想，要是没有煤，英国如何能长久地维持它的经济规模和经济增长。

所以，能源和原材料的使用成为解释近代早期英国经济能够持续增长的一个重要因素。不仅如此，英国的经验催生了一种对经济增长进行解释的新的理论和系统，这种新的理论和解释系统就是从有机物经济（organic economy）向以矿藏能源为基础的经济（energy-based economy）的转变。剑桥大学的教授里格利提出了这个新的理论和解释系统。

八

"有机物经济"指的是一种在资源的使用上绝对地或基本上依赖于有机物的经济。大体上说，人类自有史以来到前工业化时代的所有经济形态（也许英国例外），都可以被称为有机物经济。人类在生产中所需的资源几乎都来自有机物，即动物和植物资源。人类生活中的衣、食、住、行，还有取暖，也都依赖于有机物。经济越是扩张，对有机物的消耗就越大。

到近代早期，世界上的许多国家或地区都已经进入了发达的有机物经济阶段。荷兰、中国、英国的经济都是发达的有机物经济，这些国家经济发展的专业化程度已经很高，生产率提高了，产量也增加了。比如在中国，明、清时代的江南经济市场化程度很高。在农业生产中，因为精耕细作，粮食产量大为提高，有人称之为"过密化"（内卷化）增长。但不管怎么说，在单位面积的土地上，粮食产量高，能满足更多人的生存需要，说明经济在增长。

有机物经济对有机物的依赖可以从它的就业结构中看得一清二楚。

在工业化以前的英国和其他欧洲国家，农业以外的经济领域中，从业人员最多的职业群体是鞋匠、木匠、裁缝、铁匠、石匠、屠夫,以及面包师和其他服务性的职业,如客栈老板、店主等。除了石匠以外,所有这些职业都要依赖动物或植物为原材料,它们要么在生产过程投入这种原材料,要么把由这种原材料加工而成的产品提供给公众(如服务业)。

与其他行业相比,建筑业的原材料好像不是那么绝对地限于有机原材料。但是,它对木材的依赖还是很大的。砖、瓦作为建筑材料,虽不属于有机物,但其在烧制过程中也要大量地消耗有机热能。即使是那些从事金属生产和加工的人,比如铁匠,他们的生产规模也依赖于土地的生产率,因为在这里,植物原料,比如木炭,那就是冶炼和金属加工中不可缺少的热能来源。

交通运输方面,要广泛使用牲口提供机械能,马就是一种内燃机出现前被广泛使用的交通工具。牲口本身就是有机体的一种,而且,牲口也同人类一样需要粮食,要饲料。

所以,大体上讲,有机物经济是一种在生产过程中绝对依赖有机资源的经济。这种经济越发达,对有机物的需求就越大。但是,有机物的供应是有限度的。这个限度是由这样一个事实所决定:所有有机物都是地表的物产(无论是动物,还是植物),而土地资源是有限的。这个事实最终决定了有机物经济的发展前途。这也正是古典经济学家们所担心的事情。

那么,有没有一条可以克服有机物经济的增长制约的路径?

答案当然是肯定的。而且在今天看来,这早已不是一个重要问题。

但是,在19世纪以前,包括古典经济学家在内的大多数人并没有看到解决问题的希望。而正在古典经济学家们为未来的经济增长犯愁的时候，人类走上了一条可以摆脱有机物经济束缚，使经济在比较长的时段里（起码在数个世纪的时间里）持续增长的道路，那就是"以矿藏能源为基础的经济"。

以矿物能源为基础的经济的核心特征就是，生产基本上摆脱了对土地的依赖，能源基本上来自地下。

到目前为止，我们所使用的能源主要来自煤炭、石油、天然气、核能，也许还要加上水力、风力、潮汐、太阳能。后面这几种能源在世界能源中所占的比重不大，世界上90%以上的能源来自矿物燃料（40%来自石油，33%来自煤炭，18%来自天然气）。现在，石油是最重要的能源，它像人体内流动的血液，保证世界经济体系的运行。而煤炭则是最早大规模开发、利用的矿物能源。

在以矿物能源为基础的经济体制中，已有的工业部门对有机原材料的依赖可以大大减少。比如马的使用，它在近代早期经济中作用非常大。除了用于交通运输，牲口还在生产中替代人力而被广泛使用，在18世纪的欧洲，用于农业生产的牛多达2400万头，马也有1400万匹。在工业中，马也是重要的动力来源，比如在磨坊中用马作为推动机械的重要手段来粉碎谷物，一套碾磨机大约需要两三匹马。马也被用来为矿井排水。在早期的棉纺机器中，马是机械动力的来源，大约每100个锭子就需要一匹马。马匹逐渐被蒸汽动力所取代，大约是1800年以后的事。由于18世纪时广泛地使用马匹作为动力，结果，人们用"马力"这个术语，作为测量动力大小的单位。可见当时马作为动力源在生产和生活中的广泛应用。但是，养马的成本很高，据估计，一匹马大约需要四五英亩的土地才能提供足够的食物。用于生产的牲口多，说明经济发展水平高，但同时，为了食物需求，牲口要与人争夺土地资源。如果使用以煤做燃料的蒸汽机替代马匹，作为交通和工业领域的动力来源，那么，就可以大大减少马饲料生产，从而减少对有机物的依赖，并最终使原本要用于生产饲料的大片土地可以用于生产粮食和其他经济作物。

此外，一些新的、重要的工业部门建立起来了，这些工业部门很少，甚至不需要消耗有机物，如钢铁、机械制造、造船，再后来是石油化工，以及由此而衍生出来的其他行业，等等。与此同时，新体制的出现使得生产过程中应用热能和机械能的规模可以达到前所未有的程度，原有对产量规模的制约消除了，单位生产成本下降了，生产率得以大幅提高，生产规模大为扩大而又不会碰到在有机物经济体制中出现的天花板。在人类历史上，贫困不再成为大部分人生活的一个基本特征。

不过，从有机物经济向以矿物能源为基础的经济的转变，不是一个前后相继、线性发展的过程。英国是第一个实现从有机物经济向以矿物能源为基础的经济转变的国家，从英国的历史来看，从很早的时候，随着煤的广泛使用，英国的经济正在逐渐地减少对有机能源的依赖，以矿藏能源为基础的经济正在发展为一种新型的经济。不过，这种变化在很长时间内都是在发达的有机物经济体系内发生的，可以说，直到19世纪初，英国基本上还是一个有机物经济占优势的国家。只是从那以后，以矿藏能源为基础的经济才变得越来越重要。所以，英国从有机物经济向以矿物能源为基础的经济的转变的过程，是两种经济的发展在时间上长期重叠、并行发展的过程。

英国在近代早期的经济增长与其他国家的不同之处就在于是由这样的二元经济共同推动，而不是只靠发达的有机物经济（或采用资本主义的方式发展起来的经济）来实现的。所以，从这个意义上说，英国与其欧洲邻邦的分流远在工业革命时代到来之前就已经发生了。

英国找到了逃脱有机物经济制约的途径纯属偶然，而非有意设计。起初，煤只是木炭的一种便宜的替代物，用来产生热能，比如说烧一壶水、煮食物、熬盐、取暖等。后来，煤的应用范围扩大到很多其他的行业，如烧砖、制陶、玻璃制作、啤酒酿造。不过，到这时为止，煤的主要作用还只是提供热能。要到在炼铁中也用上了煤，人类在寻求解决能源问题的方法上才发生突破。所以，蒸汽机的发明具有重大的意义，由于发明了蒸汽机，人类发现了一种可以从矿物资源中大规模地提取机械能的方法。这样一来，煤炭的作用就从最初的提供一般的热能，向着提供机械能的方向转变。

当然，从长远来看，以矿物能源为基础的经济也不具有无限的生命力。因为矿物资源都属于不可再生的资源，地矿的储量也是有限的。每掘一吨煤，那就意味着能挖的煤少了一吨。多生产一桶石油，那就意味着能从地下打出的石油就少了一桶。如果我们不能找到新的能源,那么,以矿物能源为基础的经济,其发展的前景也会像有机物经济那样,总有一天会碰到天花板。

现在,无论是中国还是世界,对能源的需求是如此的巨大,能源供应的紧迫感是如此的强烈,这也说明我们的经济能不能实现长期的、可持续的增长又将面临新的考验。从这个意义上说,认真看待近代早期荷兰的经济为什么衰退,英国的经济为什么取得成功的历史,是有一定的启发性的。

(原载《科学文化评论》2006年第3卷第4期,原题为《近代早期英国经济增长与煤的使用》,收入本书时略有改动)

资本主义与1500年以来的世界历史

目前在编纂新的世界历史体系，尤其在构建16世纪以来的世界史体系中，"资本主义"曾经作为这个体系的主线的地位，是遭到贬斥的，代之以其他说法，比如从分散到整体、现代化进程等，成为编纂新的世界史体系的主线。这种风气的变化，从大的方面来说，与整个社会默认不再纠缠于姓"社"和姓"资"的争论相一致；从学科建设本身来说，这一变化与以前的世界历史编纂体系中对资本主义历史和发展前景的认识有严重的错误，不能适应时代的需要有关。

尽管如此，我还是对于我们在目前的条件下是否必须彻底抛弃原有的体系，用这种或那种新思维取而代之的做法存有疑问。原因之一便是，现有各种新体系中普遍存在这样一个现象：它们的基本内容与原有体系中的主要内容并无太大的差别。事情还是那些事情，只是换了一种说法，用看上去好像令人耳目一新的

"体系",把经过适当梳理后的原有体系中的内容重新包装了一下。其实,这是一种新瓶装旧酒的路数。

单是这样一种做法就暴露了现阶段在世界历史编纂体系中创新能力不足和创新思路贫乏。仍然,我们有很多人在思考创建新的世界史体系的问题,有很多这方面的文论不时地呈现在我们面前,其中不乏精辟之说,但多数文论大而化之。对于这种状况,从好的方面来说,可以看成是我们现在对世界史宏观问题的探讨到了一个繁荣时期;而从坏的方面来说,这有可能是一种虚假的繁荣,因为从一些文论的内容来看,作者只是提出一些想法而已,而没有多少深入细致的研究。

我无意于否定人们的创新热情和为建构中国的新世界史体系所付出的努力,但创新总是在前人已有研究的基础上实现的。这就是我们通常所说的批判、扬弃、继承、发展。这几个步骤连在一起,构成创新的全过程,也是我们编纂新的世界史体系的完整的"产业链"。其中任何一个步骤不可或缺。有一个步骤不到位,就会影响到最终产品的质量。目前,我们在创新世界史体系的工作中有一个重要的问题,可能在于对"产业链"中的某些步骤不够重视,急于扬弃和创新,而在批判、继承方面所下的功夫不够。

批判是一个分析、甄别的过程。把正确的和错误的、科学的和非科学的、合理的和不合理的东西区分开来,这就是"批判"的任务。批判不足主要是指很多人对原有的世界史体系的态度是重揭露其中的问题,轻确认其中有价值的东西。

人们更多地看到它存在的缺陷，比如说以阶级斗争为纲，把丰富的历史简化为主要是一部阶级斗争和革命史；比如对资本主义的认识过于消极，提出近代是资本主义走向衰亡的时代这种严重背离事实的观点；同时，对社会主义的前景过于乐观，以至于20世纪八九十年代发生在苏联和东欧国家突如其来的一系列事变，使得我们以前的有关看法马上变得不堪一击。总之，原有体系中存在不少严重的问题，它不能适应时代的需要。这是对原有体系进行"批判"的一个方面的内容。这方面的工作做得比较好，因为旧的世界史体系中，不少问题很严重，而且暴露得也很充分。

但"批判"工作应该还有另一个方面，就是认识原有体系中合理的、有价值的东西。这方面的工作，相应地说来做得很不够，比如说对资本主义的发展作为近代以来世界历史进程的主线的认识就是这样。资本主义走向衰亡，到目前为止还不成为事实。所以，我们以前持有的关于19世纪晚期以后资本主义进入行将灭亡的时代这样一个具体的认识，必须抛弃。但这是否就意味着对资本主义的兴起、发展的基本认识和评价也有问题呢？如果说，我们原有对19世纪晚期以前的资本主义发展过程的认识基本正确，那就意味着我们只需要对19世纪晚期以来的资本主义发展进行重新审视就可以了；如果我们发现19世纪晚期直到今天，资本主义的发展仍是历史的主旋律，那么，我们完全不必怀疑和否定资本主义的发展作为近代以来的世界历史发展的主线地位。遗憾的是，人们的注意力更多地集中在揭露原有体系中的问题，而不在认识其中有价值的东西。

批判的功夫是后续工作的基本功，它直接影响到如何扬弃或继承，以及有多少需要扬弃或继承。由于批判不足，原有的世界史编纂体系基本上被抛弃。除了少数人努力在继承上下功夫，提出世界近代史的资本主义属性的观点外，大多数人都去创新或准备创新世界史体系了。结果，我们现在所见的一些新体系无非就是把原有的世界史体系中的内容倒腾了一下，除了总的说法不同于以前外，体系内容的排列和某些内容在整部通史中所占篇幅等方面的变化，构成了"创新"的主要内容。把这种所谓的新体系看成是"创新"，实在有些勉强。

然而，严重的问题在于这些新体系的主线，无法承担把近代以来的世界历史的主要事件和重大社会变革贯穿起来的任务。也就是说，这些新的主线虽然抓住了世界历史中的一些重要现象或趋势，但不足以阐明历史进程的动力或本质，从而也不能告诉人们世界为什么会演变成现在这个样子的真正原因。比如，把世界历史仅仅归结为从分散到整体的发展或把近代以来的世界历史说成是现代化史，这些说法与把世界历史说成是从古到今的发展史或把近代以来的世界史说成是近代化史能有多大差别呢？人们从不同的角度看到了世界历史进程中的不同现象，并用不同的名称来指称这些现象或者用不同的名称来指称同一个现象，这本身算得上新发现。但现象毕竟只是表面的东西，它无关于大局和本质。从这个意义上讲，我们把世界历史的进程称为近代化史、现代化史、全球化史等，其实无关紧要。一个真正够得上创新的世界史新体系，不仅要告诉人们这些现象是如何变迁的，而且还要揭示它们的本质及发生、变化的机理。所以，当人们急切地把这些用以指称世界历史表象的东西当作创新的成果，并以此来充当历史主线构建新体系的时候，我们还是想追问一下：究竟是什么东西使历史呈现全球化、现代化、整体化的面貌？

把深藏的东西揭示出来，我们才有可能发现什么是历史的主线，而构建世界史新体系的工作才不至于浮于表面。

那么，这条主线应该是什么呢？这就是"资本主义"。资本主义的发生、发展和演变是16世纪以来世界历史发展的主线。

其实，把资本主义的发生、发展和演变看成16世纪以来世界历史发展的主线，这个认识并不完全是新的认识，原有的世界通史中关于近代世界史的主线就是资本主义。不过，原有的体系中对资本主义历史命运的认识是有问题的。所以，在创建新的世界史体系时，我们不能把这条主线原封不动地移植过来。但是，只要我们正确地认识20世纪资本主义的新发展，原有的世界史体系中的资本主义主线仍不失其使用价值。以资本主义为主线，对原有的体系进行批判，并经过扬弃和继承，以此为基础进行创新，这就可以使我们创新世界史体系的工作建立在前人努力的基础之上。

为什么"资本主义"适合充当近代以来的世界历史进程的主线？根本原因在于资本主义的演进是过去五六个世纪里世界历史进程中的一个基本事实，并且是推动这一时期世界历史大势的主要动力。关于这个过程，马克思和恩格斯在《共产党宣言》里已经做了纲领性的阐释。这里需要指出的是：

第一，世界市场的建立、世界性交往的形成，或者用主张"整体世界史"体系的人们的话来说，从16世纪起，世界逐渐开始形成一个整体，这个结果不纯粹是一个自然的过程。资本的本性决定了资本主义是一个世界性的事业，资产者则是这一事业的创造者，"不断扩大产品销路的需要，驱使资产阶级奔走于全球各地，它必须到处落户，到处创业，到处建立联系"。是资产阶级开拓了世界市场，而不是其他任何人使世界形成一个整体。可见，就是要编纂一个旨在说明世界历史是如何从分散向整体发展的世界史体系，也必须向大家交代清楚是谁、为了什么、通过什么方式，以及为何从16世纪前后世界历史开始发生这个转变？

第二，在近代以来的世界历史进程中，工业化是一个十分重要的阶段。大工业消灭了以往自然形成的各国的孤立状态，创造了现代化的世界市场，它"首次开创了世界历史"。所以，在编纂新的世界史体系的时候，工业化的重大意义不言而喻。其中，对于主张以现代化为主线来构建世界近现代史体系的人们来说，工业化的意义尤为突出，因为现代化的核心内容就是从农业文明向工业文明的转变。

把这一转变过程称为现代化过程，正如把工业化过程看成是形成整体世界过程中的决定性变迁一样，说明大家从不同的角度都发现了世界历史随着工业化而发生了深刻的变迁这样一个重要的现象。不过，以现代化为主线来构建世界史体系与以从分散到整体为主线来编纂世界史一样，重现象的描述超过了对事物的分析,或者是有意识地用"现代化"这样一个比较中性又可包罗万象的概念来避免触及一些实质性的问题。

但这样一来,新的体系就不容易使人们深刻地认识到工业化(或现代化)的发生机理,尤其是不容易认清创始这一过程的主体。而这一点马克思和恩格斯在《共产党宣言》里讲得清清楚楚:"市场总是在扩大,需求总是在增加。甚至工场手工业也不再能满足需要了。于是,蒸汽和机器引起了工业生产的革命。现代大工业替代了工场手工业;工业中的百万富翁,整批整批产业军的统领,现代资产者代替了工业的中间等级。"在另一个地方,他们还说,"资产阶级在它的不到一百年的阶级统治中所创造的生产力,比过去一切世代创造的全部生产力还要多,还要大"。可见,讲工业化或讲现代化不应撇开资产阶级,对于现实问题,也许我们可以策略地不去谈论它姓"社",还是姓"资",但对待历史问题,还是应该实事求是。

第三,以全球化为主线或以全球史观来构建世界史体系也面临着同样的问题。不论是从广义上,还是从狭义上来理解全球化,我们始终不能避谈"谁的全球化"问题。省略了主语,我们对全球化的理解就会有严重的缺陷,甚至不知道全球化该从何谈起。近几年来,全球化研究成为热门,而马克思、恩格斯关于世界历史的思想则是任何一个历史地看待全球化问题的研究者跳不过去的话题。他们虽然没有提出过全球化的概念,但对于全球化趋势的预见,则是十分明确清晰的。在他们关于世界历史的理论中,已经有了全球化的思想。就是在那里,他们确认了资产阶级在开创这一历史进程中的主体地位。

在过去的五六个世纪里，世界历史进程五彩缤纷，人们从任何一个角度都可以看到这些色彩，并加以深入的研究。但是殊途同归，人们最终都会触及同一个主题，即资本主义的产生、发展和演变。是资本主义的产生、发展和演变逐渐地把整个世界搅动起来，并逐渐地使世界发展到今天这个样子。所以，资本主义是16世纪以来世界历史的主线，它应该是构建任何新的世界史体系的脊梁。

承认资本主义是16世纪以来的世界史体系的主线，就是要把从16世纪到现在为止的整个时期看成一个完整的时代，它不再像原有的体系那样把这个时代分为"近代"和"现代"，并把"近代"当作资本主义产生、发展和走向衰亡的历史，而把"现代"等同于社会主义时代，从而把这一完整的历史阶段分割为具有资本主义特性的世界近代史和具有社会主义方向的世界现代史。新的世界史体系应该把16世纪以来的世界史看成是资本主义时代的历史，把曾经发生过的社会主义革命放在资本主义世界体系的框架内加以认识，并把社会主义事业的演变始终放在与资本主义体系之间的相互关系中来理解。当然，苏联和东欧的社会主义体制解体后，包括中国在内的世界其他国家对社会主义道路的探索也应该放在与资本主义世界的互动关系中来把握。没有资本主义发展、变化这个大背景，很难理解社会主义的实践和探索。

（原载《学海》2007年第3期）

当代全球问题的资本主义根源

当今世界面临着一些人类历史上前所未有的全球性问题，其中包括资源枯竭、生态系统功能退化、全球变暖、能源成本上升、贫穷和冲突，等等，这些问题又与当前的生产和消费是否可以持续增长的问题联系在一起，直接威胁着人类的幸福和未来发展。

人文和社会科学的各个领域都在关注和思考这些问题，人类学作为一门研究人类的学科，自然把研究和解决这些问题作为自己的重要责任。美国文化人类学家约翰·博德利的著作《人类学与当今人类问题》从人类学的角度探讨了这些问题。

博德利认为，当今人类问题是由人类社会商业化的复杂性与规模所引起的。近代以来，整个世界越来越受到商业化的驱动，这种商业化过程始终是以资本积累为主要目标，它的结果就是产生了一个全球规模的社会。大体上，到18世纪末期，第一个真正意义上的全球规模的社会文化体系出现了。当时，一小撮欧洲精英创造出了以增长为基础的政治经济，成功地塑造了文化和制度的基础，并开始跨越地域，力图控制整个世界。到1800年，全球有组织的商业社会开始占据世界。到现在，整个世界都已被编织进了一个单一的商业网络之中。

商业社会包含整个世界，是一个以巨大而复杂的市场为基础的社会，它由商业和政治精英共同组成相对较小的网络来进行管理，产生两方面的后果。一方面，无休止地扩展市场交易成为一种新的集中社会权力的文化手段，少数人的财富、收入源源不断地增长，其个人在商业和政治上的权力也随之增强。这就产生了一个恶性循环：增长本身给予领导者权力，并产生更大的权力，使其凌驾于大多数人之上。另一方面，经济增长一旦成为少数人攫取权力的手段，它就背离了人类的发展目标，少数人甚至把思想、制度、技术等都整合到经济增长的机制中。全球组织的商业体系要求生产与消费的持续扩张，为了应对利润的减少或枯竭，还要转到新的完全不同的资源和领域中，这就加速了资源的消耗和生态环境的破坏。所以，博德利认为，当今社会面临许多紧迫的问题，如全球变暖、资源匮乏、生态恶化、贫困和冲突，是全球商业文明基本文化模式中所固有的。

这样，"基本文化模式"成了博德利思考相关问题的基础。他根据重要的文化差异，区分了三个完全不同的文化世界：部落世界、帝国世界和商业社会。其中，部落世界由小规模社会组成，其领导人实际上是民众的公仆。古代的帝国世界由酋邦、王国和帝国组成，首领、国王和皇帝统治着奴隶和臣民。而商业社会则是以巨大而复杂的全球市场为基础的社会，由相对少的一部分人在控制和主导，比如跨国公司和跨国资产阶级，而大多数政府则在为大规模的商业企业提供安全保障。这些文化世界的社会规模和文化复杂性依次增加，社会权力也越来越集中。

从社会和环境是否可持续发展的角度来考虑，博德利认为，小规模的部落社会是唯一成功地适应可持续发展的社会。而人类社会商业化所导致的复杂性和巨大规模，则造成了当今的人类问题。博德利在书中表达了人类多元文化的立场，批判了征服小规模的部落社会而在"一夜之间"变成"文化霸主"的全球化商业文化，因为人类很不幸地成了自身社会"进步"的受害者。

基于这种文化模式的分析，博德利似乎找到了解决当今人类问题的思路和方法，那就是，使现今的这种社会组织的规模发生变化，即通过区域市场和生态体系发展地方社区，限制那些以自我利益为中心的精英分子的影响力，减少引起不可持续增长的文化刺激，让每个人都参与到社会和文化的发展中，重新组织和创造一个民主的社会，重新分配社会权力。

人类学的文化规模研究方法有助于我们认识文化在人类社会可持续发展中的重要作用，把生产的目的放在突出的位置来认识。

部落社会的社会权力分散，生产和消费都是以生存为基础，"教化"造就家庭内的幸福生活。在这里，经济增长本身并非人类的目标，所以，也就很少具有促进经济增长的文化刺激。但在全球商业化社会里,部落世界所定义的文化秩序被完全颠倒了,资本积累成为经济活动的主要目标,经济增长被看成是人类福祉的本质。

在资本主义的"文化霸权"之下,消费主义成为主流的文化价值,增加商品和服务的消费成了生活的意义。于是,商业优先性与人类福祉混为一谈,使人际关系与社会价值向经济俯首称臣。仅仅经历了两个世纪的时间,商业化过程就将全球带到了灾难的边缘,这样一种经济增长的意义到底在哪里?这的确是一个发人深思的问题。

博德利的研究中另一个有启发意义的地方是在分析中引入了时间因素,使我们对一些事情的评判有了新的尺度。比如对工业资本主义的评价。过去,人们对于工业社会成功地再生产及其摧毁、取代"较低级、较低效率"的社会与文化能力,往往给予很高的评价。就其发展生产能力、促进经济快速增长而言,工业资本主义取得了巨大的成功。但这种认识忽视了时间因素。博德利指出,超过规模极限的增长,即使有那么一段时间的快速发展,接踵而来的就是压力、衰落和崩溃。接近规模极限时达到的文化稳定性迫使人们适应极其紧张的状态,一旦突破极限,新一轮的增长周期将会延续适应问题。所以,将发展当作进步的观点忽视了发展的周期性和波浪形特征,是过度地强调了临时用来克服增长的物理极限的技术所发挥的作用。另外,博德利还提醒世人,商业社会对环境的影响是一种更加微妙的危机,它完全有引发大灾难的潜能。一旦导致危机的因素启动,需要经过很长一段时间才能被人们觉察到潜在的问题。这些问题在被人们广泛认识并采取补救措施以前还需更长的时间，比如关于使用DDT（杀虫剂）的危害的认识和最终禁止使用DDT，时间上的间隔长达二三十年。由于对事物的评价引入了时间因素，一些眼前看来代表了"进步"的事物，从长时段来看，很有可能是引发潜在的危机或危害的开始。

人类学擅长文化分析，为观察社会经济问题提供了独特的视角和思路。不过，博德利所探讨的这些全球问题，基本上是近代以来世界经济发展中出现并加剧的问题，文化的解释有助于我们更加全面和深刻地理解这些问题，但并不能取代经济学和历史学的解释。

从历史唯物主义的观点来说，像资源枯竭、生态系统功能退化、全球变暖、贫穷和冲突等影响到经济和社会可持续发展的问题，是资本主义生产方式发展的必然结果。资本主义经济以积累为主要目的，在竞争中不断地扩大生产，从而具有不加节制地消耗资源和破坏生态环境的趋势。关于这一点，生态马克思主义已经做出了很好的解释。资本主义时代主流的思想、态度、价值观念等被人们当成文化的内容，都是在资本主义生产方式占主导地位的时代产生，并服务于资本主义经济体系的。

与此同时，资本主义经济以积累为目标，具有不顾一切地冲破地域限制、谋求利润的愿望。资本主义是一个世界性的经济体系，世界性的特征自其16世纪产生以来即已存在，它在以后的历史进程中随资本主义向全世界的扩张而更加明显。如今，资本主义发展到全球化时代，资本已经渗透到了整个世界。所以，世界性是资本主义经济必然要呈现出来的一个特征。博德利所探讨的全球商业文明这一基本的文化模式，也是资本主义世界经济体系发展的产物。基于这样的认识，我们就不能把这个随着资本主义经济的发展而发展起来的规模巨大的文化模式看成是引起全球问题的基本原因。

至于是否能够解决这些全球性的问题，及如何使生产和消费可以持续发展，归根到底，与我们是否能够驾驭现今的经济发展方式有关。当然，这也一定与我们头脑中存在的发展经济到底是为了什么的理念有关。

（原载《史学理论研究》2012年第4期，原题为《人类学视野下的全球问题》。本文是为《人类学与当今人类问题》［约翰·博德利著，周云水等译，北京大学出版社2010年版］所写的评论）

反全球化运动的要害

一

2007年4月30日委内瑞拉总统查韦斯宣布：委内瑞拉退出国际货币基金组织和世界银行两大金融机构。查韦斯说："如果没有基金组织、没有世行，我们的生活会更好。"

在很多人的印象里，加入世界银行、国际货币基金组织、世界贸易组织等国际金融或贸易机构，便可以在全球经贸交往中享受到一定的优待。因此，即便得到上述组织提供的贷款或成为上述国际组织的成员需要承担一定的义务、满足它们所提出的有关条件，利益的诱惑，仍可以让很多国家千方百计地与它们靠拢。

不过，世上没有无缘无故的爱，这些国际组织在提供优待和服务时总会附加一定的条件，这些条件看上去都在经济领域，但最后会产生什么样的后果，只有到那些得到过好处的国家越来越离不开它们的经济援助的时候，才突然明朗起来。

查韦斯说，没有它们，生活会更好。想来委内瑞拉当初尝到过它们的甜头，但最终却吃够了苦头。然而，委内瑞拉还不是唯一与世行、国际货币基金组织关系恶化的拉美国家。近年来，包括厄瓜多尔、尼加拉瓜、阿根廷等在内的国家虽然没有完全退出两大国际金融组织，却以各种方式疏远与它们之间的关系。

这就给我们提出了一些问题：它们为谁掌控？又为谁服务？为什么它们到处受到欢迎，又到处遭人痛恨和抗议？

如果人们的头脑中产生这些疑问或产生与此相关的其他问题，读一读刘金源、李义中和黄光耀三位学者合著的《全球化进程中的反全球化运动》一书，很有启发。这本书为我们提供了解答有关问题的深远背景和广阔的视野。这本书告诉我们，针对世界银行、国际货币基金组织和世界贸易组织这三大国际经济组织的各种抗议活动由来已久，并且，这些示威抗议活动是一个包含了更加复杂多样内容的全球性反抗活动，即被称为"反全球化运动"的重要组成部分。把查韦斯对它们的不满放到反全球化运动中去看，事情就变得很好理解。

二

在过去的二三十年里，人们越来越强烈地感受到世界的联系和交往日益紧密的过程，这个过程就是全球化。全球化表明人类文明进步已进入一个新的阶段。

不过，全球化也给人类带来了一些不良后果。随着全球化的进程，全球各地，无论在欧美国家，还是在发展中国家，都发生了针对全球化进程中的消极后果的示威游行和抗议活动。这些被通称为反全球化运动。

反全球化运动所反对和所要求的东西复杂多样，涉及广泛的内容，如要求消除贫困和不平等、削减和取消第三世界的债务、停止对环境的进一步破坏等。在不同的国家，人们还提出更为具体的要求，比如2000年印度电力工人抗议世界银行提议的电力部门私有化政策。2002年欧盟首脑布鲁塞尔会议期间，示威群众要求欧盟国家工会在制定社会政策时发挥更大的作用，并要求政府通过干预来减少失业现象。2003年，由34个国家的贸易部长在美国迈阿密讨论美洲自由贸易区的会议期间，以劳工为主的抗议者抗议美国推动的美洲贸易自由化。如此等等，几乎每一场抗议活动都有各自的反对目标和所争取的要求。

虽然反全球化运动所提出的要求十分具体而广泛，但矛头所向仍是比较明确和集中的：

一是针对世界银行、国际货币基金组织、世贸组织。

这三大经济组织召开重要会议都是引发反全球化示威抗议活动的时机，如1998年日内瓦世贸组织部长级会议期间发生的抗议示威；1999年世贸组织部长级会议期间的"西雅图之战"；2000年布拉格国际货币基金组织/世界银行年会期间的抗议活动等。事实上，在发展中国家，以三大国际经济组织为主要目标的反全球化运动规模更大，比如在2000年，印度有2000万人罢工，反对国际货币基金组织和世界银行的政策。

二是针对跨国公司。

在非西方世界，跨国公司成为人们反对或攻击的对象，他们反对跨国公司建立"血汗工厂"，反对跨国公司对当地环境的破坏，反对跨国公司忽视劳工的正当权益等。此外，跨国公司派驻当地的办事机构和在当地的连锁店也成为一些抗议者的攻击目标。而在西方国家，跨国公司的店面同样成为暴力攻击、劫掠和焚烧的对象。

三是针对新自由主义。

新自由主义现在被认为是全球化的意识形态。它在实践中等同于"华盛顿共识"，即推行以市场为导向的自由放任政策。2000年10月，在韩国汉城（今首尔）召开第三届亚欧首脑会议期间，示威者就喊出了"不要新自由主义全球化"的口号。由于新自由主义是一种抽象的意识形态和理论体系，反对新自由主义的声音主要是通过理论批判表达出来的。

三

根据《全球化进程中的反全球化运动》一书的叙述，发生在世界各地的反全球化运动有三种表现方式，作者们以"反全球化的抗议浪潮""反全球化的世界社会论坛"和"反全球化的理论思潮"为标题，用三章的篇幅分别叙述了三种反全球化运动的方式。由于在"世界社会论坛"召开期间的反全球化活动兼有理论探讨和游行示威的两种形式，所以，反全球化运动的方式实际可以简洁地分为"文"和"武"两种。

"武"的方式主要表现为街头抗议示威，比较著名的如1999年的"西雅图之战"、2001年的"热那亚之战"等。"西雅图之战"发生在世贸组织部长在美国西雅图举行会议期间，会议开幕之日约5万名反全球化人士从全球各地云集西雅图，约700个非政府组织，其中包括美国劳联—产联，参与了这次抗议活动，人们抗议新一轮多边自由贸易谈判。抗议过程中出现的一些暴力行为引发了示威者和警察的冲突。"热那亚之战"被称为"标志着迄今为止反全球化运动的高潮，它也是当今规模最大、最为激进、暴力倾向最为明显的一次抗议活动"。在这次抗议活动中，有一名抗议者死亡，数百人受伤。

在街头进行的反全球化抗议活动大体上从20世纪90年代中期开始。自"西雅图之战"后，"武"式的反全球化运动进入一个新的阶段。此后，但凡有重要国际会议召开，必然会有反全球化者的身影相伴随，更多地体现了反全球化运动的非理性和暴力方面的特征。

与"武"式的反全球化运动相比，"文"式的反全球化运动更多地反映了全球化运动理性和思辨的方式。"文"式的反全球化运动是指口诛笔伐式的批判，人们以论坛的方式或通过著书立说，批评全球化的弊端，分析这些弊端所产生的根源，提出替代现有这种全球化的种种方案。反全球化的论坛有很多，如世界社会论坛、全球化国际论坛、欧洲社会论坛、哈瓦那全球化论坛等，其中，以世界社会论坛最为著名，它是目前参加人数最多、规模最大、影响最为深远和举办得最为成功的论坛。世界社会论坛与一年一度的世界经济论坛摆起擂台，自2001年起，每当召开世界经济论坛期间，世界社会论坛就会在异地召开，商讨反全球化的目标、手段以及全球化的替代方案。

开论坛易于造势，然而，"文"式的反全球化运动最深刻的批判当属理论思考，世界上不同类型的社会经济制度中的专家学者和政治家都在思考全球化及其弊端，表达自己对全球化的批评、质疑或反对，这是"一种独特的口诛笔伐式反全球化运动"。

参加反全球化运动的人很多，而且也很杂，他们之中有当地居民、农民、无土地者和失业人员、生态保护积极分子；还有工会、人权组织等民间团体；有专家学者如萨米尔·阿明、伊曼纽尔·沃勒斯坦等；还有不少政治家，包括哥伦比亚前总统桑佩尔、阿尔及利亚总统布特弗利卡、马来西亚前总理马哈蒂尔、古巴领导人卡斯特罗，等等。委内瑞拉总统查韦斯在最近几年一直站在反全球化运动的前沿，比如他参加了2005年在巴西阿雷格里港召开的第五届世界社会论坛，发表了激情昂扬的演说，严厉抨击了以美国为代表的资本主义和帝国主义国家对拉美各国的奴役和剥削，被大家看成是论坛的英雄人物。

以上情况表明，反全球化运动具有参加者的成分和目标复杂、手段和要求多样、活动的地域广泛等特征。

四

现在，人们习惯于把所有这些针对全球化过程中出现的弊端的示威、抗议和口诛笔伐式的批判都放在"反全球化"的名义之下，这个做法有便于操作的优点，因为人们用这个简单的术语把这样一场复杂的运动概括出来了。

不过，这个说法并不十分妥当。因为全球化的内容远远超过"反全球化运动"的内容，尽管反全球化运动本身已够复杂的了。总体而言，全球化对世界的影响有两方面，从好的方面讲，全球化以科技发展为基础，方便了人类的交往，促进了人类的进步，它既是人类文明发展的结果，又体现了世界历史发展的大趋势，这是全球化的主流。所以，全球化时代是一个值得欢迎的时代。就此义而言，对抗全球化便是阻挡历史前进的脚步。显然，所谓的"反全球化运动"并不是反对全球化的主流。

然而，从另一方面来讲，全球化的确也造成了很多问题，比如全球不平等加剧、世界性的生态环境进一步恶化、资本过度流动而隐含的社会风险加大，等等，反全球化运动所反对的正是全球化进程中产生的这些消极面。也就是说，所谓的"反全球化运动"并不是与整个全球化趋势相对抗。

既然如此，把所有反对全球化过程中产生的消极面的活动，一股脑儿地称为"反全球化运动"，不仅不合事实，而且也容易误导民众。难怪"反全球化运动"的斗士们也不愿称自己所从事的活动为"反全球化运动"。

所以，用"反全球化运动"这个名称来指称所有这些反对在全球化进程中出现的消极面的活动，其实不妥。那么，有没有一个合适的词来替代"反全球化运动"这个术语呢？目前看来还没有。这使我想起"后现代"这个词。前一阵子学界大谈"后现代",人们喜欢把那种反对现代性、反对进步观念、反对历史的规律性和直线式发展、反对宏大叙事,主张历史多样性、差异性、复杂性的思想观点,统称为"后现代"。具有讽刺意味的是,大多数被当作"后现代"的主要代表人物的那些学者,却并不喜欢把自己归入"后现代"。直到现在,学界也没有造出一个恰当的词来替代"后现代",也许根本就找不出替代词,学术界的尴尬由此可见。我们只能用这样一种方式给自己解围:"后现代"是一个符号,它代表了反现代性、反现代思维和观念的思潮。像"后现代"一样,"反全球化运动"这个用词也不过是一个代表了所有反对全球化过程中所产生的消极面的那些活动的符号罢了。

五

如果说,用什么名称来指称反对全球化进程中的消极面的各种活动还只是一个技术性的问题,那么,何以在世界范围内引起这样广泛的抗议活动,则是需要认真对待的问题。陈晓律先生在为《全球化进程中的反全球化运动》一书所写的"总序"中讲道:"发展中国家反对全球化的思潮不难理解,因为发达国家在这一过程中占尽先机,获得了巨大的利益,而发展中国家则是被迫卷入这一浪潮的,它们一般处于产业链的最低端,受益面较窄,而在环境、资源、文化和其他精神领域则付出了惨重的代价。在这些国家中产生反全球化的思潮应该说具有某种'正常性'。但是，发达国家为何也产生种种影响很大的反全球化思潮，就需要进行深入的了解和分析了。"

这就需要思考反全球化运动的实质。

那么，反全球化运动的实质是什么呢？根据《全球化进程中的反全球化运动》的观点，反全球化运动的本质就是反对由西方国家所推动的、由新自由主义所主导的全球化。

这个看法有相当的道理，因为全球化的确是以美国为首的西方国家把新自由主义理论和政策推向全球的过程，它们制定游戏规则，借助三大国际经济组织，到处谋求和维护自身及跨国公司的利益，从而造成各种后果消极、问题重重的全球化。

不过，这个看法还是不能令人满意，因为根据这个看法，我们仍不能明白西方为何也产生反全球化思潮，并且还是反全球化活动最激烈的地方。此外，根据这个看法，反全球化运动中的有些抗议活动就得不到合适的解释，比如贫富差距和环境污染问题。作者们对于为什么反全球化运动要把矛头指向这些并不能完全归咎于全球化的问题感到迷惘，他们认为，这些问题在全球化背景下变得更加突出是事实，但归罪于全球化未免牵强。结果，他们只好把反全球化运动中出现的这些抗议活动，归结为反全球化运动的"非理性"，认为是反全球化人士错将"全球化当成全球问题的替罪羊"。

在探索反全球化运动本质的道路上，本书的作者们几乎是差一步就到位，他们的脚步在新自由主义与反新自由主义的关系上面停了下来，不曾意识到跨越这层关系就可发现资本主义与反资本主义的关系，而资本主义与反资本主义的关系才是全球化与反全球化之间的一个根本性的关系。

全球化在本质上是资本的全球化，这就决定了反全球化运动的反资本主义实质。反全球化人士所反对的东西都与资本主义的发展有关或者应由资本主义来承担主要的责任。所有的问题，无论是陈晓律先生所提出的，还是令该书的作者们所困惑的，只要顺着资本主义这条线索追寻下去，都可得到满意的解答。

全球发展不平等、贫富差别、生态环境污染、债务、失业等在全球化时代到来之前都已存在，全球化进程使这些老问题变得更为严重，比如跨国公司在世界各地投资生产或将落后的生产设备和工艺转移到发展中国家，它们在大肆消耗资源的同时，排放出大量的废气、废物，严重破坏环境。同时，发达国家资本外流、转移生产场所，也对这些国家的工人就业形势造成挑战。

这些问题的确不能全归罪于全球化，但也不能把反全球化人士对这些问题的反抗和批判说成是反全球化运动的非理性。如果我们不能很好地解释为什么反全球化运动把这些问题通通当成抗议的对象，那只能说明我们对它们还没有真正了解。其实，上述问题的责任承担者就是资本主义，这些问题是资本主义发展过程中的产物，它们在全球化进程发生之前就已存在。到后来，在资本主义的全球扩张阶段，这些问题就变得更为突出了。这就是说，资本主义发展具有延续性，同时又表现出阶段性。相应地，在资本主义发展中出现的消极后果也具有延续性，并表现出日益严重的趋势。

马克思主义理论、依附论、世界体系理论等都对这些问题的资本主义根源有深刻的揭示。反全球化人士十分清楚全球化时代这些问题依然存在并且更加严重的原因,所以,在反全球化运动中,他们大量借用了前人的反资本主义成果,用作分析和批判全球化时代的资本主义的有力武器。

如果说反全球化运动的反资本主义活动与以往对资本主义的批判有什么不同的话,那全是因为全球化时代的资本主义出现了新的形态。反全球化运动的矛头集中指向全球化的三大支柱:新自由主义、三大国际经济组织和跨国公司。这些理论和机构虽然在全球化到来之前都已存在,但只是到了全球化时代,它们的作用才得到充分的发挥。

那么,全球化的三大支柱与资本主义到底是什么关系?

它们是资本主义全球扩张的工具。

六

先说新自由主义。

新自由主义来源于古典自由主义。后者曾为推动资本主义的发展起过重要的作用。新自由主义当然也是为资本主义的全球扩张服务的,它看上去仅仅是古典自由主义在当前的复活,但是,它流行的背景更值得注意。

它最初是作为拯救西方资本主义危机的一剂药方而为当权者所重视。

20世纪70年代中的石油危机使西方资本主义世界陷入严重的经济衰退,曾经指导过战后西方经济高速增长的凯恩斯主义面对危机无能为力。20世纪70年代末80年代初开始,西方国家纷纷采纳了新自由主义理论和政策才得以渡过危机,并不同程度地实现了经济繁荣。新自由主义在英美所体现的政策包括大幅减税、削减政府开支、削减社会福利开支、打击工会势力、推行私有化、减少或放松对企业的管制,等等。这些政策从英美开始实施,逐渐推广到其他西方国家。新自由主义在西方的初步成功,为其向全球的扩张奠定了基础。

到20世纪80年代末和90年代初,苏联和东欧社会主义阵营解体,这似乎又从反面印证了新自由主义的成功。于是,新自由主义又开始从学术和理论逐渐走向政治化,并发展为西方国家推行经济全球化的重要理论和意识形态。它在国际实践中表现为"华盛顿共识",就是要推行以市场为导向的自由放任政策。在经济上,新自由主义要求放松各种管制,推行市场至上原则,推行私有化,否定国家福利。在政治上,否定社会主义和公有制,反对任何形式的国家干预。在国际交往上,要求实现商品和服务的自由贸易,资本的自由流动,投资的自由化,并宣扬民族国家主权消灭论。

新自由主义政策在西方国家虽然取得了很大的成功,但也产生了明显的消极后果,那就是加剧了社会的两极分化,直接损害了社会下层和劳动者的利益。新自由主义给非西方国家带来的恶果似乎要比正面的作用更大、更明显一些。拉美可以说成为新自由主义的试验场，按照美国意图设计的新自由主义的改革方案在那里实施得最为彻底。但最后的结果却是：社会分化加剧；经济上严重依赖外资，爆发了严重的金融危机和经济危机；政治上引起动荡不安。在俄罗斯和东欧国家，实施以新自由主义理论为基础的"休克疗法"在推动各国向市场体制转轨的同时，也使各国付出了惨重的代价。这些都是众所周知的事情。

所以，一般人都认为，新自由主义是西方国家推行资本主义全球化的意识形态，是操纵在西方国家手中、推行有利于其自身利益的工具。有的学者则直接把新自由主义与资本主义连在一起，把20世纪后20年的资本主义说成"新自由主义"。

再说世界银行、世贸组织和国际货币基金组织。

它们分别管理着全球经济中货币、贸易和投资领域，对世界经济具有无比的影响力。人们对它们耳熟能详，所以，我们在这里不用一一讲述它们的身世，只要指出这一点就足够了：虽然它们头顶着"国际"或"世界"的帽子，但它们都掌控在以美国为主的西方国家手中。

比如在世行内部，美国独自控制着16%以上的投票权，对世行任何一项重大决议都拥有否决权。并且按照惯例，世行行长均由美国总统提名，并始终由美国人担任。最近，闹得沸沸扬扬的世行行长沃尔福威茨的"女友门"丑闻[1]，引起国际社会对美国在世行的垄断性地位的不满。但要改变美国在世行内现有的"一股

---

[1] 世界银行行长沃尔福威茨涉嫌利用职权为与其关系密切的一名世行女官员大幅升职加薪，导致他备受质疑，黯然辞职的事件。

独大"的格局，绝非一朝一夕之功。即便有所改变，那也必定是由美国独控变为由以美国为主的西方国家共同来操控。这意味着在目前的条件下，世界银行等国际经济组织主要是以美国人的价值观和准则来运作的。或者说是，西方国家制定好了游戏规则，由它们来实施和监督游戏规则，并由它们来解释游戏规则；非西方国家要想从它们那里得到好处，先得接受它们的条件。

比如发展中国家在遇到危机时，想要从国际货币基金组织那里得到贷款，得先接受该组织开出的缓解危机的药方，即所谓的结构性改革方案，通常包括受援国要紧缩国内信贷、削减公共部门开支、实行货币贬值、进一步开放资本金融市场，等等。世界银行在给第三世界国家发放贷款时也附加一些条件，如削减关税、取消各种进口限制、取消食品补贴、推行国有企业私有化、放松对资本和金融的控制等。

世贸组织也同样存在偏向西方国家的问题。这个以促进贸易自由化为责任的国际经济组织，在行动上偏向于让西方国家获得更大的贸易便利和自由，比如因为在工业制成品方面有比较优势，西方国家就极力主张推行贸易自由化，大家都来减低关税，减少贸易壁垒，这样，西方国家的工业品就可以方便地打入发展中国家，为本国企业、行业谋取利益，而在农业和纺织行业这些处于劣势的经济领域，西方国家却推行贸易保护主义。

人们现在往往持这样的看法，认为这些国际经济组织和机构是以美国为首的西方国家向全球推行新自由主义的工具，因而它有明显的利益倾向性。2007年4月29日，出席玻利瓦尔美洲国家替代计划第五届首脑会议的玻利维亚总统埃沃·莫拉莱斯还在抱怨世界银行在解决政府与跨国公司的经济争端中总是为后者说话。他说:"我和其他拉丁美洲国家的政府领导人都认为,政府从没有赢过争端官司。"

赢家总是跨国企业。的确,新自由主义是为跨国资本的全球流动鸣锣开道的,三大国际经济组织是为跨国企业保驾护航的。如果不是站在跨国公司一边,世行就搞错了自己的身份了,因为跨国公司是经济全球化的真正主角。

那么,现在就让我们来看看跨国公司的面貌。

跨国公司离我们很近,麦当劳、索尼、微软、西门子就是跨国公司的代表。在中国,到处都以招徕跨国公司的投资为荣,因为跨国公司落户,意味着一个地方的投资环境好、经济发展水平高,税收多了,就业机会增多了,地方官员就有了政绩。因此,跨国公司到处受人欢迎。但与此同时,放眼世界,到处都在反跨国公司,以至于有人也把反全球化运动称为全球反跨国公司运动。

那么,跨国公司到底是怎样的机构呢?《全球化进程中的反全球化运动》一书的作者说,跨国公司既是经济全球化的主要推动者,也是全球化的重要载体,是经济全球化的重要象征和标志。其实,跨国公司就主体而言就是资本主义发展到目前为止最有技术水平、最有经济规模、对社会经济生活最有影响力,也是最具破坏力的代表性企业。因为是企业,它们与其他经济实体一样为社会经济的发展做出贡献;因为是资本主义性质的企业,它们在全球到处投资,是资本逐利的本性所驱使的;因为是顶尖的资本主义企业,它们比其他类型的企业更显示出唯利是图的本性,它们所造成的消极后果,影响也更大。

为了寻求利润最大化,跨国公司挑战民族国家的主权;它们将生产转向成本低廉的其他国家而不顾及减少母国的税收和劳动岗位的后果;它们也不惜破坏投资地区的生态和制造环境污染;与所有的资本主义企业一样,它们也践踏劳工权益。2007年3月末,广州媒体报道麦当劳违规用工问题,劳动时间严重超时,小时工资低于当地规定的最低标准。此后,全国总工会对其他省份的调查发现,麦当劳、肯德基等著名的洋快餐企业普遍存在违法用工的情况。可见,跨国公司在本性上仍是唯利是图的资本主义企业。

新自由主义、三大国际经济组织和跨国公司三位一体,它们构成了全球化时代的资本主义体系的基本面貌和特征,是全球化的象征或标志。其中,新自由主义是主导全球化的意识形态,国际经济组织是全球化的积极推动者,跨国公司是全球化的积极参与者,资本正是借助于它们的力量在全球流动。

全球化是资本的全球化,全球化进程中出现的各种消极后果,直接或间接地与它们有关。所以,它们很自然地成为反全球化运动攻击的对象。

七

反全球化运动的实质就是反资本主义,这不是我个人的看法。确切地说,很多人都持有这个观点。比如,英国学者阿列克斯·卡利尼科斯就明确指出,"以'反资本主义'来称呼这一运动比较恰当"。

《全球化进程中的反全球化运动》一书的作者们也已经踩到了"资本主义"的边。比如他们十分明确地指出,全球化的实质就是资本主义全球化。从逻辑上讲,这就意味着反全球化运动的性质就是反对资本主义。的确,从他们所叙述的内容来看,读者完全能够从书中读出反全球化运动的反资本主义性质。但他们没有特意去挑明这一点,而是反复强调反全球化运动是反对新自由主义全球化,这让人感到遗憾。

前已讲到,新自由主义是西方国家推行有利于自身利益的工具,是资本主义全球化的意识形态。反对新自由主义当然也就是指反对资本主义。但是,新自由主义全球化只不过是资本主义发展的当前阶段,如果能直截了当地指出反全球化运动的反资本主义性质,那么,该书的作者们算是一脚踩到点子上了,而一切曾经引起人们思考及令人困惑的问题,比如查韦斯为什么要退出世行和世贸组织?世界各地为什么到处发生反全球化的抗议示威,不仅是发展中国家对全球化不满,西方国家的人民也积极投身反全球化运动?为什么有些在全球化发生之前早已存在的问题也被反全球化人士归咎于全球化?这些问题便可迎刃而解了。

就在我准备交出这篇评论时又从报上读到一则消息,那位在4月抱怨世界银行总是替跨国公司说话的玻利维亚总统莫拉莱斯在5月22日的一次论坛上说:"跨国公司为了积累资本总是要挑起矛盾，而资本积累在少数人手中的话，人类的问题就没办法解决。因此，我得出一个结论，资本主义是全人类最凶恶的敌人。"莫拉莱斯的这两次讲话的间隔不出一个月，而对问题的认识可谓已大彻大悟。

我坚持认为反全球化运动的实质就是反资本主义，并不是为了贬低资本主义。相反，我倒认为资本主义是当今世界最重要的生活现实，从16世纪以来，资本主义就成为这个世界越来越重要的现实，它对人类文明进步的作用是以前的任何一种社会经济制度不可比拟的，差不多在160年前，《共产党宣言》里说过，资产阶级在它过去一百年所创造的生产力比过去一切世代所创造的生产力的总和还要多，还要大。这个评价足矣。

资本主义发展到现在，使世界的面貌发生了翻天覆地的变化，如果借用一下《共产党宣言》的话，我们可以说，资产阶级在过去20年的全球化进程中所创造的生产力比过去一切世代所创造的生产力的总和还要多，还要大。但这是事情的一个方面。

另一个方面，我们也不必因为资产阶级的贡献大而避谈资本主义所造成的消极面，不必以为反对资本主义的丑恶面，就等于是否定资本主义的进步性。资本主义是指一定的生产方式或经济制度，它在历史上和现实中是一种客观的存在。它既有积极的作用，也有消极的影响，它的消极面不因为它对人类进步所做出的贡献巨大而消失。

客观地认识资本主义的两面性，深刻地认识全球化的资本主义性质和反全球化运动的反资本主义性质，对于像中国这样的发展中国家如何更好地融入全球化，如何既能利用资本主义创造的优秀成果，又可以避免资本主义的消极影响，以及如何与三大国际经济组织打交道等，都会有很大的帮助。

如果说，探索反全球化运动的道路要走一百步才算走到尽头，如果说该书的作者只差一步就踩到反全球化运动本质的点子上，那么，这也意味着在这一领域，他们基本上走过了全程。除了揭示反全球化运动的本质尚未到位之外，这本书对于反全球化运动的叙述几乎无可责备，作者们把反全球化运动的来龙去脉说得清清楚楚，在我所看到的关于反全球化运动的中文著述中，这本书的叙述是最为全面和翔实的。我相信，读过这本书的人，会对以后还会发生的各种形式的反全球化运动，做到心中有数。

这本书虽是一本学术著作，但它的可读性还挺强。书不大，32万字，有些内容比较生动，比如发生在世界各地的街头示威抗议活动、抗议者与警察之间的对峙和冲突等。几乎所有的抗议活动都是在最近的十多年里发生的，并经媒体播报过，经常关注时事的人，如果记忆力好，可以很快回忆起这些活动若干年前在媒体上显现的鲜活画面，与读其他的学术性著作相比，读这本书不会觉得费劲儿。

（原载《中国图书评论》2007年第7期。本文是为《全球化进程中的反全球化运动》[刘金源、李义中、黄光耀著，重庆出版社2006年版]所写的评论）

英、美霸权转移的经济基础

一

一国GDP总量的大小是衡量其在世界经济体系中的地位的重要指标。

当前,世界正处在百年未有之大变局中,中国的崛起对于世界格局的变迁起到巨大的推动作用,一个重要的依据就是中国经济总量已经达到世界第二,并且在不久的将来有望超越美国成为世界第一。这个前景极大地鼓舞了我们实现中华民族伟大复兴强国梦的信心。

从历史上看,各国经济总量的消长在一定程度上能够反映它们在世界格局中的地位的变迁。

英国是一个老牌的西方大国,曾经长期称霸世界。英国最早开始工业革命,到19世纪40年代,成为"世界工厂",它的世界霸权正是建立在坚实的工业经济的基础之上。到1870年，英国工业产值占世界工业总产值的32%，其贸易占世界贸易的22%，这两项重要的经济指标均居世界第一。

不过，从18世纪晚期到19世纪上半期，欧美各国也陆续发生工业革命，后发国家的经济实力增长很快。到1880年，美国就取代英国成为工业生产第一大国。20世纪初，德国的工业生产总值也超过英国。那时，英国工业生产总量在世界上只能排到第三，并且长期屈居老三，在世界工业总产值中的比重不断收缩。到1913年，即第一次世界大战前，美国在世界工业总产值中所占的比重到达了36%，是英、法、德三者之和。第一次世界大战以后，美国经济实力进一步扩大。到1929年，美国制造业产量在全球总产量的占比高达42%，而这时的英国只占9.4%的份额。英、美两国经济实力此消彼长的过程较为清晰。

美国发展很快，但崛起的过程较长。早在1880年，美国的GDP已经超过英国，到第一次世界大战前夕，更是远远超越。但英国一直是世界霸主，经历第一次世界大战的打击，英国霸权显现败相。不过，英国作为世界经济领导者的地位仍保持到20世纪中叶。只是到第二次世界大战以后，英、美霸权转手，世界格局终于完成了一次转变。

这个漫长的过程表明，一国经济总量的大小对于它在世界格局中处在什么样的地位具有基础性的作用。但是，在全球化的背景下，仅仅是"国内生产总值"并不决定一国在世界格局中的影响力。正如英国经济体量早已下降到世界第三，但这个事实很久不能改变其霸权地位,而美国的经济体量早已是英、法、德等欧洲主要工业国的总和,但要成为世界霸主还得再过几十年一样。

可见,要观察英、美霸权为什么转移,仅仅盯着GDP是不够的。

二

通过分析英、美霸权转移的经济基础,我们认识到,海外的贸易、投资、殖民地,特别是伦敦作为世界金融中心的角色,对于保障英国在世界格局中长期处在核心地位极为重要。而美国摆脱保守主义传统,积极参与世界经济,对于扩大它在全球经济体系中的影响力,并最终取代英国成为世界经济的领导者,同样十分重要。

世界性的霸权是由霸主在世界经济体系中处于主导地位这样一个事实所决定的,而不仅仅是它的GDP。

我们具体看以下方面:

在对外贸易方面,英国长期保持着主要贸易国的地位。1870年,英国对外贸易占世界贸易的22%。到1900年,英国的这一比重仍高达19%,而美国仅为12%。与外贸相关,英国在航海业方面占绝对优势。到1895年,英国拥有全球远洋运输船只总吨位的73%。1902年,英国轮船总吨位比美国、德国、挪威、法国、意大利和荷兰等国的轮船吨位总和还多三分之一。英国造船业在世界市场上也占支配地位,1900年,60%新下水船只由英国建造。

在对外投资方面，英国长期居世界首位。从1875年到1900年，英国国外投资从10亿英镑，增加到20亿英镑，居世界首位。每年收益达1亿英镑。到第一次世界大战前夕，美国是其海外投资的主要目的地，它积累了大约70亿美元的债务，其中近三分之二由英国的债权人提供。英国资本输出确实不利于本国经济的增长，不过，英国国土面积小，发展空间有限，在全球化时代，资本输出也是大势所趋。只不过海外投资无法算入国内生产总值，这使得英国的经济总量看上去比实际的要少得多。

英国的实力也由它的殖民地来支撑。1876年，英国殖民地有2250万平方公里，人口大约2.5亿。法国是当时第二大殖民国，但它的殖民地只有90万平方公里，人口仅600万人。而美国和德国当时还没有海外殖民地。到1914年，英国占领的殖民地面积达3350平方公里，占全球面积的四分之一，占各帝国主义国家掠夺的殖民地总数的一半，相当于英国本土的100多倍；其殖民地人口大约3.94亿，相当于英国人口的9倍。英国有"日不落帝国"之称。有如此广大的殖民地，英国经济获得了一种新的基础，在曾使英国享有世界工厂地位的工业垄断丧失的情况下，对殖民地的垄断取而代之。除了对殖民地的投资以外，大英帝国对殖民地的出口显著增长，1913年，英国对殖民地的出口占其总出口的37%以上。

然而，伦敦作为世界金融中心的地位支撑了英国在世界格局中的领导权。

19世纪初，国际金融秩序形成，伦敦一骑绝尘，甩掉巴黎、阿姆斯特丹等欧洲其他金融中心城市，成为国际上最重要的金融中心。伦敦的主导地位当然是建立在当时英国的经济实力或超级实力之上，英国既是世界工厂主，又是世界银行家。

但这两个角色之间的联系并非必然，金融革命与工业革命之间的时滞很长，发达的国际贸易需要金融服务，造就金融革命的一些因素在工业革命发生之前已经存在，工业化则把伦敦推上欧洲顶级国际金融中心的位置，并且提供了坚实的基础。伦敦能提供所有金融服务，很多外国的大型商业银行到伦敦寻求赚钱的机会，各国央行之间密切合作，而英格兰银行扮演了"列车长"的角色。

保险业和证券交易同样重要，到1914年，全世界可转让金融产品中有三分之一在伦敦证券交易所上市。英国在世界经济中的地位归功于英国货币在国际贸易中的作用，作为主要的国际贸易和储备货币，英镑成为那个时期国际货币体系金本位制的基石。

伦敦作为独一无二的世界金融中心的地位一直保持到第一次世界大战之前。

两次世界大战以及两次大战之间发生的最严重的经济危机，对世界格局的变迁产生了重大影响。第一次世界大战结束时，英国欠美国超过8亿英镑。1931年英镑贬值，给伦敦金融城带来了巨大的打击。第二次世界大战巩固了美国的经济和金融霸权，并且将纽约推到了国际金融中心的最前端。结果，世界领导权终于从英国转移到美国。

从上述可见，英国作为工业强国的地位下降以后，它在世界格局中的领导地位在很长时间里没有受到根本的影响。只是在经历两次世界大战的打击以后,英国的地位才明显衰落。其中,世界金融中心的转移对于英国丧失世界霸权地位具有决定性的意义。

三

当然,从美国方面来说,美国的崛起也经历了一个过程。尽管它的工业生产总值在1880年就已经超过了英国,但那时的美国还是一个以农业为主的国度。到1884年,美国经济中的工业比重超过农业,美国才成为一个以工业立国的国家。在对外贸易方面,美国一直奉行保守主义,在全球贸易体系中的作用不够突出。在金融方面,纽约以及整个美国银行系统还都依赖于伦敦来获得流动性资金和黄金。19世纪末,纽约已经成为国际金融中心之一,但它的作用与大多数欧洲金融中心相反,尤其是与伦敦的作用相反,大量资金是从大西洋西岸输到大西洋的东岸,纽约还不是功能齐全的国际金融中心,尽管它的作用越来越重要。世界主要金融中心从伦敦转向纽约是一个长期的过程,英镑作为主要的交易和储备货币,到1945年以后才被美元所取代。

从英美霸权转换的历史来看,一国的经济总量是该国在世界格局中所处地位的基础。GDP是一个国家(或地区)所有常住单位在一定时期内的生产活动的最终成果。这个定义里有两个限定值得注意,一是空间,即一个国家或地区之内;二是时间,即"一定时间"。这两个局限使得孤立的GDP数据难以成为衡量世界格局变迁程度的主要指标。

世界格局的变迁是一个全球性和持久性的进程，一国在世界格局中的地位如何，除了观察其在国际生产体系中所承担的角色以外，更要注意它在世界贸易体系和金融体系中的作用。当然，科技、军事、文化等因素也很重要，但综合性的经济能力，特别是在全球经济中不可或缺的核心竞争力起到基础性和决定性的作用。在我们统筹"百年未有之大变局"和中华民族伟大复兴战略全局时，我们要超越以GDP为主要指标的思维，在更加广泛的基础上衡量我们的全球影响力。

从世界体系到人类命运共同体

一

人类只有一个地球,世界已经成为一个整体,生活在不同地方的人类,命运休戚与共。早在2012年11月,中共十八大报告就明确提出要倡导人类命运共同体意识。此后,官方有关文件和习近平总书记在多个场合的讲话,经常讲到要构建人类命运共同体。2021年7月1日,习近平总书记在庆祝中国共产党成立100周年大会上再次强调:"以史为鉴、开创未来,必须不断推动构建人类命运共同体。"

从倡导人类命运共同体意识,到致力于推动构建人类命运共同体,完成了从认识到实践的转变,是事物的一次飞跃。这个变化与世界正在经历"百年未有之大变局"相吻合。如果说"大变局"具有世界性的和世界历史性的意义,那么,构建人类命运共同体就应当是大变局的发展方向；如果说大变局是这个过程的起点，那么，实现人类命运共同体就应当是它的目标。

二

无论是大变局，还是人类命运共同体，它们共同的基础和出发点都是已经存在的整体性的世界。也就是说，世界成为一个整体，是世界格局发生变迁和人类命运共同体构建的前提条件。

世界当然早已成为一体。

从地理大发现算起，人类开始建立世界性的联系大约已有五个世纪的历史。马克思说过，"各个相互影响的活动范围在这个发展进程中越是扩大，各民族的原始封闭状态由于日益完善的生产方式、交往以及因交往而自然形成的不同民族之间的分工消灭得越是彻底，历史也就越是成为世界历史"。所以，"世界史不是过去一直存在的；作为世界史的历史是结果"。

整体性的世界从15、16世纪开始就一直发展了下来，人类的联系在历史进程中变得更加紧密，到20世纪八九十年代，世界历史就进入了通常意义上的全球化时代。在过去的三四十年间，人类借助于当代科技和信息技术，彼此联系日益紧密，以至于生活在不同地区的人之间形成了一个命运休戚相关的共同体。正如习近平总书记所指出的那样，"当今世界，人类生活在不同文化、种族、肤色、宗教和不同社会制度所组成的世界里，各国人民形成了你中有我、我中有你的命运共同体"。

从整体世界的历史和现实来看，创造世界历史和全球化现实的主体是资产阶级。马克思说："不断扩大产品销路的需要，驱使资产阶级奔走于全球各地。它必须到处落户，到处开发，到处建立联系。资产阶级，由于开拓了世界市场，使一切国家的生产和消费都成为世界性的了。""随着资产阶级的发展，随着贸易自由的实现和世界市场的建立，随着工业生产以及与之相适应的生活条件的趋于一致，各国人民之间民族分隔和对立日益消失。"马克思在很多著述中都讲到了资产阶级创造世界市场，从而使人类长期孤立、分散发展的历史转变为世界历史。

总之，世界或人类作为一个整体发展的历史，是与资产阶级、资本主义、世界市场的形成和发展联系在一起的。同样，当代世界全球化的事实主要也是由资本在全球范围内的流动造成的。

三

世界成为一个整体的发展史，大体上就是我们在"世界通史"中所划定的世界近现代史，这个历史时期与我们现时代的关系最为密切，深受历史学家的重视。

在历史学和社会科学中，对这段历史的阐述有很多理论，其中一个著名的理论，就是世界体系理论。这个理论受到马克思主义理论的影响，是美国学者沃勒斯坦用以解释过去五个世纪世界历史及世界格局演变的理论。

该理论表明，16、17世纪以来，世界逐渐形成一个联系越来越紧密的体系。这个体系本质上是资本主义主导的世界体系，它的内部有等级分层，形成不平等的结构，即由中心、边缘和半边缘等三个不同功能的区域构成一个全球性的体系。中心拥有生产和交换的双重优势，对半边缘和边缘地区进行经济剥削；半边缘地区既受到中心的剥削，也剥削更加落后的边缘地区；而边缘地区则受到中心和半边缘地区的双重剥削。与这种经济上的不平等关系相联系，世界政治和文化体的格局也是不平等的。西方国家在政治上推行霸权主义、强权政治，在文化上推行西方价值观念，服务于中心的利益。

世界体系理论受到马克思理论的影响，对于近代以来的世界历史做了系统和翔实的梳理，揭示了这个体系的资本主义本质及其包含的不平等关系。这个理论还表明，世界体系内处在不同地位的国家和地区，它们的关系不是永久固定的，而是流动的。

的确，从过去几个世纪的历史来看，中心地区先后在欧美国家之间转换。在欧洲，西班牙、荷兰、英国先后成为世界体系的核心地区。北美曾经是欧洲的殖民地，长期处在边缘和半边缘的地位，美国独立以后发展很快，从半边缘的地位逐渐发展到体系的中心。处在世界体系边缘和半边缘地位的国家起起伏伏，但有更多的地区和国家则长期处在半边缘和边缘的地位。

最近几十年，世界体系内部的流动明显表现为以中国为代表的新兴市场经济体的崛起。中国作为一个新兴的市场经济大国，在全球的影响力不断上升，中国逐步走向全球经济的中心区。中国的崛起再一次说明，一个国家在世界体系内部的地位是可以流动的，处在半边缘地位的国家可以进入世界体系的中心区。

四

然而，中国以巨大的经济体量和政治影响力崛起，将有力地冲击长期以来由西方国家主导的世界格局。一方面，14亿人口的国家进入现存的世界体系的中心，是过去几个世纪延续下来的金字塔式的体系结构所无法包容的，体系因此而面临着结构改变的压力；另一方面，过往的世界体系内部的国家地位的流动，尤其是进入核心地区的国家，都是资本主义国家，它们都要维护不平等的世界体系结构。而中国作为有特色的社会主义国家，一旦进入体系的核心地区，将会改变以不平等为特征的世界格局。

实现民族复兴，就是使中华民族再也不受外来势力欺负、压迫、奴役。而构建人类命运共同体，就是要"弘扬和平、发展、公平、正义、民主、自由的全人类共同价值，坚持合作、不搞对抗，坚持开放、不搞封闭，坚持互利共赢、不搞零和博弈，反对霸权主义和强权政治，推动历史车轮向着光明的目标前进！"习近平总书记强调，"中国人民不接受'国强必霸'的逻辑，愿意同世界各国人民和睦相处、和谐发展，共谋和平、共护和平、共享和平"，"中国将积极承担更多国际责任，同世界各国共同维护人类良知和国际公理，在世界和地区事务中主持公道、伸张正义，更加积极有为地参与热点问题的解决，既通过维护世界和平来发展自己，又以自身发展促进世界和平"。

显然，中国的崛起不是世界体系演变历史上反复出现过的霸权更迭在当代的再现，而是对长期存在的不平等的世界格局的一个冲击，也是当今世界正在经历"百年未有之大变局"的应有之义。

不过，无论如何，这个趋势具有长期性。而且，世界体系的变迁与人类命运共同体的构建之间，具有比较复杂的关系。

就大趋势的长期性来说，由西方国家主导、在本质上属于资本主义的世界体系，其不平等的格局已经存在了数个世纪，改变它的现有格局，并使它向着国际关系较为平等的命运共同体的方向发展，这个过程将是漫长的，需要用"世纪"的时间尺度来衡量。

就世界体系与人类命运共同体之间的关系来说，在相当长的时间里，世界体系将是构建人类命运共同体所需要的一个基础。马克思和恩格斯在《德意志意识形态》中曾经讲到，"我们所称为共产主义的是那种消灭现存状况的**现实的**运动。这个运动的条件是由现有的前提产生的"。马克思和恩格斯在随后的论述中又讲到，像共产主义这样的事业，"只有作为'世界历史性的'存在才有可能实现"。由于世界市场的建立，历史转变为"世界历史"，世界成为一个整体，资本主义的发展所创造出来的整体世界，为建立人类命运共同体所提供的正是这样一个条件。

然而，用"和平、发展、公平、正义、民主、自由的人类共同价值"来构建人类命运共同体，又意味着必须超越现存的世界体系。

这种形势表明，世界体系与人类命运共同体之间的关系比较复杂，在世界体系的基础上构建人类命运共同体，意味着后者依赖于前者而又要超越前者，这不仅需要我们付出更为艰巨、更为艰苦的努力，也更需要运用我们的智慧。

世界体系中"边缘"的相对性

一

怎样理解"边缘"？我们所想到的"边缘"，首先是一个空间概念，是一个事物或者存在物的周边部分，是临界处的那部分。所以"边缘"这个概念，首先是由存在物的主体或者说是由中心来界定的。因为有了主体以后，我们才能够认识到"边缘"，发现"边缘"之所在。就是说，只是因为有了"中心"，我们才能知道"边缘"在哪里。所以，要想认识边缘，先要认识中心。在界定"边缘"概念时，要承认"边缘"的相对性。因为"边缘"自己是不能独立成立的，必须由主体或者中心来界定。

如果从自然尺度上看，既然地球是球形，那么世界本来就是没有中心的。因为相对于地心，地球表面都处在"边缘"。所以，在地理意义上，我们不能确定地球表面何处是中心。现在地表上到处有国家、有城市，因为相对的位置，形成了相互之间的关系，我们才可以区分地区上的中心和边缘。

那么，中心在哪里呢？实际上，"中心"是由确定"边缘"的人所处的地位决定的。

"我"以我自己为中心，认识到自己的重要性，界定了"我"的边界。"中心"与"边缘"因为人的介入而出现。"中心"与"边缘"的界定取决于人的位置。处在不同位置的人可以确定相应的"中心"或"边缘"。这里就引出了"边缘"的相对性。人是活动的，这也意味着"中心"和"边缘"是流动的，边缘没有办法被固定下来。"中心"与"边缘"的关系，经常随着人的位置或者是视角的变换而发生改变。这再次表明"中心"与"边缘"是相对的。

本次会议主题是"关注全球治理中的边缘地带"。但我认为，讲"边缘"离不开"中心"。一旦离开了"中心"，边缘就无从谈起。所以，我们还是要从"中心—边缘"的关系上来理解"边缘"，不可离开"中心"。

二

"中心—边缘"的关系，是把地理空间概念引入人类世界，用来表达人类世界中不同国家地区之间的关系。这是空间概念的延伸。所有国家或地区本身就是一种空间意义上的存在。所以，以地理空间为依据，把"中心—边缘"关系引入人类世界，具有现实的基础。

但人类世界并不是自然世界的并行空间，不能把自然界中的空间概念，直接对应到人类世界。在自然条件下，我们通常以"我"为中心，确定"中心"和"边缘"。但当我们推延到人类世界的时候，就会发现中心不是根据我所处的位置来界定的。

那么在人类世界中，中心或边缘由谁来界定？我认为是由权力所在的位置来界定的。

在人类社会，权力是界定"边缘"和"中心"及其相互关系的最重要依据。我们现在讨论的"边缘地带"，内涵比较清晰，主要是指"第三世界国家"。可见，这里所说的"边缘地带"其实已经依据权力关系确定好了，是在与第一世界的关系中确定的。中国也落在这个"边缘地带"里。因为我们一直把自己当作"第三世界"或者发展中国家，而且是最大的发展中国家。这就意味着，当我们谈论人类社会中的边缘地带的时候，通常并不是以"中心"自居，反而自认为在"边缘地带"上，"中心"是由其他国家占据的。这正好把自然空间上的"中心"与"边缘"关系颠倒过来了。

"第三世界"作为"边缘地带"，是由第一世界的权力所决定的。在人类世界中，关于"边缘"和"中心—边缘"关系的界定，其复杂性超过自然界的"中心"与"边缘"关系。正如本次会议主题所说明的，现代世界是由多极、多层、多元化的政治与族群实体构成的。我们说权力确定了"中心"，而权力是多面向的。政治、军事、经济、文化甚至宗教，每个方面都能体现出权力的所在，体现出来自权力的影响力和支配力。因此，权力也是"多中心"的。比如宗教上有自己的中心，耶路撒冷是一个很重要的中心，无论是伊斯兰教，还是基督教，都很看重这个地方，将其称为圣地。它无疑处在穆斯林或基督徒信仰的中心。

从历史上看，文化上的中心，有时却处在地理空间上的"边缘地带"。比如甘肃敦煌，从政治、经济上或者地理空间上来说，它完全是一个偏远的地方，现在生态环境条件也不好。但从历史文化方面来说，敦煌实际处在四方文化的汇集之地，西面来的伊斯兰教、南面来的佛教、东边的儒教文化，等等，各种文化在敦煌这个地方交汇。敦煌本身是一个空间上的偏远之地，但因为有各种文化的交汇、交集，这里反而成为文化上的中心地带。

可见，讨论"边缘"或者"中心"，取决于从什么角度来看，一个地方，从政治经济方面来说可能处在"边缘"，从军事上说可能是在前沿，而在文化交流上，它却是一个"中心"。这里包含了"中心"与"边缘"的相对性问题。

三

不同的领域有各自的"中心"和"边缘"。我们还要看到，世界从来不止一个"中心"。

近五个世纪以来的世界史是从分散到整体发展的世界历史。我们确认这个进程，意味着至少承认了五个世纪以前的世界有多个中心。"中心"多了，围绕"中心"的"边缘地带"自然也会有很多。在历史上,我们看到有不同的贸易圈,如大西洋贸易圈、地中海贸易圈、印度洋贸易圈等;有不同的文化形成的多个文化圈;还有以各个帝国为"中心"建立起来的不同的政治圈。每个圈都有"中心",也都有自己的"边缘"。"中心"是复数,"边缘地带"也一样。

但我们发现,正是这些文化圈、贸易圈、政治圈的"边缘",反而也容易成为某种程度的"中心",这里的"边缘地带"不是绝对的边缘。比如唐宋到明清的历史上,从文化与政治的角度看是地处偏远的东南亚,就成为很重要的贸易中心。因为印度洋的贸易圈和东亚、东南亚的贸易圈在这个地方交汇。东南亚看上去是个偏远之地,却成为近代早期甚至在此之前很多个世纪的贸易中心。近代早期美洲到亚洲的航线开通以后,东南亚几乎成为一个世界级贸易中心。看上去比较"边缘"的地理位置,却成就了东南亚作为贸易"中心"的地位。

所以说,"边缘"和"中心"完全是一个相对的视角。"中心"很多,同时也意味着"边缘"很多,而不少"边缘"交叉的地方,恰恰又容易变成"中心"。这是"多中心""多边缘"造成的一种状况。

"边缘"不仅可以成为"中心",也最容易转化为"前沿"。"边缘"地位的形成,往往是因为处在不同的圈、不同权力的交汇处,当权力发生碰撞时,"边缘"就会成为前沿。"前沿"虽然不能等同于"中心",却可以成为焦点。

如波兰、乌克兰、立陶宛这些地方,历史上一直处在前沿地区,是不同宗教文化的交汇处。这些地方的历史一直非常复杂,而"边缘"转化成"前沿"的情况一再发生。2022年俄罗斯与乌克兰在乌克兰境内发生大规模军事冲突,我们当然不能说它现在已经成为世界的"中心",但它明显是世界的焦点,是两大权力激烈碰撞的发生地。这有些类似于17世纪在今乌克兰国土上建立的哥萨克政权。那时,哥萨克政权存在于几大势力之间,如沙皇俄国、奥斯曼帝国、波兰王国等。哥萨克政权的生存策略就是与其周边各大权力打交道,它虽然不是"中心",却是各大权力争夺的焦点。

随着世界市场的形成,世界越来越成为一个整体。在一个全球化的世界体系中,如何理解"边缘"?沃勒斯坦提出了现代世界体系理论,他把世界体系分为"中心—边缘—半边缘"的结构,并指出这个结构是可以改变的。这里我们也发现了"边缘的相对性"问题。"中心—边缘—半边缘"这三个部分,在不同条件下是可以改变的。很多地区在体系结构中的地位不是绝对的、固定的。我们知道,20世纪世界资本主义体系中心从英国转移到了美国。而美国原来正是处在"边缘"或者"半边缘"的地带。到19世纪70年代,它在经济上依然处于依附于英国的地位,美国给英国棉纺织业提供原材料如棉花。所以,美国南部的棉花种植园发展很快。美国就这样长期处在"边缘"和"半边缘"的地带。一直到20世纪上半叶,世界体系的"中心"才转移到美国,情况发生了反转,西欧反而成为美国的附属。今天欧洲的处境很尴尬,它追随以美国为首的北约,并不自主。这是说明边缘相对性的很好事例。

由此来看，以中国为代表的新兴市场经济体在世界体系内的崛起，可能也在改变"中心—边缘"的关系。如同当年美国的崛起使世界体系中心逐渐发生转移一样。世界体系是开放性的，现在的新兴市场经济体，完全有可能崛起为一个新的"中心"。

我们从沃勒斯坦的世界体系理论中借用了很多思路。但我也在想，这个世界体系有"中心"、有"边缘"，那么，这里的"中心"是单数的吗？世界体系的中心到底应该是单数，还是复数呢？在这个问题上，我看沃勒斯坦并不是说得很清楚。如果说"中心"是单数，那么，世界有很大一部分地区都是在"边缘地带"了；如果说"中心"是复数，那么"边缘地带"依然有很多，但由于"中心"有多个，"边缘"变成"中心"的机会相应也会增多。

我认为在"世界体系"范围内，"中心"不止一个，不是单数，而是复数。可以发现，无论是在亚洲、非洲、拉美，还是在欧洲，都存在着某种程度的"中心"。多中心的出现，为"边缘地带"发展成为某种程度的"中心"提供了更多的机会。"边缘地带"不必围绕一个"中心"去作为、去发展，而是努力创造能够使自己变为多个中心当中的一个条件。

需要强调，"边缘地带"不是一种被动的、消极的、受控的存在，多中心的创建过程，也是"边缘"参与和创造的过程。回到我们所说的新兴市场经济体，它们正在崛起，有望成为自己所在地区的"中心"，而不是说必须要争取世界唯一的"中心"。如果我们必须成为唯一中心的那个"中心",那么难度会很大,甚至充满风险和挑战。

联系到"百年未有之大变局",中国正在向世界舞台的中央迈进。如果说世界只有一个"中心",那么所有新兴经济体的崛起都要以削弱已有的那个"中心"为代价。但如果世界体系有多"中心"的话,我们就不必照着这样一个唯一"中心"的样子去发展,并最终取代它,而是完全可以建立我们自己的"中心",而且也可能使更多的"边缘地带"或者"半边缘地带"成为复数的"中心"之一。

最后我们还要注意到,就算世界是一个整体,看上去只有一个"中心",说得更加明确一点,这个唯一的"中心"现在就是西方或美国,但网络时代的时空已经被大大地压缩了。很多瞬时性的现象容易产生蝴蝶效应,那些看上去仅仅发生在"边缘地带"的事情,可能很快就变成了影响"中心"地区的大事。这就大大提升了"边缘地带"的重要性。在网络时代,"边缘"和"中心"的关系变得十分微妙。

四

简要总结我的发言:

第一,"边缘"是由"中心"来界定的,没有中心,便不存在"边缘地带"。但"中心"是复数,而不是只有一个。在现代世界,即使发生了经济全球化,但在政治的、文化层面远不是一体化的，因而是多"中心"的。"中心"是以复数的形式存在的；第二，"中心—边缘"的关系是可变的而不是固定的。所有事物都是相对的，"边缘地带"也是如此；第三，在"多中心"的情况下，"边缘"更有可能发挥自己的创造性作用，成为"多中心"当中的一个；第四，当前的世界是一个网络世界，由于时空的压缩，使得"边缘地带"变为"中心"或者"前沿"的可能性大大地增加了。

对于"中心—边缘"关系的新理解具有什么现实意义呢？我以为，这对于我们理解"百年未有之大变局"、理解中华民族复兴的方向非常重要。首先，"边缘地带"是相对的，中国完全可以改变在世界上的地位，从边缘走向中心；其次，如果我们以为世界只能有一个"中心"，我们的崛起就是要从原来所处的"边缘"或"半边缘"地带，挤到唯一的"中心"位置上去，那么困难、阻力和风险就会大大地增加。但如果把世界理解成有多层次、多面向的"中心"，那么我们成为"中心"的机遇也就大大地增加了。而且，这种理解完全符合我们一直提倡的"世界多极化、多样化"的发展方向。我们的目标是要改变单极世界，而改变单极世界就是要建立复数的中心。

（本文是在2022年5月22日由《探索与争鸣》编辑部与华东师范大学历史系共同举办的"变局时代的世界认知更新：关注全球治理中的边缘地带"学术会议上的发言）

"普世价值"的现实困境

一

西方社会经常发生骚乱,在种族、性别、宗教、贫困、移民等方面,不时发生社会动荡。"黑人的命也是命"抗议运动和占领国会山暴乱是近来发生在美国的影响较大的社会骚乱。最近,美国最高法院取消女性堕胎权,又一次引起大规模的抗议活动。

如果我们把西方的"社会危机"定义为社会发生大规模动荡的事件或运动,而不是指引起社会秩序崩溃的那种革命性事件,那么,西方社会发生危机,确实是它的常态。

引发社会危机的原因十分复杂,有的危机由经济危机(如金融危机)或经济形势恶化所引起;有的危机与政治和意识形态纠缠在一起;有的是因为国际形势动荡所致;有的则与宗教信仰有关。的确,任何一种危机都有其特定的原因。

不过，每一次危机最终都没能颠覆西方社会的根本制度，即资本主义制度。在很多情况下，危机甚至促进了西方社会制度在一定程度上的改善。过去几个世纪以来，西方社会危机不断，但西方社会也在不断进步，这些都是客观的事实。在这个意义上说，危机既是西方社会矛盾的总爆发，但也表明西方社会面临着进一步发展的需要和可能。

回顾近代以来的西方历史，透过每一次社会危机的表象，我们认识到，西方社会经常发生危机，有一个根本性的原因就是：资产阶级在其上升时期标榜自由、平等、民主、人权等普世价值，以此动员全社会反抗封建主义、专制主义、等级制度，与资产阶级在夺取统治权以后无法兑现"普世价值"理念之间的矛盾。"普世的"价值观成为社会中任何受压迫、受歧视、受不公平对待的一方用来反抗另一方的旗帜。

二

中世纪欧洲是一个信仰社会和封建等级制社会。教会统治欧洲人的精神世界，封建等级制度维持着世俗社会的秩序，贵族享有特权，人与人的关系极不平等。

文艺复兴时期，欧洲人觉醒，人文主义兴起，信仰社会逐渐解体，欧洲社会开始了世俗化进程。到启蒙时期，启蒙思想家们提出了自由、平等、人权和民主等新思想，矛头直指专制主义和封建主义，这些思想和理论代表了新兴的资产阶级的权利要求。

美国独立战争实践了自由的理念。法国大革命则践行了平等、人权、民主的原则。

近代的这些革命和战争，都是各国的资产阶级领导的，它们在发动被统治阶级，共同推翻专制统治和等级秩序时，表现出全社会的代表的形象，它们用这些具有普世意义的口号，激发最广大的人民群众反封建、反专制统治的革命斗志。

正如马克思所说，"每一个企图取代旧统治阶级的新阶级，为了达到自己的目的不得不把自己的利益说成是社会全体成员的共同利益，就是说，这在观念上的表达就是：赋予自己的思想以普遍性的形式，把它们描绘成唯一合乎理性的、有普遍意义的思想。进行革命的阶级，仅就它对抗另一个阶级而言，从一开始就不是作为一个阶级，而是作为全社会的代表出现的；它以社会全体群众的姿态反对唯一的统治阶级"。

美国《独立宣言》一开头写道：人生而平等，有不可剥夺的权利，其中包括生存、自由和追求幸福的权利。1790年，联邦宪法修正案规定，人民享有信仰、言论、出版、集会和请愿的自由，以及免受不合法律程序的搜查、逮捕和没收财产等基本权利。

在法国，1789年公布的《人权与公民权宣言》提出了人类的普遍原则，宣布人生来是自由的，在权利上是平等的。这些权利是自由、财产、安全和反抗压迫。1791年9月3日通过的法兰西共和国宪法吸收了《人权宣言》的原则，并把它们具体化，宣布：废除封建等级；确认主权属于国民，人民有言论、出版、迁徙、信仰、和平集会的自由。

《独立宣言》和《人权宣言》所包含的原则，理论上适用于一切人，具有普遍意义，它们在革命时代激发了一切被压迫者的革命热情。马克思的上述评说符合历史事实。

三

然而，马克思还说，"只要不再有必要把特殊利益说成是普遍利益，或者把'普遍的东西'说成是占统治地位的东西，那么，一定阶级的统治似乎只是某种思想的统治这整个假象当然就会自行消失"。的确，在急风暴雨式的革命过去之后，这些普遍原则在现实中便大大缩水，它们开始体现出明显的阶级属性。

在美国独立以后的很长时期里，"人权"并非指普遍的人的权利，而是指白人男性有产者的权利。奴隶制度到19世纪60年代中期内战时才被废除。妇女的权利到20世纪依然被漠视。种族矛盾和性别歧视成为美国社会的痼疾。

在法国，《人权宣言》和随后制定的宪法确立了大革命的原则，社会实现了平等，人民以"公民"相称，等级制度消失了。但是，公民随后很快被分为"积极公民"和"消极公民"，选举权与被选举权只限于有相当高的财产资格的"积极公民"，能够成为"积极公民"的人，实际上就是一些资产者，在全体"公民"中只占极小的一部分。财产的不平等现在取代了出身的不平等，这与普遍权利的理念相差甚远。不仅如此，《人权宣言》颁布以后，法律便禁止工人组织工会和罢工，剥夺了工人刚刚得到的结社的权利。法国大革命时期所说的"人权",同样也是指男性的权利,女性不包括在内。可见,最讲人权的国家,从一开始就限制了人权。

英国的民主制度也是英国资产阶级和无产阶级长期共同斗争所取得的成果。1832、1867和1884年,经历三次选举制度改革以后,越来越多的英国人获得选举权,英国政治的民主化趋势是显而易见的。但这个过程也说明,英国的民主并非一步到位,有产阶级总是先于劳动群众获得政治权利。而且,只要财产资格的规定依然存在,大部分劳动者必然被排除在选举权之外,如第三次议会改革使选民人数增加到450万,但当时英国人口达到3600万,选民人数只占总人口的小部分,其中依然没有女性选民。

现代西方文明从标榜"普世价值"开始,但在现实社会中,没有一个西方国家能够真正实现这些原则,根据马克思的说法,我们可以把原因归结为统治阶级把它们的"特殊利益"冒充为"普遍利益"。

追溯"普世价值"的源流,我们发现,越是接近其源头,它们在反对旧制度和建立新社会过程中的革命意义和理论意义越大,但其实施的社会条件反而越受限制。价值的普世性与资本主义社会的局限性之间,始终存在着一种张力。

四

导致西方社会这样那样的"危机"的根本原因正是这种张

力。同时，也是这种张力，促进了西方社会在过去几个世纪里的不断进步。

西方资产阶级一直没有放弃自由、平等、人权、民主等普世的口号，这些是西方现代文明的基石。但这些价值观在具体实施中被打了折扣，这是不容否认的事实。然而，放在历史进程中来看，这些价值无疑在越来越大的程度上得到了体现。公民选举权的财产资格限制最终被取消，普选权完全实现；女性的权利得到承认，法律上的男女平等也成为社会共识；奴隶制在19世纪的欧美各国先后被废除；种族歧视被宣布为非法；等等。资本主义社会的历史进步性应该得到承认。

西方社会在上述各方面所取得的进步，当然不是统治阶级的恩赐，而是人民大众在长期的历史进程中通过不断的斗争而争取来的。有意思的是，人民大众正是使用了资产阶级当年在反对封建、反专制斗争中使用过的口号，借用自由、平等、人权、民主等话语，为自己争取来"普世"的权利。

发生在20世纪六七十年代的美国黑人民权运动，是美国废除奴隶制以来规模最大、影响最为持久的争取黑人人权的运动，黑人民权运动的领导人马丁·路德·金发表《我有一个梦想》的演讲，就是通过回顾历史，引用美国《独立宣言》和宪法中关于"生命、自由和追求幸福是不可剥夺的权利"的规定，为黑人争取人权。在民权运动的巨大压力下，美国国会最终通过法律，结束了对于黑人的各种限制。

虽然法律上取得平等地位，但黑人在现实中争取权利的斗争并没有停止。关于"黑人的命也是命"的抗议活动,说明黑人实际的人权状况远不如法律上看上去的那么完美。"黑人的命也是命"这一口号,隐含了黑人对普世人权的要求。

需要指出的是,近代早期所提出的这些普世原则,其内涵在历史的进程中不断丰富。例如关于女性权利问题,起初发生在选举权上。而在选举权问题解决以后,女性还有更多的权利需要得到保障,甚至在两性亲密关系中,女性还有性权利和堕胎的权利;人的权利也被延伸到胎儿的权利,以及人死亡以后的权利,如此等等具体的新的权利,都是从一般的人权原则中发展起来的。今日美国发生的关于妇女堕胎权的抗议活动,从根本上讲,就是女性在新的社会条件下争取自身自由和权利的斗争。

如果说西方社会发生的每一次危机,都与人们争取实现统治阶级高调宣扬的"普世价值"有关,那么,这样的危机是不断要发生的,因为张力总是存在。可以预料的是,今后西方社会还会出现类似的危机,而且仍将在民主、自由、平等、人权这类具有普遍意义的口号下发生。而每一次危机的解决,都有助于社会向着人们所理解的普遍价值观的方向发展。

总的来说,资产阶级在反封建和反专制统治的过程中提出了自由、平等、人权、民主等具有普遍意义的口号,它们构成了现代西方文明的基石。但是,由于时代和阶级的局限,这些"普世价值"在现实中没法完全变现。这就使得理论上的普遍性与现实的局限性之间始终存在着一种紧张关系,人民大众正是依照资产阶级当年反对封建主义和专制主义的方式,高喊"普世价值",

向统治阶级主张自己的权利，西方的社会危机就是这样发生的。可见，西方社会的危机实际上根源于资产阶级自己所主张的"普世价值观"。

不仅如此，他们所主张的"普世价值"是一个可以不断丰富的理论宝库，是社会中任何一个阶级或阶层都可以发掘和利用的资源，这就意味着上述普遍性与局限性之间的矛盾还将存在下去，并且决定了西方社会的危机实际上是不可能终结的。

历史遗留问题：直布罗陀之争

一

不管以什么方式解决，直布罗陀问题总归与主权有关，这一争端不会以淡化主权的方式来解决。

不久前，英国与西班牙关于直布罗陀主权再起争端，双方剑拔弩张，英国甚至派出多艘军舰，直抵直布罗陀进行威慑，火药味很浓。

直布罗陀目前是英国的海外领地。在西班牙王位继承战争（1701—1714年）期间，英国军队于1704年夺取直布罗陀。1713年，在结束战争的《乌得勒支和约》中，西班牙正式将直布罗陀"永久性地"割让给英国。自那时以来，整整过去了300年，直布罗陀始终是西班牙与英国两国关系中一处无法治愈的伤痛。

对于英国这个曾经的日不落帝国来说，直布罗陀具有象征意义，它是英国目前所掌握的少数几块可以证明其昔日辉煌的领地之一。但直布罗陀的军事意义更为实在，由于地处直布罗陀海峡的咽喉部位，直布罗陀控制着沟通大西洋和地中海之间的航道，军事地位上十分重要。1869年开通的苏伊士运河提供了欧洲和印度洋及西太平洋之间最短的水路，这使得直布罗陀的战略地位更加突出。因此，英国极力要把直布罗陀掌控在自己手中。经过长期的占领，这里已变成了一个重要的军事基地。

但西班牙人一直力图重新从英国人手中收回直布罗陀。其中，1779年至1783年，西班牙人在北美独立战争之际，对直布罗陀进行了长期围困，但并未得手。20世纪后半叶，西班牙更是不断地讨要直布罗陀，甚至求助于国际社会，当然，也难以如愿以偿。

在直布罗陀主权问题上，300年来，西班牙与英国之间的摩擦和冲突不断发生。而最近所发生的事件，似乎也不会是最后一次纠纷。

二

直布罗陀有时被称为英国的殖民地。1964年，联合国非殖民化特别委员会要求英西两国谈判解决直布罗陀主权问题。从20世纪60年代中期起，西班牙方面就加紧要求使直布罗陀"非殖民化"。可见，直布罗陀也是被当作殖民地来对待的。不过，作为殖民地，直布罗陀与我们通常所理解的殖民地仍有很大不同。近代意义上的殖民与被殖民的关系主要发生在西方国家与非西方的人民和民族之间，而在老牌的西方殖民国家之间，并不存在这种关系，尽管它们之间在近代以来的历史上不断发生战争、征服、奴役和领土兼并。尤其在近代早期，由于家族关系、婚姻关系、宗教关系等交织在一起，欧洲国家之间的政治和军事关系错综复杂，难以用一般的殖民与被殖民的关系来理解。

直布罗陀成为英国人的地盘，与西班牙王位继承战争有关。当年，因为西班牙王室无嗣，法国、奥地利和巴伐利亚等国都想争夺西班牙王位的继承权，结果，引起了由英、荷、奥、葡等国结成的反法同盟为一方，与法国、西班牙、巴伐利亚等国为另一方的欧洲国家之间的战争。战争不仅发生在欧洲，也发生在美洲。直布罗陀就是在这样一次持续时间长、波及面广泛的战争中为英军所攻占的。所谓《乌得勒支和约》则是在荷兰乌得勒支签订的、旨在结束西班牙王位继承战争的一系列条约的总称。这些条约有不少内容涉及领土问题，其中，英国除得到直布罗陀外，还从法国手里得到大片北美土地。奥地利从西班牙获得尼德兰等地。法国与奥地利之间也签有和约，涉及欧洲一些地方的土地归属。

放在这样一个历史背景下，我们不难看到，直布罗陀作为"殖民地"，是有其独特性的。《乌得勒支和约》规定的领土归属所涉面广，在后来的历史中，绝大部分领土的归属都已尘埃落定，唯有直布罗陀一直在英国人手中。

三

直布罗陀地方不大，人口也不多，但为英国所占领的时间却长达300年。英国人长期的占领和统治对直布罗陀产生广泛而深刻的影响，使直布罗陀人的身份认同倾向于英国而不是西班牙。的确，直布罗陀人一再表明，他们不愿意回归西班牙。既然不能寄希望于直布罗陀人民，西班牙就只能争取国际社会的支持，比如说向联合国、欧盟寻求支持；又如，争取与同样被英国占有领土的阿根廷相互支持；等等。但是，在这方面，西班牙也有短处，恰如英国占着直布罗陀，西班牙也占着北非的休达。

休达现在是西班牙的海外自治市，位于直布罗陀海峡的南端，与直布罗陀遥遥相对，形成一南一北扼守直布罗陀海峡的形势。休达与摩洛哥接壤，两者的空间联系一如直布罗陀与西班牙的关系。从地图上看，休达的处境几乎就是直布罗陀的翻版。从历史上看，休达先后成为迦太基人、希腊人和罗马人的殖民地，曾于拜占庭总督尤利安伯爵统治时期独立。由于地理位置重要，这里一直是各种力量你争我夺之地。1415年，休达被葡萄牙夺得。1580年，西班牙国王腓力二世继承了葡萄牙王位，统治休达60年。在这期间，休达与西班牙之间的关系密切。在1668年的《里斯本条约》里，葡萄牙国王阿方索六世正式将休达割让给西班牙国王卡洛斯二世。

1956年，西属摩洛哥独立，但休达仍归西班牙统治，这引起摩洛哥的不满。摩洛哥政府屡次要求西班牙归还休达等地的主权，并且将其与西班牙声索直布罗陀主权相提并论。2007年11月5日，西班牙国王访问休达，引起了摩洛哥民众和政府的强烈抗议。但西班牙否认休达与直布罗陀的可比性，坚持认为休达是西班牙国家不可分割的一部分，并指摩洛哥只为地理原因而要求得到休达。

四

在直布罗陀和休达的主权问题上，西班牙充当了声索国和被声索国的双重角色，不论处在何种地位，西班牙总有自己的理由。而作为另一被声索国的英国和作为另一声索国的摩洛哥，也提出了各自的道理。此外，身居主权纠纷中的直布罗陀人和休达人，都有自己的意志。

这使我们想起英国和阿根廷的马尔维纳斯群岛之争。由于近代以来的殖民主义统治，世界各地到处留下了从殖民时代形成的历史问题，成为当前很多国际争端的主要来源。从道理上讲，所有因为殖民主义而造成的问题都应得到解决。但是这些问题如何解决，主要不是靠各自的道理，归根到底取决于争端双方在实力（无论是硬实力，还是软实力）上的较量，正如这些问题的形成也是实力较量的结果那样。当然，历史上的较量主要通过武力，现代国际争端主要还是靠和平的方式。

直布罗陀之争，值得深思。

20世纪八九十年代以来，全球化和区域一体化发展迅速，欧洲一体化进程快速推进，这不禁让人感叹，国家主权的概念似乎要有所改变。如今，在欧盟范围内，明显的国界标记已不复存在，领土问题上"寸土必争"在这里似乎已没有意义。直布罗陀早在1973年就以英国属地的地位与英国一起加入了欧洲经济共同体，它现在是欧盟的一部分。西班牙也在1986年加入欧共体，现在是欧盟的一员。既然都是欧盟的成员，英西又何必为了直布罗陀这个弹丸之地大动干戈？确实，欧盟也把此事当作欧盟内部之事来处理，力促双方通过外交途径解决纷争。

然而，不管以什么方式解决，直布罗陀问题总归与主权有关，这一争端不会以淡化主权的方式来解决。

直布罗陀之争表明，即使在全球化和区域一体化的形势下，国家和主权的观念也不可能真正削弱。在欧盟内，一些国家之所以愿意交出部分主权，就是为了本国的利益。所以，我们也不难理解，即使在欧盟，当主权之争涉及重大的利益得失时，也是寸土必争的，而国家的观念和实力最终会在争端中起决定性作用。

（原载《中国社会科学报》2013年9月11日）

文化是人类生活的果子

全国政协学习和文史委员会组织的调研活动,我是积极的参加者,每次活动对我来说都是学习的好机会,开眼界,长见识。有一次,我们去中科院的一个研究所参观仿真机器人和水生动物,那是我第一次面对高仿真的器物,看到它们动作灵活自如,甚至能与人进行对话交流,甚是惊叹。我做历史研究,长年与书本打交道,对我来说,像这样的参观、考察,也是一种新的难得的学习机会,我是不会随便放过的。

学习和文史委的调研当然还是以文化为主。2015年,我参加了两次以文化为主题的调研,一次是在北京,调研非物质文化遗产传承与保护;另一次是赴内蒙古和青海,调研的专题是草原文化保护与传承。

每次调研都能给我留下深刻的记忆,记得9月份在北京的那次调研,我们用一天半的时间,在听取了有关方面的情况介绍之后，马不停蹄地参观了景泰蓝制作、玉雕、花丝镶嵌、雕漆等技艺，并在故宫博物院考察书画、钟表等文物的修复技艺，聆听单霁翔院长就故宫博物院非物质文化遗产保护情况的演讲。调研的内容十分丰富，行程安排紧凑，而且考察的对象都是顶级的非物质文化遗产项目，这在平时我们不可能有机会一下子看到这么多优秀的文化遗产和制作技艺，那次调研经历仿佛让我享受到一顿丰盛的文化大餐，尽管第二天的调研冒雨进行，但大家都兴致勃勃，最后是心满意足地结束了这次活动。当然，调研总是有成果的，这体现在后来由全国政协举办、由文史委牵头负责的有关文化遗产保护的双周协商会上。

草原文化保护与传承的专题调研稍早于在北京的那次调研，调研组从内蒙古到青海穿越辽阔的草原，直达青藏高原，围绕草原文化的传承和保护，进牧区，访藏区，与当地各少数民族人民进行交流。我原以为"草原文化"就是比较单一的草原民族的文化，一旦到了草原，却发现完全不是那么回事，不仅草原文化的历史悠久，而且草原民族众多，文化丰富多样，比如布里亚特蒙古人及其文化、鄂温克人及其文化、生活在东北的俄罗斯族人及其文化、青海高原的藏族文化，等等。尽管各少数民族都以大自然所赐的大草原为生，但他们的文化有各自的风格和特色，比如青海江什加的藏戏、黄南的唐卡艺术、蒙古族的蒙医蒙药、布里亚特人的歌曲和服饰、俄罗斯族人的歌舞风情，等等，文化的多样性给绿色的大草原增添了斑斓的色彩。

上述两种文化具有不同的个性和风格，在北京所看到的那些文化产品位居高端，制作艺术十分精湛，只有少数工艺大师和匠人掌握相关技艺，从传统来看，他们服务于小众，或者说，以前只在皇宫内为上层社会，以及为有钱人服务，后来则作为高端艺术品，主要是供人们欣赏。而草原文化则是少数民族地区的人民在长期的生产和生活中形成的大众文化，具有广泛的群众参与性，与开放、辽阔的大自然融为一体。两种文化的差异大体上可以说是精英文化与大众文化的差别。

不过，这两种文化如今都面临着萎缩或失传的困境。前者因为属于小众，制作技艺始终掌握在少数人的手里，在市场经济的汪洋大海里显得十分微弱，面临失传的危险。后者尽管属于大众，但过去几十年在社会经济生活领域发生的大变革，使草原文化同样到了萎缩甚至消失的境地，我们在内蒙古恩河俄罗斯民族乡观看具有民族风情的歌舞表演时发现，整个过程始终是那十来个人在表演，而且表演者十有七八是上了年纪的老人，这使大家感觉到后继乏人的尴尬。而草原文化所面临的最大困境，则是草原的退化和缩小，我们的考察活动在大草原上一路行进，但终也见不到风吹草低见牛羊的景象，自然条件的改变从根本上威胁着草原文化，草原已被围圈划分为块，牧民们也过上了与内地农村没有太大差别的定居生活，如此等等，使草原文化的特色趋于淡漠。

总之，两种文化尽管有各自不同的境遇，但都面临失传，成为需要保护的文化。

好在每个地方的政府都意识到文化传承和保护的重要性，对每种文化或制作文化产品的技艺都采取了不同的保护措施。我相信，凡是能够传承下去的文化最终都将得到很好的传承和保护。不过，作为一名历史学者，我在看过这种种的文化及其所面临的处境之后，似乎更愿意在一般的层面上去思考到底什么是文化，以及文化如何得到传承和保护的问题。

不用说，文化是一个很大的题目，不是这样一篇小文可以讨论的题材。从理论上说，文化又是一个极为深奥、复杂的题材，也不能凭我现有的知识在此展开深刻的探讨。不过，就参加政协文化专题调研的经历，以及我所看到的那些感性的、具体的、各不相同的"文化"表现形式和艺术作品这个范围而言，我依然发现它们的共通之处，而这个具有普遍意义的特性，也许就是我们在传承和保护任何一种具体的文化时首先要考虑的问题。

那么，文化是什么呢？

文化就是人类生活中长出的果子。

我们所看到、听到、触摸到的文化，原来是人类在长期的生产和生活中积累并传承下来的智慧，它通过某种载体或一定的方式表达出来供人们欣赏、娱乐，甚至运用。文化来源于人类生活，也在生活中存在和流传，并且成为人类生活的内在组成部分。所以，人类的生活是一切文化的源头活水，它使文化有鲜活的生命力。

用这样一种思想去看待文化并思考特定文化的传承和保护，那么，我们要做的工作就是设法让面临萎缩或失传的文化有其相应的生活基础。如果草原变成沙地，如果游牧变成定居，生活的方式改变了，那么，草原文化的改变或消失就无法阻止了。有的民族人口太少后继乏人，那么，民族的文化传统就只能保存到博物馆和资料馆中去。但有些文化不会因为人们的生产方式、生活方式的改变而消失，像蒙医蒙药在蒙古族以外都能得到承认，这完全是因为它满足了人类生活的需要。有些文化只要人们转变思路或许可以找到广阔的发展空间，比如景泰蓝的制作，我在北京珐琅厂看到，工厂有意制作小件物品用于建筑构件、家具等生活用品上的装饰，这种艺术元素不经意地装点了现代人的生活，令人眼睛一亮。我感到，景泰蓝的制作技艺就不是如何传承和保护的问题，而是怎么发扬光大的事情。唐卡制作就走出了一条成功的市场导向之路，青海甚至还建立了热贡文化生态保护实验区，使传统文化在市场上找到了活路。

可见，传统文化，无论是物质的还是非物质的，只要有了人类生活的基础，它的传承和保护就不会是个问题。文化是人类生活的果子，人们需要它、享用它，它就有了存在的价值。

（原载《人民政协网》2016年3月12日，
原题为《文化是人类生活中长出的果子》）

最低工资至少应足以养家糊口

一

2010年以来,有十多个省、市相继宣布上调最低工资标准,但大多数已经上调最低工资线的省、市的最低工资标准仍不足千元。深圳的最低工资标准以前为每月900元,现在为每月1100元。北京以前的最低工资标准为每月800元,现在也才每月960元。

一次性涨薪百分之二三十,应该算大幅提升了。但新的工资水平仍然不能令人满意。一方面,地方政府制定的最低标准,往往成为企业的最高标准,员工想多挣钱,必须加班加点地工作,从深圳到北京,情况似乎普遍如此;另一方面,此前的工资水平太低,涨幅再大,涨薪后的工资额并不高。马克思曾评说:"所以不应当陶醉于动听的工资水平提高的百分比。必须经常这样问:原来的工资数是多少?"马克思之问具有现实意义,涨薪之后仍徘徊于千元左右的工资水平，使得打工者如何在城市安身立命这一设问面前，显得非常尴尬。

当前在中国城市生活，最低工资该是多少？

由于不同城市的生活水平差距较大，一个统一的最低工资标准并不存在，但世界银行调查报告的以下数字可供我们参考。考虑每人每天的营养摄入量及养育孩子的需要，在中国维持基本生活水平的平均费用是每人每月1684元。在上海、北京、深圳这样的大城市里，1600多元的工资大体上仍属于"活命"的水平。不过，在世界银行的"活命"标准里，其内涵已经较为丰富了，这个"基本生活水平"不是为打工者个人定的，而是为打工者及其家人所定。但现在各地新出台的最低工资标准并没有把员工为繁衍后代所需的费用计算在内，即只计算够一个人而非一家人活命所需要的工资额。

二

最低工资标准必须把工人维持自身生存和繁衍后代所需的成本计算在内，这不只是现代社会才应当采用的计算方式，而是为欧洲自工业化以来所沿用。马克思、恩格斯，以及欧洲工业化以前和工业化时期的其他思想家、经济学家对此都有共识，他们都认为，工资额一般应保证工人维持生活和有可能延续后代。

熊彼特说，亚当·斯密是对工资理论进行系统阐述的第一人。斯密认为："需要靠劳动过活的人，其工资至少须足够维持其生活。在大多数场合，工资还得稍稍超过足够维持生活的程度，否则劳动者就不能赡养家室而传宗接代了。"斯密得出结论，"为赡养家属，即使最低级普通劳动者夫妇二人劳动所得，也必须能稍稍超过维持他俩自身生活所需的费用"，这样的"工资是符合一般人道标准的最低工资"。

尽管斯密把养育后代的需要计算在最低工资里，但他并没有提供充分的理论解释。而马克思的工资理论对雇佣劳动制度下的最低工资做了最深刻和最具有穿透力的论述。

马克思认为，在雇佣劳动制度下，劳动力是一种商品。工资则是劳动力价格的特种名称。工资与其他一切商品的价格一样，由市场规律决定。首先是供求关系。"劳动报酬忽而提高，忽而降低，是依供求关系为转移的，依购买劳动（力）的资本家和出卖劳动（力）的工人之间的竞争情形为转移的。"其次是商品的生产费用。在上述波动的范围内，劳动力的价格是由再生产劳动力商品需要的费用中所包含的劳动时间决定的。劳动力本身的生产费用包括为了使工人保持其为工人或把他训练成为工人所需要的费用。因此，某一种劳动所需要的训练时间愈少，工人的生产费用也就愈少，他的劳动力价格即他的工资也就愈低。工人劳动力的价格由必需生活资料的价格决定。马克思特别指出，即使在简单劳动的生产费用中也要加入延续工人后代的费用，工人的损耗也和机器的损耗一样，是要计算进去的。总之，简单劳动的生产费用就是维持工人生存和延续工人后代的费用。这种费用的价格就是劳动力的价格。这样决定的工资就叫作最低工资。

有意思的是，从马克思和恩格斯的有关论述中，我们发现，那些受到马恩批判的人对于最低工资的看法也是如此。比如在《反杜林论》中，恩格斯说，"不管杜林先生怎样多余地把工资改称为报酬，他也还是认为，它一般地必须保证工人维持生活和有可能延续后代"。拉萨尔的"铁的工资规律"是一个著名的、但受到马克思严厉批判的论断。拉萨尔认为："这个在现今的关系之下，在劳动的供求的支配之下，决定着工资的铁的经济规律是这样的：平均工资始终停留在一国人民为维持生存和繁殖后代按照习惯所要求的必要的生活水平之上。"在这里，平均工资就是最低工资，它要包括"为维持生存和繁殖后代"所必要的费用。

由上述可见，最低工资不应只是为劳动者个人生活所需的最低报酬，而是至少足以养家糊口的报酬。

三

虽然最低工资至少足以养家糊口，但这并不意味着工人只能挣到够一家人活命的工资。

马克思曾指出，这种最低工资不是就单个人来说的，而是就整个种属而言的。就特定的地区、国家、社会和文化环境中的工人或工人队伍而言，他们的工资并非必然要被限定在维持生理需要的水平上。

根据《资本论》，工资的最低限度是由工人再生产自己的劳动力时在生理上必需的生活资料的最低限度规定的，但是，劳动力的实际价值和这个生理最低限度是不一致的。国家、地区之间的气候和社会发展水平不同，劳动力的实际价值也就不同，所谓必不可少的需要的范围，和满足这些需要的方式一样，本身是历史的产物，因此多半取决于一个国家的社会文化水平，其中主要取决于无产阶级是在什么条件下形成的，有哪些习惯和生活要求，其组织程度和反抗资本斗争的发展。工人为了获得某种劳动技能和技巧，需要有一定的教育和训练，这也必须包括在生产劳动力所耗费的价值总和中。因此，与其他商品不同，劳动力的价值规定包含着一个历史的和道德的因素。

从马克思的论述中，我们不难发现，满足最起码生理需要的最低工资，与由于社会和文化发展水平的不同而形成的劳动力的实际价值之间，存在着一个价值差。工资是劳动力价值的价格，工资的上下波动，既是价格围绕价值的波动，从长期看，又反映了价值差的缩小或扩大。从历史上看，正是为了争夺这个价值差和价格差，劳资双方发生过长期的、激烈的斗争。

斯密早就发现，劳资双方的利害关系绝不一致。劳动者盼望多得，而雇主希望少给。劳动者都想为提高工资而团结，雇主却想为减低工资而联合。起初，工人缺少组织，而工厂主因为人数少而容易结盟，形势对工人不利。汤普森在《英国工人阶级的形成》一书中所引用的史料，揭示出19世纪初的工厂主之间有一种讨厌的联合，还规定：任何工厂主必须查明，如果工人是被他原来的主人解雇的，便不能再雇佣。在这种情况下，工人不得不服从老板。

为了对抗雇主、争取自己的利益，工人也开始联合起来。历史表明，只有通过有组织的工人反抗，才有能力争取到上述差价中的上限。

现今中国相当多的非公有制企业中的打工者为了挣到超出于起码的生理需要的收入，往往要加班加点。比如在富士康，打工者"每周从事80个小时左右的简单机械性工作"。5月28日，北京现代零部件企业"星宇车"公司也发生了员工停工事件，抗议工资低、劳动强度大。据报道，由于当时该企业员工的基本工资仅为北京市的最低工资标准，所以，加班对于每名员工都很重要。富士康公司和现代"星宇车"公司都是坐落在大都市中代表先进生产力的企业，其工人阶级的状况尚且如此，更不用说别的企业了。

探讨了马克思、恩格斯和其他思想家、经济学家的有关论述，我们对于在大多数非公有制企业中劳动者所处的艰苦劳动环境和低下收入，也就不难做出理论的解释。欧美工业化的历史表明，"如果不对资本加以限制，它就会不顾一切和毫不留情地力求把整个工人阶级弄到这种极端退化的境地"。最能够对资本加以限制的力量当然是政府。马克思说过，无论在英国或其他各国，对工作日的限制"从来都是依靠立法上的干涉"，但"这种干涉如果没有工人方面的经常压力，是永远也不会出现的"。

（原载《中国社会科学报》2010年7月29日）

第二部分
历史学评论

"世界历史"与世界史学科定位

一

任何一门学科都有它的定位。世界史学科的定位有一个重要的依据,就是对世界历史概念内涵的界定。因此,"世界历史是什么"的问题对于世界史学科建设来说有重要意义。

在中国,人们一直在认真地从理论上辨析"世界历史"这个概念,可是在实践中又常引出一些错乱。比如,人们十分清楚世界历史不同于"外国史",但绝大多数中国的世界史学人搞的就是"外国史"。人们还知道,世界历史不是国别史的简单相加,但实际写出来的世界历史教科书却总是给人以国别史相加的感觉。这些都说明中国的世界史研究水平有待提高。

的确,在较长的时间里,我们的世界历史概念是通过否定的即归谬的方式而形成的,我们知道什么不是世界历史,但很难说清楚什么是世界历史。这就难怪我们总是不满意已经写出来的、被称为"世界历史"或"世界通史"的世界史。

得益于改革开放,中国的世界史学科取得较大的进步。进步之一就是人们对"世界历史"这个概念开始从以往的否定式界定,转变为肯定式界定,从什么"不是""不等于"世界历史,变成什么"是"世界历史。比如,吴于廑先生说:"世界历史是历史学的一门重要分支学科,内容为对人类历史自原始、孤立、分散的人群发展为全世界成一密切联系整体的过程进行系统探讨和阐述。"也有人说:"世界历史是世界整体的历史。"什么叫"世界整体的历史"?有人又说,习惯上所说的世界历史囊括了人类有史以来的全过程,把"真正的世界历史"的"前史"都包括在内,而且只强调在地域上包括全球,即包括全球各民族、各地区的历史;"严格意义上的世界历史"是从16世纪才开始的,它在地域上包括全球只是其必要条件,它的本质和最根本的特征是各民族、各国家、各地区之间形成密切联系、互相制约的统一的整体。这种"严格的、完整意义上的世界历史",就是"全球各民族、各国家、各地区联为一个统一体的发展进程,即整体世界的历史"。这样,世界历史就被界定为世界成为整体以后的历史,即从16世纪才开始的历史。而16世纪以前的人类历史,根据"整体世界史观",就不属于世界历史范畴了。最近,刘家和先生认为,"存在过没有世界史的历史时期",在"真正的世界史"出现以前的人类历史,还不具有全世界的性质,"真正的世界史"是从1500年以后才开始出现的。

从否定性回答什么"不是"世界历史，到试图从正面回答并具体地阐述世界历史，这是我国世界史研究的一个重要的进步。

持"整体世界史观"的学者们对世界历史概念内涵的界定，在理论上是以马克思、恩格斯说过的以下几句话为主要依据的。一是马克思在《〈政治经济学批判〉导言》中说过，"世界史不是过去一直存在的；作为世界史的历史是结果"；二是马克思、恩格斯在《德意志意识形态》中的论述，他们说："各个相互影响的活动范围在这个发展过程中愈来愈扩大，各民族的原始闭关自守状态则由于日益完善的生产方式、交往以及因此自发地发展起来的各民族之间的分工而消灭得愈来愈彻底，历史也就在愈来愈大的程度上成为全世界的历史。"马克思、恩格斯还说过，大工业"首次开创了世界历史"。

根据经典作家的以上话语，他们断定世界历史大概也就是500年左右的时间，也就是我们习惯上所说的"世界近现代史"；而把此前的人类历史，也就是习惯上称为"古代史"（包括上古和中古历史）的人类历史定为世界历史的"前史"。当然，持"整体世界史观"的学者并没有割裂世界历史与其"前史"的关系，在他们看来，世界历史是作为其"前史"的人类历史的发展结果。如此一来，自人类诞生以来的几百万年的历史，就成了最近五个世纪的世界历史的准备期，并因此而使这漫长的人类历史也光荣地获得了"作为世界史的资格"。

"整体世界史观"对世界历史的界定及对世界史学科的限定，现在获得了近乎"霸权"的地位。《中国大百科全书》的"世界历史"条目是这样写的；由吴于廑先生、齐世荣先生共同主编的六卷本《世界史》和齐世荣先生主编的四卷本《世界史》都贯彻了这一历史观；像刘家和先生这样的前辈史学家也要设法去证明古代史如何沾世界历史的边，更不用说众多的后学了。胡素萍有一篇文章十分典型地反映了"整体世界史观"在当前中国世界史学界的地位和影响力。文章开门见山地写道：世界历史是"世界整体的历史"，"这一点恐怕已经没有人会反对了"。但是，胡素萍错了，因为本文作者正是反对派。

本文作者不是要反对"整体世界史观"持有者提出的要从全局、整体上看待人类历史的立场、观点和方法，不是要否定人类的横向发展的历史作为世界历史的主要内容之一的思想，也不是反对对世界史学科做必要的限定，而是要反对在历史学意义上将作为科学研究对象的世界历史不恰当地压缩为最多五个世纪的历史，把此前漫长的古代史当成世界史的"前史"，并把世界历史的内容"压扁"为人类从分散走向整体的那种史学思想。因为，第一，他们并没有合理地理解作为界定世界历史的理论依据的马克思、恩格斯的世界历史思想，把主要体现在历史哲学意义上的马克思、恩格斯的世界历史思想，直接照搬到现实的历史上来了；第二，"世界历史"这一术语中的"世界"一词，不应首先和主要地被理解为一个空间或地理上的概念，世界历史所体现的是人类的发展过程，人类的主体地位不能因为人类曾长期处于地理上的分散、孤立的发展状态而丧失或降低其在世界历史中的意义；第三，把世界历史的内容挤压为从分散到整体的发展，既不能完整地体现人类历史的主要进程,也有悖于吴于廑先生提出要加强对世界历史的横向发展的研究的初衷。世界历史虽然不应"包罗无遗",但也还是要坚持"纵(向发展)""横(向发展)"交错的观点。

二

正确地理解马克思、恩格斯的世界历史理论,对于我们界定历史学意义上的世界历史概念,以及给世界史专业定位,都是十分重要的。

马克思、恩格斯的世界历史概念及相关的理论是在特定的语境中提出来的,他们所说的世界历史的含义也只有根据文本的总体思想来把握才能得到合适的理解。单独提取某一句话或某一段文字,则容易使人望文生义,造成误读。因此,是否可以把马克思、恩格斯的世界历史理论作为我们界定历史学上的世界历史的依据,关键在于我们是否能够正确地解读马克思、恩格斯的世界历史思想。

本文作者认为,马克思、恩格斯的世界历史理论建立在对近代以来世界历史发展趋势的把握的基础上,是对人类社会未来前景的一种哲学性思考,他们所说的世界历史是一种面向未来的历史阐述,这一历史进程是作为为实现共产主义这个世界性伟大事业创造现实条件的过程而开始出现的。因而,马克思、恩格斯所说的世界历史主要不是一个历史学科意义上的概念,而是一个历史哲学概念，不适合作为界定世界历史学科的依据。

必须承认，对近代以来的世界历史的阐述是马克思、恩格斯提出他们的世界历史理论的一个基础，这一阶段的世界历史内容是马克思、恩格斯世界历史理论的基本组成部分。他们认为，15、16世纪地理大发现、新航路开辟以后，世界性联系开始发生并趋向紧密，一种超越地域界线（包括地理上的分割和国家、民族的划分）的世界性市场正在形成，世界的整体性越来越显现。

这个过程与资本主义的发生、发展直接有关，而资产阶级则是创造这一历史过程的主角。马克思、恩格斯在《共产党宣言》中说，由于生产工具的迅速改进和交通的极其便利，资产阶级把一切民族都卷到文明中来了，它迫使一切民族采用资产阶级的生产方式，"按照自己的面貌为自己创造出一个世界"。"资产阶级，由于开拓了世界市场，使一切国家的生产和消费都成为世界性的了……过去那种地方的和民族的自给自足和闭关自守状态，被各民族的各方面的互相往来和各方面的互相依赖所代替了。物质的生产是如此，精神的生产也是如此。"因此，15、16世纪以后，人类历史的确进入了一个新的阶段，这是一个资本主义主导的历史阶段，在这个时代到来以后，在同一个地球的不同部分生活着的人群不再互相孤立，世界逐渐成为联系越来越紧密的整体。

然而，马克思、恩格斯的世界历史理论没有在历史层面上停下来，历史的阐述只是其理论的经验事实基础，他们的全部目的在于从这一历史进程中发现人类社会走向共产主义的客观必然性，也就是说，他们讲世界历史是与他们所论述的核心内容——

共产主义社会——这个终极目标相联系的。为实现共产主义社会所需要的现实条件是在上述世界历史的发展过程中逐渐形成的，正因为如此，作为人类历史进程中一个新的阶段的世界历史便具有了非凡的意义。

那么，实现共产主义事业的现实条件是如何在资产阶级引领的世界历史过程中被创造出来的呢？

共产主义作为一项世界性事业，是超越地域范围的革命，"共产主义只有作为占统治地位的各民族'一下子'同时发生的行动，在经验上才是可能的"。因为它"是世界性的革命，所以将有世界性的活动场所"。这个"世界性的活动场所"，在当时就是指由资产阶级所开拓的世界市场；有时，他们也说是大工业建立的或创造的世界市场。由于大工业创造了现代的世界市场，过去的那种各地之间互不往来、闭关自守的状态不复存在，并使一切国家的人民互相依赖，彼此紧紧地联系起来。其中，尤可注意的是，"大工业到处造成了社会各阶级间相同的关系，从而消灭了各民族的特殊性。最后，当每一民族的资产阶级还保持着它的特殊的民族利益的时候，大工业却创造了这样一个阶级，这个阶级在所有的民族中都具有同样的利益，在它那里民族独特性已经消灭"。

这样，我们看到，生产力的巨大增长和高度发展造成了"人们的普遍交往"；由于普遍的交往，我们可以发现，"在一切民族中同时存在着'没有财产的'群众这一现象（普遍竞争），使每一民族都依赖于其他民族的变革；最后，地域性的个人为世界历史性的、经验上普遍的个人所代替"。

接着,他们又说:"共产主义对我们说来不是应当确立的状况,不是现实应当与之相适应的理想。我们所称为共产主义的是那种消灭现存状况的现实的运动。这个运动的条件是由现有的前提产生的。此外,有许许多多人仅仅依靠自己劳动为生……这种状况以世界市场的存在为前提。因此,无产阶级只有在世界历史意义上才能存在,就像共产主义——它的事业——只有作为'世界历史性的'存在才有可能实现一样。而各个人的世界历史性的存在,也就是与世界历史直接相联系的各个人的存在。"无产阶级是随着世界历史的进程而发展起来的。

值得指出的是,在《德意志意识形态》中,"交往"这个术语的含义很广,它不仅指一般意义上的相互往来,更主要的是指生产过程中的交往。《德意志意识形态》中所用的"交往形式""交往方式""交往关系""生产和交往的关系"这些术语,表达了马克思、恩格斯在当时形成的"生产关系"概念,后来这些术语都被"生产关系"概念所代替。所以,当我们看到马克思、恩格斯所说的因为"交往"而打破各地的闭塞状态,历史在越来越大的程度上变为全世界的历史时,我们主要应从资本主义生产方式向全球的扩张方面去理解"交往"的内涵。

从马克思、恩格斯以上的论述中,可以注意到几个关键的和有关联意义的词:资产阶级、大工业、世界市场、普遍交往、无产阶级、世界历史性的、世界历史意义、世界历史,等等。它们最终都联系到一个词:共产主义。从15、16世纪以后发生的具有世界性意义的历史活动都在为共产主义事业创造条件。

的确,世界历史进程是必然要通向共产主义社会的。马克思在《〈黑格尔法哲学批判〉导言》中说:"历史是认真的,经过许多阶段才把陈旧的形态送进坟墓。世界历史形态的最后一个阶段是它的喜剧。"

为什么世界历史的发展方向是共产主义社会呢?如上所述,资本主义社会的发展一方面创造出为实现共产主义社会所需的条件;另一方面,资本主义社会存在着"异化"。根据马克思、恩格斯的观点,在私有制的条件下,分工还不是出于自愿,"人本身的活动对人说来就成为一种异己的、同他对立的力量,这种力量压迫着人,而不是人驾驭着这种力量"。他们还认为,"单个人随着自己的活动扩大为世界历史性的活动,越来越受到对他们来说是异己力量的支配","受到日益扩大的、归根结底表现为世界市场的力量的支配"。但是,当"异化"成为一种"不堪忍受的"力量时,革命就要发生了,共产主义革命就是要控制和驾驭这些异己的力量。在马克思、恩格斯做上述论述时,有这样一句话应该引起注意:"每一个单个人的解放程度是与历史完全转变为世界历史的程度一致的。"

人的解放和共产主义是马克思、恩格斯的世界历史理论的核心。如果说,15、16世纪以后,世界市场开始建立,整体的世界开始形成,世界历史开始了最初的进程,那么,这个进程的终点指向共产主义社会。马克思、恩格斯站在共产主义事业这一人类历史制高点上,把握15、16世纪以来的人类历史进程,赋予资本主义所创造的历史和现实——比如工业化大生产、世界市场、世界无产阶级等——以世界历史性的意义；而资产阶级则在这一进程中充当了历史的不自觉的工具："资产阶级历史时期负有为新世界创造物质基础的使命：一方面要造成以全人类互相依赖为基础的普遍交往，以及进行这种交往的工具，另一方面要发展人的生产力，把物质生产变成对自然力的科学统治。资产阶级的工业和商业正为新世界创造这些物质条件，正像地质变革创造了地球表层一样。只有在伟大的社会革命支配了资产阶级时代的成果，支配了世界市场和现代生产力，并且使这一切都服从于最先进的民族的共同监督的时候，人类的进步才会不再像可怕的异教神怪那样，只有用被杀害者的头颅做酒杯才能喝下甜美的酒浆。"

根据以上背景，重温持有"整体世界史观"的人们引以为据的马克思、恩格斯关于世界历史的话，我们就会有全新的理解了。马克思、恩格斯在特定语境下所使用的"世界历史"这个词，具有独特的含义，尽管他们在使用这个词时也包含了历史学的意义，而且可以说，历史学层面上的含义是该词的基本含义之一；但是，他们主要是从历史哲学的意义上来使用这个词的，是一个有历史依据的哲学用语。把这样一个具有特定语用方式和语境意义的概念，直接移植到世界史专业中来，并且还要以此为依据去建设世界史学科，肯定是不合适的。

事实上，马克思在别的地方也在人类历史意义上使用过"世界历史"这一术语，他说："整个所谓世界历史不外是人通过人的劳动而诞生的过程，是自然界对人来说的生成过程。"这里所用的世界历史概念更接近于通常所理解的世界史，即人类诞生以来的历史。但是，人们还是愿意认最近500年的历史为世界历史，而把此前漫长的人类历史当成世界历史的"前史"，这个结果多少与中国学者长期以来在实践中不能很好地处理国别史与世界史的关系有关。

三

在中国，历史学是一门古老的学问，但世界史这个学科却十分年轻。

中国的世界史学科的萌芽是从中国先进分子的"睁眼看世界"开始的。为了了解外国，尤其是西方国家的形势及其发展经验，就需要学习和研究外国的历史。对中国人来说，那个时候的"世界"就是指自己所处的范围之外的那些地方，在近代民族和国家意识显著增强的情况下，"外国"就是对中国而言的"世界"。所以，在那时，把"外国的"历史简单地等同于"世界的"历史是可以理解的。

这种情况到1949年还基本如此。在1949年前的一些大学里，世界史课程基本上就是"外国史"或"西洋史"的课程。当然，造成这种情况的另一个原因，是当时的世界史学科还处在萌芽状态，"外国史"虽然不等于世界史，但世界史的基础在于"外国史"。在对"外国史"有深入钻研的基础上再发展世界史，这需要一个过程。中国的世界史学科建设，恐怕至今还基本上处在这个过程之中。

把"外国史"当成世界史,虽可以理解,但还是令人难以接受,尤其是要构建世界史体系、编纂具有通史性质的世界史著作时,没有中国史的内容如何能称为世界史!抽掉了中国史,就不能全面地认识世界历史。世界史应包括中国史,这个道理不言自明。可是,做起来却有难度,因为一直到20世纪80年代中期,何兹全先生还在呼喊"我们需要包括中国史的世界史"。

世界史必须包括中国史,这个问题如今在理论上已经解决了,没有人会再否认中国历史的内容是世界史的重要组成部分;在实践上,人们也设法在世界史体系中体现中国历史的内容。但是,即使是这样,也还有更难的问题需要解决,因为必须避免以"国别史总和"代替世界史的结果。一部成体系的世界史教材并不是将世界上所有国家的历史都写进去就算完事,而是要从全局的高度把握人类历史的进程,把以氏族、部落、民族、国家或帝国等形式存在的,处在分散、孤立状态下发展的人类历史,统一在一定的思想和体系内。这个体系当然是以这些分散的族群、国别的历史为基础的,但又不能成为这些历史的简单相加,成体系的世界史要超越这些历史简单相加而得到的总和。

有远见的历史学者从很早开始就注意到世界史与"国别史总和"的区别。周谷城先生便是其中之一。1949年9月,上海商务印书馆出版了周谷城先生的《世界通史》,这是中国人撰写的第一部世界通史著作。他在书中明确提出"世界通史并非国别史之总和"的观点,"力避分国叙述的倾向,而特别着重世界各地相互之关联"。应该说，中国的世界史学者在写世界史通史著作方面的学术境界从一开始就是非常高的。周谷城先生写世界通史时，国内还没有人写过世界史，他说"世界通史并非国别史之总和"是冲着有人仍以"国别史之总和"为世界通史的情况去的，但他所说的情况存在于外国人身上。

从20世纪50年代末起，中国引进苏联的十卷本《世界通史》，这部著作的"总编辑部的话"中指出："'世界通史'各卷，只就复杂万端的大批历史事实中，阐述一些最重要的史实，借以对各个时代范围内的世界史过程给予一个完整的图景，同时也照顾到这个过程在各国各地所表现的特征。"1962年，根据苏联的世界通史体系，周一良先生、吴于廑先生共同主编了中华人民共和国成立以来的第一部世界通史著作。

周谷城先生、周一良先生、吴于廑先生都认识到世界史与国别史的区别与联系。

尽管如此，但在实践上，一直到70年代末，还未真正处理好国别史与世界史的关系。在陈翰笙先生看来，到那时为止的各类世界通史著作（无论是学术性著作，还是通俗性著作），包括苏联科学院主编的《世界通史》和周、吴主编的《世界通史》在内，"表面上看来，好像都是全面的世界通史，其实这些著作仅仅是国别史的拼凑"。吴于廑先生自己也持类似的看法，他说："像过去那样，不管是由外国引进的，还是由国内学者编写的，按一种历史分期的架构，把各国和各地区的历史汇成或大或小的总集，那还不算是世界史，至少不是一部好的世界史。"可见写一部不是由国别史集成的世界史的难度之大。

就是在这样一个学术背景下，吴于廑先生率先对世界历史的概念和世界历史学科的定位进行了新的思考。

早在20世纪60年代中期，吴于廑先生就专门探讨了世界历史观的问题，针对以往的历史观中存在的地区的或种族的偏见，提出要"全面而如实地考察世界各地区、各国家、民族的历史"。到70年代晚期，他进一步提出要"树立以世界为一全局的观点，来考察人类历史的发展"，并提出"世界史是宏观历史"这样一个新的名词设想，即超越国别史或地区史，用"宏观历史"的视野去提炼、综合和比较国别史、地区史和专史的内容，把普遍性和特殊性、统一性和多样性结合起来，以阐明世界历史的全局发展和各个时期世界历史的主流。到80年代中期，吴于廑先生的世界历史思想初步形成。

吴于廑先生的思想出发点依然是要解决世界史包罗一切国家的历史的这个老问题。他说，世界史的概念不能庞杂，不应含混不清，"它并不囊括一切国家、民族和地区的历史，它不是这样一口大麻袋"。他"想把世界史从囊括一切国家、民族、地区的历史这样一个包罗无遗的高大地位上请下来，想让它成为一个有限定研究对象的历史学的分支"。把这个想法说出来需要智慧和勇气，明确提出要清理世界史概念、要对世界史学科进行限定，吴于廑先生是国内世界史学界第一人。

然而，问题的关键在于如何合理界定世界历史，并据此对世界史学科进行限定。

正是在这个问题上，吴于廑先生开始走偏。首先是他依据马克思、恩格斯关于世界历史那几句话去考虑"历史怎样发展为世界历史"的问题。正如我们在前面已经分析和指出的那样，马克思、恩格斯的话是在特定的语境下提出来的，不应把这些语录直接用来作为界定世界历史的概念并确定世界史学科的依据。然而，吴于廑先生和持"整体世界史观"的人却根据经典作家的前述语录，坚持要去弄清历史是怎样转变为世界历史的问题。其次，思维一旦定势，进一步的思考也就意味着越走越偏。结果，由吴于廑先生提出、由很多学者支持和追捧的世界历史变得又"短"又"扁"；而世界史学科从以前的"高大地位"下来以后被"矮化"了，在"整体世界史观"下的世界历史只不过是中国版本的"全球化"史。

我们主要根据系统地反映吴于廑先生的世界史观的作品、他为《中国大百科全书》"外国历史卷"所写的"世界历史"条目，来考察"整体世界史观"下的世界历史及世界史学科。吴于廑先生认为："世界历史是历史学的一门重要分支学科，内容为对人类历史自原始、孤立、分散的人群发展为全世界成一密切联系整体的过程进行系统探讨和阐述。"这一表述有两层意思：第一是对世界历史学科所研究的对象，即世界历史本身的界定，就是"人类历史自原始、孤立、分散的人群发展为全世界成一密切联系整体的过程"；第二是对作为学科的世界历史的限定。对世界历史学科的限定是以对该学科的研究对象，即世界历史的限定为基础的。

世界历史虽然是指人类的历史从分散走向整体的过程，但在吴于廑先生看来，真正的世界历史，即世界成一密切联系的整体的历史，不是一开始就有的。他在"世界历史"条目中经常这样表述："人类历史发展为世界历史，经历了一个漫长的过程"，"在历史发展为世界历史的漫长过程中"，"历史发展为世界历史过程中"等。这种表述使他的世界历史概念首先在时间上被限定，世界历史不再是人类从其自身诞生以来的发展过程，而主要成为人类历史经历漫长的演进以后的某个时期才开始的历史，确切地说，"15、16世纪是历史发展为世界历史的重大转折时期"，"前资本主义时代不是一直存在的世界历史，直到这时才真正开始了它的存在"。

这样看来，吴于廑先生心目中的世界历史不过就是我们习惯上称为"世界近现代史"的那段历史，或者说资本主义社会的历史。而此前漫长的人类历史内容虽然还被保留在新的世界史体系之中，但这些内容更像是为世界历史的登场做铺垫，而它们本身，严格说来，还不能称为世界历史。就这样，以吴于廑先生为代表的"整体世界史观"的信奉者们把世界历史的时间大大地缩短了。

世界历史被说成是或主要是从分散到整体的发展过程，尤其强调15、16世纪以后的历史，其实并不完全符合吴于廑先生的本意。他当年之所以提出世界史研究要重视横向发展的意见，为的是弥补以往的世界历史的内容侧重经济社会形态纵向演变而忽略不同的社会和民族之间相互联系所造成的不足。他认为，我们以前在阐明历史的纵向发展方面已做了大量工作，而在横向发展的研究方面重视不够，因此要"改变世界史几乎无异列国志这样一种陈旧的面貌"，以说明各民族、各地区怎样由闭塞到突破闭塞，人类历史怎样由分散发展到整体发展。他是在不否定世界历史中的纵向发展的内容，和不否认人们对纵向发展的历史内容已经有深入研究的前提下，提出要重视世界历史横向发展的。可以说，重视横向联系的研究本来是为了完善世界史体系的结构，充实世界史的内容。

我们理解吴于廑先生在阐述他的世界史观时，大量讲到横向发展方面的内容，也理解他对横向发展的重视，但不能认同他在《中国大百科全书》"世界历史"条目开宗明义的表述。当然，他在"世界历史"条目中也专门讲述了世界历史的"纵向发展"，并对历史的"纵向发展"与"横向发展"的相互关系做了辩证的阐述。但这种阐述已被着重强调从分散走向整体，以及反复强调"历史发展为世界历史"的论述所淡化了，以至于很多人顺口地将吴于廑先生的世界历史说成是"从分散到整体"的世界史。

世界历史的主要内容变为"横向发展"的历史，这样做的结果是从原先只重视人类历史的纵向演进这一个极端，走向了过于强调横向联系的另一个极端。我说世界历史的内容被"压扁"，指的就是这一个意思。

世界历史的时段被缩短、内容被"压扁"以后，"整体世界史观"下的世界历史学科好像从"包罗无遗"的"高大"地位上下来了，但事实上却又被"矮化"了。持"整体世界史观"的人们一心想从宏观的、全局的高度超越世界史成为国别史的总和的格局，以把握人类历史的总体发展趋向，并且提出了要加强横向发展史的研究的思想，起点很高，心意很好。但是，由于对马克思、恩格斯的世界历史理论的误读，导致他们的世界史观走偏。他们力图走出把世界史变成国别史拼盘的怪圈，却不小心"矮化"了世界历史。

四

世界历史，就其本义而言，是指生活在地球上的人类的历史。这个判断有助于我们避免对世界历史的各种似是而非的理解。在中国，世界历史这个词中的"世界"往往具有空间意义，而事实上，人类创造历史也离不开作为活动场所的地理世界。关于这一含义，其实不难理解，比如在以前，人们所说的"世界"与"天下"同义，"天下"这个概念给人以直观的空间形态，无论是自然意义上的天下，还是指某一权力统治下的天下，均具有空间的意义。但与"天下"相比，"世界"一词显然更具有时代感，"世界"一词也就逐渐取代"天下"，成为指称某个广大空间的用语而被广泛使用了。所以，从"天下"过渡到"世界"不是什么难事。

今天，人们在说世界历史时，首先会从空间或地理的意义上去理解这种历史。恰好与世界历史相类似的说法还有"外国历史"、"中国历史"、国别史、地区史等语词，这些说法无不意味着在一定的空间范围内的历史。在中国,"世界历史"的英文译名通常就是WORLD HISTORY,有时也称"全球历史",即用GLOBAL HISTORY来表达,强调的是人类活动的地理空间界限。

从空间或地理意义上来理解世界历史中的"世界"一词,有一定的道理,因为人类的一切活动总是离不开这个现实的空间存在;但主要从地理意义上来理解世界历史中的"世界",那就有问题了,因为一定的空间或地理范围主要表现为人类创造自身的历史的场所,而创造历史的主体是人本身。也就是说,是人类在一定的地理空间内创造着自己的历史。所以,历史学的最重要和本质的主题就是人类的活动。人类自诞生之日起就在这个世界上活动,世界历史也就从此开端。

人类的历史与分不分国别无关,与不同人群之间是否发生互相交往无关,也与地理的世界有没有联系成一紧密的整体无关。从来的世界历史都是从人类的起源开始,一直写到今天。也因为如此,完整的世界历史总是用通史的方式来表达。关于世界历史或世界通史的英文表述,还有两个词我们不能忘记,那就是UNIVERSAL HISTORY和GENERAL HISTORY。这两个词的含义比前两个英文词的含义更加丰富,因为它们不仅包括了空间和地理的意义,而且已大大地超越了这种意义,具有"普遍的""一般的"含义。

无论如何,我们所说的世界历史应该具有空间和地理的意义,但不应局限于这种意义,而且就实质而言,世界历史首先应该是指人类的历史,是生活在这个地球上的人类整体的历史。认识到这一点十分重要，可以使我们避免先入为主地主要从空间上去理解世界历史中的"世界"，进而可以避免感性地、经验直观地将世界市场形成以后的人类历史当成世界历史。

世界历史作为人类历史的同等表述，它的整体性和宏观性体现在对人类作为一个整体的把握上，不管自古以来的人类处在分散、孤立的状态下经历了多么漫长的岁月，也不管这些分散、孤立的人群是生活在族群、部族、种族、民族、国家的范围内，他们作为"现实的、有生命的个人"这一个大的类别，必定有其共性的，这个共性不因为他们生活在不同的地域或国界内而丧失。比如，就生产和生产关系来说，全人类一定有普遍性的地方。马克思、恩格斯说过，"一切人类生存的第一个前提"，即"一切历史的第一个前提"，就是"人们为了能够'创造历史'，必须能够生活。但是为了生活，首先就需要吃喝住穿以及其他一切东西。因此第一个历史活动就是生产满足这些需要的资料，即生产物质生活本身，而且这是这样的历史活动，一切历史的一种基本条件，人们单为了能够生活就必须每日每时去完成它，现在和几千年前都是这样"；"因此任何历史观的第一件事情就是必须注意上述基本事实的全部意义和全部范围，并给予应有的重视"。为了能够进行生产，人们必须建立相互之间的关系，而这种关系采取什么样的形式，又是由生产决定的。这样，根据马克思的历史观，我们可以从人类最基本的生存和生活需要，从人类要从事物质生活资料的生产并结成一定的生产关系这一最基本的事实出发，寻找到生活在世界各地的人类具有普遍意义的东西。作为以人类的历史为研究对象的世界历史首先和主要应探求的正是这种具有普遍性或一般性的东西,并从中抽象出规律性的历史认识。

同时,世界史研究也应注意到不同地方、不同人群的历史的多样性和特殊性。还是以生产来说,马克思、恩格斯也讲过:"人们用以生产自己的生活资料的方式,首先取决于他们已有的和需要再生产的生活资料本身的特性。"这句话或许表明生活在世界不同地方的人类的文明多样性和特殊性。人们要生活,就要进行生产、要结成生产关系,到处都是如此。但生产的方式,则因人们所具备的条件和所处环境的不同而各不相同。

吴于廑先生在阐述世界史与国别史的关系时,曾经讲到"相同的地方看到它是一,有特殊的地方看到它是多,做到一和多的统一"。我以为,这里的"一",起初应该是指从国别史、地区史和专门史中提炼和综合出来的人类共性(或称普遍性、统一性);而这里的"多",起初应该是指基于每个国家和地区都有自身特点的历史的特殊性和多样性。但令人意外的是,他本人,以及后来持"整体世界史观"的学者,最终都把"世界"当成"一",把"国别"当成"多"了。比如,刘家和先生说:"世界历史不能被理解为一切国家、民族的历史简单相加所得的总和。如果从逻辑上说,那么世界史作为一个概念,它必须是壹;而每一个国家、民族的历史作为概念,它们也必须各自是一。不过,前者是大壹,后者是小一。诸(譬如N个)小一相加之和,只能是多(N)个一,不能是一个大壹。"那么,如何从"多"变为"一"("大壹")呢?刘家和先生说,就得不断地融合。从个人到家庭、到氏族、到部落、到邦国、到帝国,就是这样一个"由多而一发展的趋势"。他的意思其实就是一个,历史从分散走向整体的过程,1500年以后,世界成为一个整体,真正的世界历史就开始了。

持"整体世界史观"的人们把作为人类历史的世界历史简化和"矮化"了,对世界历史学科来说,这并不是值得欢呼的结果。世界历史应该回归到人类历史的本义上去,把全部的、完整的人类历史当作世界史学科的研究对象,让处在分散和相互孤立状态下发展的人类古代的历史与15、16世纪以后的人类历史一样,理所当然地成为世界历史的重要组成部分。

对于这一宏大的历史进程,我们需要在马克思的历史唯物主义理论指导下从总体和全局的高度进行把握,首先要阐明的是人类社会是如何从原始状态进化到当代的文明和发达状态的,历史的"纵向发展"始终是世界历史的核心内容,也是世界历史学科研究的重点,人类历史的"纵向发展"有足够的理由成为构建世界史体系的主要线索。同时,也应看到,"纵向发展"并不是人类历史的全部内容,在"纵向发展"的过程中所引起的不同族群之间的相互联系和交往,即历史的"横向发展",以及它对"纵向发展"的反作用,也是人类历史的基本内容之一,世界历史学科当然要予以重视。

把握世界历史"纵向"和"横向"两个方面的内容,辩证地对待纵横关系,是从全局的、整体的角度观察世界历史的基础。吴于廑先生为《中国大百科全书》所撰的"世界历史"条目有关世界历史的纵向发展和横向发展及其相互关系的论述,富于智慧和哲理,值得持"整体世界史观"的学者注意。就此而言,"整体世界史观"应该退回到吴于廑当初提出为什么要重视历史的"横向发展"的本意上去,真正的整体世界历史必定包容纵横激荡的全部人类活动。

(原载《史学月刊》2009年第10期)

大变局时代的世界史研究

更好地观察和认识世界,从来都是中国的世界历史研究的一个基本任务。从近代中国人开眼看世界起,世界历史这个领域就引起人们的关注,体现出世界史这门学问从一开始就具有鲜明的时代特点。新中国成立以来,世界历史专业的发展、壮大,与时代的进程关系更加密切。"世界历史"发展成为"一级学科"就是在中国成为具有全球影响的世界大国的背景下实现的。可以说,世界历史作为一个研究领域,是时代的产物,是时代造就了世界史专业。而世界史专业的发展,也与时代同步。

当今世界处在"大变局"的时代。2017年12月28日,习近平在接见回国参加2017年度驻外使节工作会议时发表讲话,首次公开、明确地提出当今世界面临"百年未有之大变局"的判断。他要求使节们"正确认识当今时代潮流和国际大势。放眼世界,我们面对的是百年未有之大变局。新世纪以来一大批新兴市场国家和发展中国家快速发展，世界多极化加速发展，国际格局日趋均衡，国际潮流大势不可逆转"。

如今，这个关于世界格局的现状和发展趋势的判断，已经成为中国社会的广泛共识。2020年10月，中共十九届五中全会召开，会议发表的公报两次讲到"大变局"，不仅重申了"当今世界正经历百年未有之大变局"，而且指出，"全党要统筹中华民族伟大复兴战略全局和世界百年未有之大变局"。

事实上，并非只是中国人认识到世界处在巨变之中，国际社会也普遍认识到世界格局正在发生的大变迁。2019年，法国总统马克龙在一年一度的外交使节会议上发表讲话时说，国际秩序正在以前所未有的方式受到破坏，这可能是历史上的第一次。这种动荡中最重要的是一种转变，地缘政治和战略的重组。他说，西方可能正在经历对世界霸权的终结，此外还有新势力的出现，而我们或许长期低估了其影响，首先和最重要的就是中国，当然还有俄罗斯，还有正在崛起的印度，这些新兴经济体正在成为经济和政治大国。他还说，随着西方时代的结束，欧洲也将消失，世界将围绕着两个主要焦点：美国和中国。如果欧洲不能作为一个整体发挥作用，那么，欧洲就只能在这两大力量之间进行选择。

尽管马克龙没有使用"百年未有之大变局"这样一个确切的说法，但是，他对世界格局发生大变迁的认识是十分明确的。他是站在法国和欧洲的角度看到了世界格局正在经历的大变迁：可能正在经历西方对世界霸权的终结。世界局面已经发生了改变，新势力已经出现。马克龙所讲的这些新势力，正是我们所说的新兴的市场经济共同体中的主要国家。

除了马克龙的讲话，世界格局发生巨变的最明显的事实，就是近几年美国陆陆续续地退出许多国际组织，如2017年6月退出应对全球气候变化的《巴黎协定》；2017年10月退出联合国教科文组织；2018年5月退出伊核问题全面协议；2018年6月退出联合国人权理事会；等等。这些组织是联合国的重要组织，这些协议则是在联合国主导下达成的全球性协议。美国频频"退群"行为说明，自第二次世界大战以来形成的世界格局，以及自20世纪八九十年代以来由美国等西方国家主导的全球化，正在发生新的变化。

可见，当今世界进入大变局时代是确定无疑的事实。

而新冠疫情在全球流行，加速了世界格局的变迁。尤其是中国率先控制疫情，实现经济恢复性增长，2020年实现了国内生产总值2.3%的增长率，经济总量超过了100万亿元。中国成为世界主要经济体中唯一一个实现经济正增长的国家，进一步提高了中国在世界经济中的分量和比重，加速了变迁的趋势。与此同时，我们也可以注意到世界格局快速变化所包含的风险，国家和地区间的竞争、西方国家对于正在崛起的新兴经济体的围堵和打压，使得世界所面临的风险急剧增长。

世界大变局究竟会走向何方？世界近代以来的历史上经历过的变局，是否可以为今天经历着变局的人类提供有意义的借鉴？大变局是否能够向正在迈向第二个一百年奋斗目标的中国提供有利的条件和机会？这些问题是每一个中国知识分子必须要考虑的问题。

尽管大变局可以从不同的角度来探讨，但"百年未有"这个前缀，决定了"大变局"也是一个历史问题。这就给世界史研究这个具有高度时代特征的专业提出了新的任务：世界历史研究究竟如何满足时代的要求，回答时代提出的问题？

这个问题当然不易回答，因为大变局不仅仅是一个长期的趋势，更是一个复杂而广泛的变迁过程。不过，世界史研究如何回答时代的问题，以及在大变局时代如何做世界史研究，还是值得我们思考的。

我有几点想法：第一是要转变观念，把历史研究与现实需要相结合，带着现实关怀去研究历史。

历史研究中一直存在两种取向，一种是做单纯的历史研究，尽量与现实无关；另一种是结合现实问题进行研究，所谓"古为今用"就是这个意思。然而，事实上，前一种取向压倒后一种取向，并且或多或少存在着对后一种取向的"鄙视链"。结果，历史学者大多不够关注现实，而把那些需要从历史的视角进行理解和阐释的现实问题留给了现状研究。例如，关于"百年未有之大变局"的研究，到目前为止，主要集中在国际问题研究方向上。在出版方面，以"大变局"为主题的文集已不在少数，从有关文论来看，国际问题专家偶尔也追溯一下世界大变局的历史，但他们所做的工作终究不是世界历史研究。世界历史学者对如此重大的题材投入不足，"古为今用"的意识显然还不够敏锐。

当然，历史学者最近也开始介入这个问题的研究，例如，在2019年12月，《光明日报》编辑部与贵阳孔学堂文化传播中心举办了"多学科视域下的百年未有之大变局"论坛。在这个会议上，有一些历史学者对于当前的世界变局提出了历史学的认识；2020年10月，中国社会科学院优势学科"欧美近现代史学科"的历史学者与上海世界史学界的同仁们，在上海师范大学光启国际学者中心举行了"大变局之际的世界史研究"学术会议，就大变局与世界历史研究的关系进行了较为深入的探讨；《世界历史》编辑部在2020年第6期就"世界史视域下的百年未有之大变局"发表了一组笔谈文章；现在，《历史教学问题》编辑部又专门组织这次以"大变局"为主题的笔谈；等等。这些活动表明，"大变局"与世界历史的关系正在进入世界历史学者的视野，世界历史研究的时代性在"大变局"这个问题上开始得到显现，我们期待从世界历史视角更加深刻认识"百年未有之大变局"的思想和观点将会逐步呈现出来。

世界历史研究者的这种转变很有必要，因为"大变局"不仅仅是当前正在发生的事情，更是一个历史的过程。"世界面临"与"百年未有"并提，表明了这场"大变局"不仅仅是一个现实课题，也是一个历史问题，它在世界历史中具有极为重要的位置。

事实上，在明确提出"百年未有之大变局"之前，习近平在有关讲话和文件中，曾经提到过世界正在经历的巨大变迁是近代以来、数百年以来未有的变局，这样的时间限定表明，我们要深刻理解当今世界正在经历的大变局，必定要把它放在一个较长的历史时段来认识。如果缺乏历史学专业所提供的足够的时间深度，我们很难认识大变局的真正意义。

第二是世界史工作者有责任为社会提供认识现实世界所需的历史观和思维方式。

随着全球化的深入发展，世界的整体性联系空前紧密，中国已经成为这个体系的重要组成部分。与此同时，现实世界与它的历史发展过程不可分离，可以说，现实世界就是历史发展的结果，其中包含了历史的逻辑和必然性。世界、历史和现实这三者不可分割的关系，使得世界历史专业具有得天独厚的优势，它能够为社会提供深刻理解当今世界格局及其发展趋势的观念和思维方式。

习近平多次讲到过"历史思维"的重要性，他把历史思维当作治国理政的一个重要的思想方法。其实，从更加广泛的意义上来讲，历史思维也具有独特的价值。例如，对于历史大趋势的认识，把全球化放在15、16世纪以来的世界历史进程中，我们很容易看清，全球化是一个长期的、不断加深的历史过程，这个趋势不会因为当前出现一点波折而被打断，更不用说会出现倒退。

现在，媒体和社会上的一些人往往把当前全球化过程中出现的一些波折，说成是"逆全球化"，这可能是因为缺乏历史深度、不能把握历史趋势而得出的看法。从长期的历史趋势来看，全球化不可阻挡。所谓"逆全球化"是不存在的，有的只是全球化的路径选择。历史进程的延续性在全球化的历史中表现得特别明显，这个认识可以帮助我们正确对待全球化在当前面临的困境，有助于我们以淡定的心态等待全球化新阶段的到来。

另外，历史的思维也需要我们以变迁的眼光看待现实世界。例如对概念的认识，大体上，抽象的概念或观念具有稳定性和同一性，在历史上出现的一个概念可以一直延续下来，至今仍被人们广泛引用，不过，它的内涵可能已经发生了重大变化，"平等""民主""资本主义"等概念就是这样。这些概念我们一直在广泛使用，但是，自从它们出现以来，内涵多有变化，它们在不同的历史阶段具有不同的意涵。准确理解它们的内涵，需要把它们放在特定的历史情境下。厘清它们的变迁是世界历史从业人员的责任，我们应该为社会提供现实所需的正确的历史观和历史思维。

第三是要继续进行宏观历史研究，构建新的宏大叙事。

"世界历史"就其本义而言就是关于"普遍的"历史，是具有普遍意义的通史，也是在符合历史发展基本线索的基础上构建起来的历史知识体系。对于人类的历史进行总体的概括和叙述，就是这个学科的存在依据和价值所在。"世界历史"就是一种宏大的历史。

人类对于自己的历史有一个总体的认识，是一种内在的需要。"世界历史"，或以任何其他名义出现的关于人类发展总体进程的历史，是从来就有的，只不过这种历史编纂在不同历史时期具有不同的形式罢了。《圣经》和历史上的基督教理论家为古代和中世纪的人们提供了具有基督教性质的关于人类历史的宏大叙事。到近代，在理性主义、乐观主义和进步思想的支配下，人们又构建了具有启蒙特点的宏大历史，这种历史给予身处现代的人们认识自己的时代和预见未来的信心，是一种直线式发展、不断进步的大叙事。

最近几十年，随着后现代思潮的泛滥，现代性的宏大叙事已经失去了往日的风采，它被解构，或者正在被解构。在这样的背景下，人们开始疏远宏大叙事，转而关注微观研究，微观史研究一时成为史学的风尚。以至于一些人认为，历史研究现在处在"碎片化"状态。

历史研究中有没有"碎片化"，这是一个可以探讨的问题。因为微观的历史研究与研究"碎片"不是一回事：有一些"碎片"的研究与研究中出现"碎片化"的趋势，又不是一回事。微观史研究的兴起是史学发展的结果，某种程度上，是对启蒙运动以来所构建的宏大叙事的修正，甚至反动。在这里，对于具有"现代性"的宏大历史的批判，并不意味着对宏大历史的否定。事实上，充分的微观史研究也具有重构新的宏大历史的价值，而好的微观史研究总是与宏观历史进程相得益彰，互为补充。因此，微观与宏观的历史研究本来就不是互相否定和对立的关系。令人遗憾的是，在现实当中，双方因为互相误解而使微观史研究与宏大叙事割裂开来，的确是一个事实，这大体上是历史研究当前面临的困境之一。

但是，正如我前面所说，宏大历史叙事是人类的一种内在的需要。我们可以解构或修正不适应时代需要的宏大历史，甚至重新构建一个符合我们这个时代要求的世界历史体系，而不是在解构了过去的宏大叙事以后，就不再需要新的世界历史大叙事了。

以为微观的历史研究可以取代大历史,这种想法与那些一讲微观史研究就想到"碎片化"的人,犯了同样的毛病。后现代主义和新文化史高举的是"多样性"的旗帜,宏大叙事应当包括在"多样性"之中,而且应当是众多样式的历史研究中最有魅力、最能满足人们内心需求的一种。所以,历史学在经历了差不多半个世纪的新文化史的洗礼以后,应该呼唤新的宏大叙事。

回到我们今天讨论的这个主题,关于在"百年未有之大变局"背景下如何进行我们的世界历史研究,这个本身就包含了对历史进行宏大叙事的要求。"世界历史"的本质特征就是对人类历史进行宏观建构,揭示宏大趋势,叙述大进程是这个专业的使命。倘若不是这样,"世界历史"的意义在哪里?世界史工作者又能如何解答大变革时代给我们提出的问题?

(原载《历史教学问题》2021年第3期)

历史学有责任重建宏大叙事

最近,媒体上热烈讨论关于"文科生太多"的问题。[1]这其实是很一般化的说法。文科生在中国太多了吗?那要看具体情况。有些专业的文科生可能还不够,比如国家要实现治理能力现代化,就很需要政府管理方面的人才,这方面的人才恐怕还不够。历史学也是这样,有的方面,如中国史、近代史都很强,但世界史可能相对弱一些。世界史里也有区别,如美国史研究队伍兵强马壮,研究西班牙史、葡萄牙史的则相对缺乏。而当前史学领域最突出的问题之一,就是做宏大叙事的人很少。

现在有个趋势是大家喜欢做微观的、具体问题的研究,在后

---

[1] 2021年4月14日,中国人民银行官方微信公众号发布工作论文《关于我国人口转型的认识和应对之策》。论文提出,要认清我国人口形势已经改变。在"应对之策"部分,论文明确提出要"重视理工科教育,东南亚国家掉入中等收入陷阱,原因之一是文科生太多"。此文发表以后在网络上引起议论。

现代主义盛行的背景之下讲宏大叙事，似乎不合时宜。但实际上宏大叙事很重要。一方面，宏大叙事是人类的一种内在需求，大到国家、民族、人类，小到个人和家族，我们需要知道它们是怎么发展演变的。所谓宏大叙事就是人类对于历史发展脉络的整体把握，这是人的一种内在需求，自古就有，而不是到近代以后才出现。比如，在欧洲，基督教信仰主导的时代就有基督教的宏大叙事，教会人士根据《圣经》把历史叙述出来。文艺复兴、启蒙运动以后，就有了现代性的宏大叙事。另一方面，宏大叙事还包含时代的需要，每一个时代都需要有它自己的宏大叙事，我们这个时代也应该有适合时代的宏大叙事。所以，宏大叙事的必要性是不能否认的。当然，我们能不能构建出一个得到广泛认可的宏大叙事，那是另外一回事。

围绕中国史和世界史，长期以来历史学家一直在思考它们的关系。这里可能涉及一些概念：什么是世界史？什么是外国史？世界史是不是对应着外国史？如果不把概念搞清楚，当讲到"世界史"的时候，人们心目中的世界史其实就是外国史，而不是真正的、人类整体意义上的"世界史"，那就很难说到一起去。人们使用同一个名词讨论问题，但各自所指的内涵不同，那就讨论不清楚。我认为，真正的世界史一定是要用宏观的视野来叙事，它不能局限于对外国历史上一些具体问题的研究，也不是包括中国在内的世界各国历史的集合，它一定是一个在历史哲学基础之上构建起来的关于人类历史的体系。它不是中国史，不是外国史，也不是中外历史的集合，它就是世界史，是一个以宏大叙事为特征的历史体系。

宏大叙事具有时代性,不同的时代对宏大叙事会有不同的需求。

我们所处的是一个"大变局"的时代,世界格局正在发生变迁,从中国的角度来说,这个变迁所带来的影响尤其明显,从某种程度上说,主要是中国的崛起推动了世界格局的变迁。这个变局大到什么程度?相关问题仍可深入讨论。但当前的世界正在发生重大变化,无疑是一个客观的事实。

大变局为历史学进行新的宏大叙事创造了条件,也提出了新的问题:原来的世界格局是什么样的?它存在了多久?它的基础是什么?世界格局的变迁需要经历多长时间?当前大变局的历史背景和发展趋势如何?世界历史上发生过多少大变局?这些变局对今天有什么启示?未来形成的新的世界格局,是由变迁中的现实所决定的,还是开放而不确定的?等等。这些事关时代变迁的问题,都与世界历史有关,而且也只有在宏大的历史进程中才能进行合理的解读。例如,要全面认识"百年未有之大变局",就不仅仅要了解当代的变迁,还需要认识历史,至少需要回顾一个世纪以来的世界历史进程,才能看清正在变迁中的世界格局的样貌和特征,以及正在发生的变迁的实质。

实际上,当今的世界格局是在过去五个世纪左右的时间里形成和发展而来的,其所涉及的世界历史,就是一部世界近代和现代史。历史学对现实问题的回应,可以使现实问题产生时间纵深感,可以避免国际问题研究扁平化。关于"大变局"的历史研究，既回应了时代的需要，也必定是一种宏大叙事。历史学应当并且可以为社会科学研究做出独特的贡献。

当然，由于理解不同，"时代"也可以是多面向的。我们既可以把现在这个时代理解为大变局时代，也可以把这个时代理解为全球化新时代或世界体系发展的新阶段。已经有学者在研究这些方面的宏大叙事，葛兆光教授就讲到要做"从中国出发的全球史"。再如，"大分流"也引起了广泛的讨论。"大分流"是指东西方历史过程在一定时间产生的一个根本性差别，这个主题够大，现在对它的讨论也很热烈。如李伯重教授的一篇文章，讲到世界贸易从古代到近代经历了四个阶段，他研究的就是一个与世界体系和"大分流"关系密切的大问题，具有宏大叙事的特征。

不过，当前的宏大叙事还存在一些问题，主要是理论阐述不够，有时甚至是有意识地撇开理论。我们看到，一些历史主题的过程叙述得很清晰，比如世界不断全球化的过程、交流不断扩大的过程、世界体系形成的过程、大分流的过程，等等，但往往就事论事，缺少理论支撑，而理论对于宏大叙事是很重要的。举例而言，关于大分流的讨论，学者似多不愿使用资本主义概念，或不愿意强调资本主义的作用。其实，资本主义这个概念很重要，如果在构建近代以来的宏大叙事时不使用或不强调资本主义，很多历史的叙述恐怕会不够深刻。

这个问题的根源就是在弗兰克（Frank, Andre Gunder）的《白银资本》（*ReOrient: Global Economy in the Asia Age*）和彭慕兰的《大分流》那里。弗兰克明确提出不要使用资本主义这个词，要放弃这个"死结"。彭慕兰虽然没有否认资本主义，但他没有把资本主义当作一种具有根本意义的东西来区别于欧洲的封建经济、亚洲的小生产经济。他突出英国的煤炭开采和拥有殖民地在大分流中的作用，而把大分流的时间节点放在1800年，似乎在此之前，欧洲与中国在经济社会发展水平上没有差别，甚至中国的发展似乎还更好一些。

问题在于，光讲大分流、全球化的过程，强调一些具体的原因，而不强调资本主义发展所带来的推动作用，难道大分流和全球化都是自然发生的历史过程？这些历史发展过程背后的动力机制在哪里？英国之所以拥有大量殖民地，难道不是与资本主义全球扩张相关？英国埋藏丰富的煤炭资源已有几千万年历史，英国人也早就用煤炭做燃料，但只有到工业化时期，英国才大量开采煤炭，这是资本主义经济发展的需要。所以，"大分流"难道不是欧洲资本主义发展到一定阶段出现的一个必然的结果？如果说，资本主义的发展造成了18、19世纪欧洲与中国的明显差别，那么，这样的分流不是在16、17世纪就已经在事实上发生了吗？

再如我们研究全球市场，研究早期世界市场的形成，如果离开了资本主义，就根本没有办法理解。近代早期世界市场的一个基本内容是各地之间的贸易往来。但是我在研究过程中发现，这些贸易关系其实基本上是单向的：欧洲商人到中国、日本、印度，是单向的；商品从亚洲各地运送到欧洲，是单向的；劳动力方面，是欧洲人把黑奴从非洲贩运到美洲；然后，还是欧洲人把白银从美洲运到中国，再从中国购买商品运回欧洲。也就是说，在这样一个全球市场体系中，所有的市场信息都控制在欧洲人手里。我们知道，在市场经济里，谁掌握了信息，谁就掌握了市场，就能垄断价格、掌握贸易规则。这样一个单向的贸易体系对中国人很不利。那个时候有多少中国商人出国去做生意，尤其是到欧洲或美洲去做生意？除了个别人因为传教的需要到欧洲以外，19世纪以前几乎没有中国人去欧洲经商。

所以，尽管我们都认为近代早期中国经济在发展，有人还把当时的中国比喻为亚洲经济快车的"火车头"，但我们发现，那些拿着三等车厢座位票的欧洲人却跑到火车头，成为驾驶这趟快车的司机。就是说，是欧洲人主导了世界经济。

对此如何解释？光看经济数据，近代早期中国的经济似乎还是比较有优势的。但这些数据可能会掩盖实质性的内容，例如经济的类型。从近代早期的情况来看，中国是以发达的小生产经济、高度"内卷化"的经济，参与到全球经济体系中去的，而当时欧洲的经济则是处在资本主义初级阶段的经济，即商业资本主义。这是两种不同的经济形态。当不同的经济形态还原为数字以后，我们只能看到数字上的差别，而看不到经济类型的不同。

事实上，我们不仅要认识到近代早期世界贸易和交往越来越密切的过程，看到中国在当时全球经济中的地位和作用，更要看到这个经济体系本质上是西方人主导的资本主义世界经济体系，这是事情的关键，而这个核心的问题，仅仅靠数字是很难认识到的。可以用这样一个比喻：一边是15岁的少年，一边是50岁的中年汉，比力气，后者更强壮，但假以时日，少年一定会胜过壮年。近代早期欧洲经济与中国经济的差别正与此类似。

同样，仅仅看到各地之间交往的表象，也容易忽视问题的本质。比如郑和下西洋与欧洲人开辟新航路可以对照。表面看，我们可以从郑和七次下西洋的壮举中获得某种自豪感。但观察航海背后的动力，不难看到，开辟新航路和地理大发现的背景，仍然是欧洲资本主义的兴起和发展，这是郑和下西洋所不具备的，这也可以解释中国人为什么没能建立起世界体系。日本学者杉山正明写的一些书，认为蒙古征服把欧亚大陆连在一起，这样的交往似乎成了15、16世纪世界交往的前奏。但这种联系与新航路开辟、新大陆发现以后的世界联系，存在本质的不同。不能用貌似的联系来掩盖本质差别。

所以，如果我们抽去了资本主义这个概念，用其他种种具体的因素去解释近代以来的世界历史，那是不容易搞清楚的。我们或许可以了解到大分流、全球化等历史过程及其细节，但是我们不知道这些过程的背景，不知道引起这些历史进程的根本原因，认识就不能深入。正如现在说世界处在百年未有之大变局，我国的国内生产总值（GDP）是一个重要的指标，但问题不是仅仅靠GDP就可以说清楚的。

回到"大变局"这个主题。关于"百年未有之大变局"，最初正式文件里其实是表达为"数个世纪以来""近代以来"，时间限定上基本就是指15、16世纪以来的世界历史。后来说"百年未有"，那就明确限定为过去百年左右的时间。但是，不管是一百年还是几百年未有的变局，我们需要知道原来的这个"局"是什么？如果搞不清楚那个存在了几个世纪的格局是一个什么样的格局，不知道我们面临的是一个怎样的变局，那么，我们恐怕很难把握新的局势。

我认为，原来的世界格局是由西方主导、由资本主义发展支撑的，现在我们所看到发生变迁的就是这个"局"。所以，理解当代就需要一个宏大的历史叙事，而构建宏大叙事需要一个很好的理论体系。对于过去五个世纪的世界历史的阐述，资本主义这个概念就非常适用。当然，对此也需要动态看待，不能简单地用19世纪的资本主义概念来理解全球化时代的资本主义，资本主义一直在发展，在不同的历史阶段，资本主义表现出不同的形式，这个话题同样也涉及宏大叙事。

总之，人类需要宏大叙事，每一个时代需要有适合时代的宏大叙事，而历史学家有责任为这个时代提供适应时代需要的宏大叙事。

（本文是在《探索与争鸣》编辑部、南京大学学衡研究院和上海师范大学光启国际学者中心在南京大学共同举办的"时代与史学——中国史与世界史的对话"会议上的发言基础上修改而成。原载《探索与争鸣》2011年第10期，原题为《大变局时代历史学重建宏大叙事的责任》）

微观史研究以小见大

微观史研究很有搞头。最近读了勒华拉杜里的《蒙塔尤》，进一步证实了这样的想法。说它值得搞，因为它有自身的价值和优势。

贴近生活，具体细致，这是微观史研究的最大特点之一。宏观的历史研究不容易做得到。《蒙塔尤》所描写的是关于法国历史上的一个人口只有200—250人的小山村在短短30年（1294—1324年）间的历史。比起我们在大多数历史著作中的那些风云人物，这些山民实在微不足道。但勒华拉杜里偏偏为这些人做了一篇大文章，他把村民们的日常生活（无论是物质的，还是精神的世界）刻画得那么生动，使读者觉得书中所讲述的那些人物离我们似乎并不遥远。如果我们暂时忘却本书的主人公们所生活的那个时代——一个以黑暗、野蛮著称的中世纪，忘却以血腥、残酷而臭名昭著的宗教裁判所，那么，我真觉得蒙塔尤人的生活不乏情调。比如说，捉虱子、灭跳蚤，这类事在传统的史书中大概上不了台面，而那些小昆虫也令现代人厌恶。不过，抛开文明的评判，仍可见其中的情调，勒华拉杜里告诉我们，"情妇为情夫捉虱子，女仆为主人捉虱子，女儿为母亲捉虱子"。当然，作者所叙述的这类事不仅仅是个情调问题，通过这些事情，勒华拉杜里发现这是山民们交流感情、思想和信息的一个途径。而且，蒙塔尤人的尊卑、长幼秩序也在其中体现了出来。大处着眼，小处入手，微观研究就这样可以为优秀的史家提供一个深刻地观察人类历史的机会。

具体而言，优秀的微观史研究可以充实我们的历史知识，加强我们对某些历史问题的认识，检验或纠正我们已有的历史观点，也可以深化我们的历史理论，为史学工作者提供方法上的启示。《蒙塔尤》在上述几个方面都堪称典范。

普通人的家庭生活史是我们以往的历史论著中不太注意的题材，但勒华拉杜里在他的研究中贴近地观察了蒙塔尤人的家庭这个基本的社会细胞。在他看来，蒙塔尤村是个大分子，而蒙塔尤人的家庭则是构成这个分子的原子。的确，在蒙塔尤人的心目中，"家"在情感、经济和门第等方面都是至关重要的。在蒙塔尤的历史中，山民们也历经了宗教迫害、瘟疫和战争等磨难，但主要的家庭都挺了过来。不用说，家的重要性在传统农业社会中，体现在人们生活的方方面面，勒华拉杜里注意到了这一点，并且在他的历史研究中设法反映这一点。结果，他把那个农民世界中错综复杂的社会关系和权力结构揭示出来了，他指出，家庭

"控制着男女之间、父母与子女之间,还可能包括主仆之间的各种关系,同时还控制着这一批人与农田牧场的关系"。从这一点看,家庭无疑是一个浓缩了的社会,它包含了迄今为止的社会需要解决而十分难以解决的几大社会关系问题:性别关系、代际关系、阶级和阶层关系。如果说,在中世纪社会中,这些关系是极为不平等的,那么,这些不平等首先就存在于家庭之中。

由于家庭无论对个人,还是对社会,都那么重要,因此,当我们发现在中世纪历史中极为重要的异端问题首先是从家庭生根和传播时,就很好理解了。传统的史著往往论述异端在中世纪的流行,以及它如何遭到宗教裁判所的严厉迫害,很少讲述异端是怎样传播开来的。勒华拉杜里告诉我们,异端是挨家挨户地传播开来的,纯洁派"在阿列日和蒙塔尤形成和重建过程中,家起到了基石的作用"。皈依异端不必逐个人地进行,而是以家为单位一个接一个地进行,"像跳蚤一样从一户蹦到另一户,从一家跳到另一家。异端学说扎下根后,信徒的家便成为它的基地",为纯洁派的秘密活动提供后勤保障。同样,天主教的发展也"借助家庭"。这样,从某种程度上,家庭也构成了宗教信仰的基本单位。难怪蒙塔尤人把宗教裁判所的暴力首先看成是对异端家庭的进攻,而后才视为对个人自由或生活的侵害。

《蒙塔尤》还使我们认识到中世纪乡村社会关系和权力基础的复杂性。熟悉中世纪史的人一般都了解领主、农奴、自由民等概念,它们属于阶级的范畴,史学工作者在阐述中世纪的社会关系时往往驾轻就熟地运用阶级和阶级关系的理论和分析法。因此，普通读者对中世纪社会关系的认识主要也就停留在阶级关系方面，很少知道在阶级及其相互关系之外，在人们的生活中还有那么丰富复杂的社会关系。当然，阶级和阶级关系是中世纪农村中的基本的社会集团和社会关系，但仅靠这些概念和范畴还不足以认识当时的社会关系的全貌，而且也不足以认识赤裸裸的阶级压迫和剥削关系何以能在中世纪维持千年。

勒华拉杜里在思考了蒙塔尤的权力性质及其运用后指出："关于封建主义和领主主义的概念仍具有一定价值，因为人和村子组成的小天地被包围在领主、教会和伯爵领地义务的网络中。但是，从蒙塔尤村和那里人们的实际生活看，这种概念的涵盖面过大：在蒙塔尤，行使和贯彻权力的敏感区处于封建和领主结构之下。正式的等级关系当然是领地法官（作为伯爵领主的代表）与其卑微属下的关系，以及本堂神甫与其堂区教民的关系。但是，领主或教士的地位如果不辅以朋友、拥护者和亲戚的关系便会显得无足轻重。"可见，社会是很复杂的，历史研究如果仅仅停留在套用现存的理论的水平上，那么，这种研究不仅会令人乏味，而且也会把丰富多样的历史抽象化、教条化。具体的、微观的历史研究，有助于更好地理解现有的理论，也能促使我们进一步地思考和发展历史理论。

站在蒙塔尤人的社会现实的角度，我们不难理解为什么蒙塔尤人要借认干亲的途径，努力去营造自己的社会关系网。结拜兄弟、认教母教父，这些都是蒙塔尤人扩大关系的惯用手段。"认干亲对于确定友好关系是极其重要的"，从权力方面看，这张关系网是权力基础的组成部分；在经济方面，这也是合伙、合作的基础。当然，在蒙塔尤人身处困境时，这也成为一个求助的资源。更为重要的是，通过认干亲而扩大的关系网，有利于阿尔比教派的传播。

不过，从一个中国人的角度看，我不免产生这样一个问题：既然"亲戚"关系那么重要，蒙塔尤人为何没有像历史上的中国人那样极力地去加强一脉相承的家族成员之间的凝聚力？难道建立在血缘基础上的亲族关系不比"干亲"关系更合乎人情和自然、具有更牢固的性质？勒华拉杜里不一定想到这个问题。事实上，他在书中还讲到，蒙塔尤人的家族观念还是比较强的。但与中国历史比较，蒙塔尤人的家族意识实在相差甚远。据说，他们"对于历史的了解，例如上代家族和当今家庭之间，一般不超过两到四代"，"在加泰罗尼亚的避难所，人们对家系的无知更为严重。一些来自蒙塔尤的姑娘甚至连自己的堂表姊妹都不认识"。蒙塔尤人大概没有记家谱的习惯，他们甚至也没有聚族而居，一个一共只有200多人的小小村落，居然混杂了众多的姓氏。这无论如何不能与中国历史上的家族相提并论。

蒙塔尤的家族关系状况在西方的历史上恐怕不是一个例外，韦伯曾说，家族在中世纪的欧洲实际上已消失了。在中世纪的西方，家族只是一种具有贵族特性的组织，一般民众中不存在强有力的家族体系。我们通常所知的在意大利的一些城市中十分强大、活跃的家族组织，实际上也与中国的传统家族制度大有不同。在那里，家族组织只是借用了家族之名及其组织形式，而它的基础早已突破了血缘的范围。中西方家族的比较不是本文的任务，但《蒙塔尤》确实又一次引发我对中西方社会特质的思考。

读《蒙塔尤》还使我惊讶地发现中世纪的某些正统的理论与民众的实践竟有巨大的脱节。以性观念和性行为为例，我以前所读到的论述中世纪在这方面的著述，多是引经据典，作者们从圣保罗、奥古斯丁，以及历代教皇教令和教会理论家的言论中，整理出中世纪教会持有一套完整的、一贯的性理论。这一理论的根本不外乎将原罪与性欲、性行为联系在一起，将性欲、性行为竭力贬低。当然，我们也知道事实并非如此，教职人员的淫乱不是中世纪史中的秘密，这有大量的关于姘居、私生的记录可查。

但是，民间对于正统说教的不屑一顾只是在《蒙塔尤》中提供了活生生的例子，有人问农家女格拉齐德·利齐耶与本堂神甫曾经有过的甜蜜关系时，她直言不讳地说："那时，这事使我感到乐趣。对本堂神甫来说，从肉体上了解我并使我也从肉体上了解他，这的确是一种快乐。所以，我不认为自己犯有罪过，他也没有犯罪。然而现在，和他在一起已不再使我感到快活。因此我认为，从这时候起，他若要和我发生性关系便是一种罪过了！"勒华拉杜里似乎倾向于将这个农家女的观点，解释成奥古斯丁的学说尚未传播到蒙塔尤。我倒不以为然，既然这名女子明确谈到了性快乐和犯罪的关系，这说明她是了解教会的性立场的。我认为，格拉齐德·利齐耶的上述言论恰恰反映了中世纪的某些理论和实际的脱节。这对于习惯于依赖正式的、官方的文献进行历史研究的做法是一个挑战。至少，它提醒我们，传统的史学实践只做了一部分的研究工作，而且还只是关于"地中海"表面波澜起伏的那部分。观察历史应像欣赏景色那样有层次感，或者将历史划分为不同的时段。只有做到了这一点，我们才可以更有把握地说，我们对历史有了更全面的了解。也只有这样，我们才可以更深刻地理解在"地中海"表面之下那些兴风作浪的暗流。勒华拉杜里说，"后来在马丁·路德时代，反对赎罪券的行动声势浩大，在我们所叙述的时代已经有了相当的群众基础"。格拉齐德·利齐耶的话难道不也反映了两个世纪以后新教进行婚姻改革的社会基础？！看来，路德和新教改革（广而言之，一切曾经在历史上发生的重大事件）都不是无缘无故的，它们植根于过去，蓄势积能于社会之中，突发于某个时代而已。

微观研究还可以成为我们审视某些宏观历史观点的尺度。勒华拉杜里在《蒙塔尤》中多次批评的关于儿童观念史的观点，就是如此。菲力浦·阿利埃斯的著作《儿童的世纪》在20世纪六七十年代名噪一时，至今仍是哈佛大学研修西方家庭史的学生的必读书之一。阿利埃斯说，中世纪的人们没有儿童的观念，儿童不是一个独立的人生阶段，父母对儿童的感情投入是近代以后的事情。但是，阿利埃斯的观点在蒙塔尤人面前站不住脚。而且，家庭史的发展也证明了勒华拉杜里的看法。

微观史的价值和意义是显而易见的，《蒙塔尤》作为这一类研究的典范工作，给我们提供了不少启示，它反映了最近几十年西方史学"由下而上"的史学走向。勒华拉杜里在《蒙塔尤》中运用历史学、人类学和社会学的研究方法值得我们借鉴。

最后值得一提的是，通观全书，我们看不出其中有明显的理论，也没有模式之类的东西，然而它确实揭示了我们以前的人类兄弟的意识和生存状况。它是一团"泥"，我们由此而可以了解所有的泥制品。

（原载《史学理论研究》1999年第1期）

微观史研究与史学的碎片化

自20世纪中叶以来,历史学的领域一直在扩大,历史研究的题材越来越多,也越来越细,不仅是家庭、婚姻、妇女、儿童、老人等社会群体和社会生活成为历史研究的对象,而且像感觉、身体、仪式、象征、记忆等非传统的历史题材也纷纷进入史学研究者的视野。

史学的现状及发展趋势,从好的方面讲,将史学的领地扩展到囊括每个人和所有种类的人类活动,极大地丰富了历史学,对历史社会的认识更加全面和细致,这说明,史学在发展;但从另一方面看,人们也发现,这种发展是有一定代价的,这就是史学的碎片化。史学的碎片化不仅使历史知识变得支离破碎,在某些情形下,由于历史研究者专心于奇闻趣事,注意力集中于社会边缘的人和事,史学正在失去关怀的重心。正像《年鉴》杂志所指出的那样,"历史学的研究领域加速扩张,有待探索的领域层出不穷，这导致了意想不到的危险，即产生新的隔绝。这不再是社会科学各学科之间的隔绝，而是以新的专业化的方式在历史学科内部造成的相互隔绝"。英国史学家彼得·伯克曾在一次访谈中讲到，"我很遗憾地意识到了历史研究之日益碎片化，就像人类知识总体的碎片化一样。从集体来看，人们知道得越来越多。从个别来看，要看到一个人自己的'领地'与其他领域的关联，变得越来越困难"。

在这种情形下，我们毫不奇怪可以同时听到两种不同的声音，一些人忧虑史学的前景，认为历史研究不应当碎片化，并希图防止史学碎片化，如伯克认为，当务之急是"要停止碎片化和专门化。或者，至少要将事物看作一个整体、在不同学科之间展开合作的有意识的努力，来抵消和抗衡专门化和碎片化的趋势"。而另一些人则认为史学碎片化得还不够，支持历史研究进一步碎片化的趋势。

历史研究中存在的碎片化问题似乎在微观史研究中得到比较典型的体现。

微观史学虽然不以规模较小的研究对象为限，但它的确以历史上的个案或微小的事件和人物的研究见长。人们熟知的微观史代表作：金兹堡的《奶酪与蛆虫》、戴维斯的《马丁·盖尔归来》，叙述的就是关于某个普通人的经历和故事；达恩顿的《屠猫记》叙述的也是一件普通的事情；勒华拉杜里的《蒙塔尤》讲述的是一个较小的地方社区里的人与事。在德国，微观史学以研究"日常生活史"闻名，仅这个名称就足以说明德国微观史学家所关心的主要是社会地位微末的人和生活中习以为常的事。日常生活中的人与事成为历史学家关注的对象，大量地进入史学领域以后，历史研究的题材便极大地丰富起来。

不过，微观史研究本身并非必然会引起史学的碎片化。在依托某个具有总体性的宏大历史架构的情况下，微观史研究不会游离于宏大历史主题，反而与宏观历史形成一种互补的关系，比如微观研究可以揭示以往的历史研究中不易发现的现象，这种研究结果或者可以用来充实宏大历史架构，给历史的大结构和大进程增添具体内容。或者可以用来纠正以前的某些观点或思路。在经过若干例个案研究以后，倘若人们发现了存在于其中的某些共性，而这些共性与以前的某些具有普遍意义的结论不相符合，那么，新的结论甚至可以取代旧的概括。总之，与宏观历史主题相联系的微观史研究完全可以成为总体史的组成部分，或者成为观察总体历史的一个很好的视角和途径。正是在这一意义上，人们也喜欢将微观史学比喻为"显微镜"。

的确，个案值得研究，重要的原因在于个案中包含着可以反映某个时代、某个社会的大量信息，研究者把它们置于显微镜下进行细致的观察，可以捕获到与该个案有关的那个社会的细节，该微观研究从而成为人们认识个案所发生的那个时代、那个社会的一扇窗户。由此，该个案及研究的结果就有了独特的历史价值和意义。

在《马丁·盖尔归来》这个故事里，马丁·盖尔的经历绝对离奇和独一无二。但是，随着故事的展开，人们可以发现马丁·盖尔的经历完全是在他所处的那个社会的情景中发生的，他的经历没有超越那个时代的乡村社会对爱情、婚姻、性关系的习惯和一般性看法，也受到当时的财产继承、司法方面的制度性约束。可见，马丁·盖尔的故事不管如何奇特，它也需要被放在16世纪法国乡村生活和法律的价值和习惯之中来理解。该个案的研究者戴维斯说过，"就马丁·盖尔而论，没有了早期现代法国国家的司法体系和人们对于社会流动性的广泛期望，他的故事就没有了意义。历史学家必须在这些高度聚焦的研究和更加广泛的研究之间保持不间断的对话，并将对话所可能具有的意蕴充分发挥出来"。

法国历史学家勒华拉杜里的《蒙塔尤》则是"以小见大"的历史研究的典型，勒华拉杜里通过《蒙塔尤》来反映13世纪晚期到14世纪早期法国乡村社会的生存状况和农民的意识，他用一滴水与显微镜的关系来比喻教区与宗教裁判所，并且用"一团泥"来说明个案研究的价值和意义：通过一团泥，人们可以了解所有泥制品。只有泥是真实的，变化的只是名称而已。

大体上讲，目前人们所了解的、有重要学术影响的微观史学作品总是与宏大的历史结构和进程联系在一起的。一旦建立了这样的联系，相关历史细节的研究不会发生离散的倾向。

当然，微观研究脱离了历史的整体背景，史学就不可避免地会出现支离破碎的情形。当个案成为一个孤立的观察对象，不仅这一研究对象在整个历史架构或进程中找不到合适的位置，而且，这种研究的学术价值也会随之降低。研究者专心于这种案例，只能是发一发思古之幽情而已。有人在20世纪80年代中期曾经批评西德的历史研究正在离开历史学的宏大主题而"走向了微小的生活世界，走向了日常生活的昏暗领域与边缘角落"。这一批评或许有些过头，但只研究"昏暗领域"和"边缘角落"，那一定是荒唐之举。

此外，我们应该注意到，微观史研究者普遍重视文化人类学的叙述方法，就是对研究对象做极为细密的描述。假如用"密描法"去叙述一个游离于宏大历史主题之外的微观对象，不免令人感到小题大做。这当然也会遭人批评，有人指出，这种做法就好比是研究者围着一个偏离中心的鼹鼠窝堆砌一座文字山。

所以，对历史做细微的研究与历史学的碎片化还不是一回事。细微的研究是对总体历史中的局部的细化，不以粉碎历史全局为追求，而碎片化则是不顾，甚至否定宏大的历史结构和进程，具有与中心离散的倾向。在史学失去中心和重点、缺乏可以包容微观历史内容的大结构的情况下，历史研究的对象越来越细微、选题越来越怪偏，碎片化的趋势就不可避免。

这样一来，微观史研究会不会引起史学碎片化这一问题，就转化为历史学者是否信任和依赖总体历史的问题。史学发生碎片化，根子就在于人们对有关的宏大叙事失去信心。在这个过程中，后现代主义的影响在史学中不断扩大，助推了历史研究的碎片化。根据后现代史学思想的代表性人物弗兰克·安克斯密特的说法，"后现代主义首要地是表达了这样一种认识：今天的一切东西都在走向碎片化、解体和丧失中心的方向"。史学的碎片化体现了后现代思想在历史研究中的回应。所以，后现代主义与史学的碎片化有直接的关系。

后现代主义助推史学碎片化主要在两个方面：

一是动摇和否定宏大叙事。

从20世纪70年代起，西方历史学中逐渐弥漫着对宏大叙事的怀疑气氛，很多人不再相信进步的观念，否认历史有规律性，反对就历史过程做因果关系的分析，不承认经济和社会因素在历史进程的基础性作用。后现代思想从理论上否定了六七十年代的历史学家孜孜以求总体历史或"社会的历史"的雄心，为史学的碎片化做好了理论准备。正如彼得·伯克所言，"微观史是整个学科在那一特定时刻所需要的东西。也就是说，它的出现，源于对宏观历史性质的某些主导性解释模式的不满。到20世纪60年代晚期和70年代早期，我们当中的很多人看到了结构史的缺陷。因此，微观史就抓住了这一专业性的层面"。

二是在微观史研究中找到寄托。

在后现代思想的影响下，人类好像失去了方向在漂浮。这种迷失方向的状态反映在历史学的实践中就是宣称微小的、偶然的事件可以产生巨大的、不可控制的后果。这样，微观史研究领域很自然地成了践行后现代史学思想的理想场所。

事实上，微观史研究与后现代历史思想确有一些共性，使它们易于接近，比如微观史所研究的是众多的、具有个性特征的微小对象，这与后现代主义者追求差异性、多样性、偶然性是相吻合的；微观研究中的人与事往往是处于社会边缘的人或生活中的琐碎小事，这又与后现代主义所擅长的从边缘出发去解构中心的路径相一致；微观史学关注人的经历，重视文化因素，倾向于采用文化人类学家的描述法来叙述历史，这符合后现代史学认为历史表述就是讲故事的主张，如此等等共性，使得后现代主义很容易在微观史研究中找到用武之地。

由此看来，如若微观史研究的发展对于史学的碎片化应当承担一定的责任，那么，这主要不是因为微观史学的研究对象过于微小和众多，实在是因为后现代主义在解构宏大叙事的同时，把微观史研究领域当作落实后现代史学思想的载体和场所，而这正是历史学之所以碎片化的要害之所在。当然，从另一个角度来看，这也提出了为了防止史学的碎片化，我们是否需要更加合适的宏大叙事的问题。

可以肯定的是，史学的碎片化最终也不利于微观史的发展，因为微观史的前途同样系于这样的宏大叙事，正如彼得·伯克所说，微观历史研究若想规避回报递减法则，那么其实践者需要展示小社区和大历史趋势之间的关联。

（原载《历史教学》2011年第24期）

寸有所长而尺有所短：评新文化史

一

在西方，新文化史研究高潮出现在20世纪八九十年代。

"新文化史"研究早在20世纪六七十年代就已经在西方史学界出现了。新文化史经典之作《英国工人阶级的形成》（E.P. 汤普森著）在1963年问世，《夜间的战斗》（卡洛·金兹堡著）在1966年出版。20世纪70年代较有名的作品，包括勒华拉杜里的《蒙塔尤》（1975年）、卡洛·金兹堡的《奶酪与蛆虫》（1976年）、彼得·伯克的《意大利文艺复兴时期的文化和社会》（1972年）和《欧洲近代早期的大众文化》（1978年），等等。如果把那些本身不属于新文化史研究，但对后来新文化史研究的发展影响很大的作品也算上，那么，在六七十年代，重要的著作还应包括米歇尔·福柯的一系列著作和海登·怀特的《元史学》（1973年）。

之所以出现新文化史研究，从史学内部来说，是对以前研究历史的方法的反动，尤其是针对新社会史的研究方法的不满；而从更广泛的学术背景来说，历史学家对文化的兴趣，也可以被看成是对六七十年代西方学术界的"文化转向"的一种反应。那时，性别研究、后殖民研究、记忆研究、影视和广告研究、同性恋研究、多元文化研究等研究在"文化研究"的名义下兴盛，在某种程度上，一切都被看成是文化，而文化也影响了一切。文化研究在史学中的表现就是文化史研究的兴起。可见，在西方的新社会史研究如日中天的年代，后来被人们称之为新文化史的史学活动已经开始涌动。70年代末，感觉敏锐的一些史家，如劳伦斯·斯通，已察觉到了史学中正形成一股叙事史复兴的潜流。

到八九十年代，新文化史研究流行的趋势已不可避免，相关的成果大量问世。由于这方面的作品数量很多，这里无法一一列举。不过，我引用一些统计数字，可以看出文化史的发展势头。20世纪初，加州大学教授约翰·R.霍尔在加州数字图书馆中检索了包含"文化史"这一术语的书名，他发现，这类著作的数量在1970—1979年为62部，1980—1989年增至99部，1990—1999年则达到181部，2000—2001年的18个月内，以文化史为标题的著作有25部，而相关的文章更是不计其数。由于文化所涉及的面是如此广泛，以至于任何一个领域几乎都有新文化史研究的作品，正如彼得·伯克所说，"每样东西都有它自己的文化史，包括睡梦、食品、情感、旅行、记忆、姿态、幽默、考试等等"。1989年，美国历史学家林·亨特主编了一本名为《新文化史》的论文集，该书问世以后，这类以大众文化为取向的历史研究就被汇聚在"新文化史"的旗帜之下了。

新文化史研究的凯歌高奏到90年代的中后期，那时，一些人开始觉察到新文化史研究中的问题。1999年，由林·亨特和维多利亚·E.鲍纳尔主编的又一本论文集《超越文化转向》问世，这本书就是90年代中一些重要的新文化史学家在一次名为"在文化转向时研究文化：历史学和社会学"的学术讨论会上提交的论文汇集。在这本文集中，学者们反思了新文化史，对新文化史研究的理论和方法，甚至对"文化"概念本身，重新进行了检讨，并提出了在文化研究中要把社会的因素找回来，以及如何把文化的分析模式和社会的分析模式结合起来的问题。

自《超越文化转向》问世以来，十多年过去，新文化史研究依然是历史学者感兴趣的领域。但是，以后现代主义和后结构主义为依托、在八九十年代处于霸权地位的那种文化史高潮在西方已经过去，当年的激情已经消退。换句话说，以"解构"为目的的新文化史研究似乎已经完成了使命。海登·怀特表示，在历史学和社会科学中出现文化转向的意义在于解构，它使很多人认识到，任何一个社会的社会实在只是诸种可能中的一种。在这个意义上，我们可以说，新文化史的学术史已暂告一个段落。

二

"什么是新文化史"是一个不容易简而言之的问题，彼得·伯克写了整整一本书来回答这个问题,可见其复杂性。但新文化史有一些基本的特点还是很清楚的:它研究大众的文化;在研究方法上,新文化史研究主要采用叙事的方法,如文化人类学的方法,创造出微观史这样的历史研究新形式;新文化史研究也是西方学术文化转向、语言学转向大背景下的产物,后结构主义/后现代主义理论对新文化史研究产生了重要的影响,值得我们思考。

新文化史研究的个性极为鲜明,尤其在与此前流行的新社会史研究相比,新文化史研究的理论、方法、资料,及其研究的重点,都显得别具特征,它称得上是一种史学的范式,是社会史研究中的一种范式。

人们总是根据研究的对象给每个学科命名,与新社会史一样,新文化史研究的对象是人民大众或社会大众,只不过它侧重于大众的文化,就像有学者说,新文化史就是历史学家在文化史领域进一步践行了社会史学家"自下而上的历史"的主张。所以,新文化史研究具有社会史学的属性,应当被看成是社会史研究发展过程中出现的一种新的类型,它使我们在研究人民大众的历史时多了一个研究的方面和一个看历史的视角,当然,也多了一种社会史写作的新形式,我们由此而获得了理解历史的新途径。

把新文化史研究放在社会史学的范围内来认识,把它看成是社会史学发展过程中出现的、如同新社会史研究那样的一种类型,这种认识不仅符合实际,而且还有助于我们在吸收新文化史成果的过程中，避免出现西方新文化史研究在发展过程中曾经与新社会史研究之间发生过的那种紧张关系。要知道，在20世纪下半叶的西方史学史上，依据后现代主义的新文化史学者与以社会科学的理论为依靠的新社会史学者之间的学术争论充满了敌意。现在看来，这一经历更像是西方学术史走过的一段弯路，值得我们借鉴。

依我的理解，无论是新文化史，还是新社会史，都研究人民大众的历史，因而都属于社会史研究，所不同的只是研究的侧重、方法，以及各自所依重的理论不同，它们应该可以互补或用来互相修正各自的偏差，而不是对立的关系。

作为社会史学的一种形式，新文化史研究使社会史的一些重要主题的内涵变得更加丰满。现在，我们认识到"阶级"不再是一个单纯的政治概念，或者简单地由经济地位来衡量和决定，文化在阶级意识的形成过程中也起了很大的作用；"家庭"不再是抽象的类型划分，以及以数字形式来表示的规模和结构，家庭关系和内部感情、私生活中的态度和观念揭示了生动的家庭生活状态。新文化史研究还使人们认识到，人民大众并不能靠阶级、集团等集合性的概念来说明，具体而生动的个人才是人民大众的基本成分。新文化史还突破了新社会史的局限，使人们认识到，社会并不仅仅由阶级所构成，仅靠阶级这样的概念还不能对社会的不平等做出充分的解释。"性别"观念的引入，给社会史研究开辟了更广泛的空间。"族群"关系的研究具有同样的效果，"族群"概念对于美国这样由多元文化组成的社会尤其重要。

总之，新的研究使新社会史学家与新文化史学家靠拢，他们意识到以前的研究中存在的问题，开始重视文化。而新文化史学家在史学实践中也逐渐地认识到文化不再是一个独立的领域，文化也不具有决定性作用，他们也需要寻找"社会"，把大众文化看成是社会的文化。至于"社会"究竟应做怎样的理解，当然可以做进一步的探讨，但脱离了社会的大众文化肯定是不存在的。新社会史与新文化史的相互靠拢，有助于社会史研究达到一个新的境界。

新文化史学者中的激进分子当然不愿认同新文化史研究对新社会史研究的补充和扩大，那些具有后现代主义精神的新文化史学者否认历史的真实和客观性，认为一切都不过是语言／话语构成的文本，甚至连个人的经历都不过是话语而已。

对这种激进的史学思想，学者们已有过很多评说。我想谈三点：

第一，对于这些史学思想，我们不妨像后现代主义者，以强调多样性、差异性的态度包容之。其实，很多后现代主义者对现代理论、观点和方法所持的态度更像现代主义者，他们一方面标榜差异性、多样性和个性，另一方面又致力于解构宏大叙事，终结现代史学，表现出强烈的"破坏性"，这有违于自己的本意。

第二，应当承认，后现代主义的史学思想不乏真知灼见。比如，最真实的历史资料也是由语言而形成的，说它是一个文本并无任何不妥。语言归根到底只是人们描述事物、表达意思、传递思想的媒介，由语言而形成的文本毕竟不是历史事实本身。尤其需要注意的是，语言作为一种工具是有局限性的，它不可能把全部发生过的事实充分地再现，而且也不一定能够把确切的信息表达出来；有时，它所包含的信息还容易被读者做不同的理解；文本也生产意义，作者在使用词语和制作文本时，主观意图已经糅入其中。因此，历史上留下来的文献、档案，的确只是一种文本，它们在多大程度上具备客观真实性，需要经过历史学家的仔细分析和鉴别。由此来看，语言学转向和后现代主义的历史学确实在提醒我们，要谨慎地对待我们长期以来深信不疑的"客观性""真实性"。

第三，从基本面上讲，我们还是要承认，语言具有反映客观实在的功能，即使历史资料只是一个文本，但是，只要它所记录、表现的内容符合实情，仍不妨碍我们认定它具有客观真实性。在这里，客观性和真实性将由人们共同来认定。当然，历史学中不乏那种一直被人们深信不疑但后来被证实虚假的证据和资料，不过，这种事例与其说证明了历史资料的不可信，倒不如说，历史研究中的确存在着客观真实性，只是这种客观真实的状况需要我们去追求、去发现和确证。所以，问题不在于历史资料是语言或文本，而在于作为语言/文本的历史资料是否反映了实在。

三

叙事是新文化史研究的一个重要特点，新文化史学者借用文化人类学的"厚描术"，用讲故事一样的方式把历史人物的经历、观念、情感、态度、思想和命运等告诉读者，栩栩如生地展现了历史人物的形象，生动地刻画历史的细节，创造出了微观史这样一种新的历史叙述形式。微观史研究深受人们的喜欢，不仅历史学者，连普罗大众也喜欢微观史作品。

微观史研究深受欢迎，需要放在20世纪六七十年代（即依靠社会科学的概念、理论、计量统计和分析而进行历史研究的新社会史主导时期）西方史学背景下去看，微观史研究一改以往的社会史研究的抽象、枯燥的写作风格，把叙事史重新带回历史学。它的出现的确是令人耳目一新的事情，它告诉人们：对于小人物的历史，也可以这样来做。

不过，微观史研究也引起人们的议论，我们应该予以注意。

首先，微观史研究只是历史研究中的一个类型，而不是历史研究的全部，我们没有必要因为喜欢微观史而去否定宏观的历史研究，也没有必要因为叙事能使历史研究变得生动而贬斥在历史研究中使用社会科学的理论和方法。

在历史研究中，宏大叙事和微观研究缺一不可，它们不仅相互补充、兼容，而且因为有宏大历史作为参考和依托，微观研究才显示其价值和意义，正如勒华拉杜里所说，微观研究就像一滴水与显微镜的关系。当然，微观史研究的价值并非必然体现在它能证明某个宏大叙事上，它也可以用于解构某个宏大叙事或重构新的宏大叙事。但无论如何，微观研究若要证明其价值，必须与宏大历史保持一定的互动关系。

历史人类学的方法表现为叙事，重在阐释历史故事，探寻其中的意义；而社会科学的方法侧重于分析、归纳，寻找因果关系。它们各自寸有所长，尺有所短。微观史研究有种种优点，但它仅靠自身是难以展现宏观层面的历史变化的；而用社会科学的理论和方法所做的研究，虽然生动不足，却有助于阐述历史的总体进程。用什么样的方法研究历史，很大程度上取决于我们要向历史提出什么样的问题、选择什么样的题材。

其次，只要微观研究与宏大历史保持联系和互动，微观研究就不会造成史学的碎片化。

微观研究不等于碎片化，这是首先应当弄清楚的一点。现在有一些人常怀忧虑之心，担心微观研究的增长会导致史学碎片化，这是完全没有必要的。微观的历史研究与史学的碎片化是两回事，"碎片化"只有在脱离宏大叙事或宏大叙事遭到解构的情况下才会发生，那些刻意追求细枝末节，专心于奇闻逸事的所谓微观史研究，的确显得琐碎，有使历史研究走向"昏暗领域与边缘角落"之嫌。当研究者不再顾及宏大历史进程，猎奇式的、窥探隐私式的历史研究大量出现时，史学就会出现"碎片化"的趋势。但这样的局面不可能出现，琐碎的研究也不可能成为中国史学的主流，我们应该有这种自信。

再次，微观史研究不止一种模式。

我们所接触到的微观史研究成果主要是意大利式的微观史作品，多采用叙事的手法描述人物的经历和内心世界。不过，微观史研究也有不同的方式，在德国，微观史学又叫"日常生活史"研究，这是与意大利式的微观史学风格不同的微观史研究，日常生活史研究者更多地采用了社会科学的研究路数，对识字率、书籍的拥有量等文化史内容进行统计分析。根据伊格尔斯的观察，"他们就比自己所认可的更为接近传统的社会科学历史学并更加远离了历史人类学"。可见，新文化史的研究方法不限于"厚描术"式的叙事方法。历史研究固然不应局限于做抽象的分析，但也不应只认"讲故事"的方式。

最后，微观史研究深受资料来源的局限。

做好微观史研究的一个重要条件就是要有足够的资料，因为需要对研究对象做细微的描写，研究者必须占有足够翔实的资料。但是，关于人民大众的历史资料本来就少，历史资料十分丰富的个案更是难得，这就给微观史研究带来局限，所谓"巧妇难为无米之炊"。勒华拉杜里是幸运的，因为他得到了13世纪末和14世纪初关于蒙塔尤村那么丰富的资料。

的确，对于更早期的历史，由于资料难得，我们少见历史人类学式的个案研究。到目前为止，经典的微观史作品多是关于近代早期及以后的历史时期的研究，而且，即使是近代早期的作品，研究者也常常要借用同时代其他相应的历史资料来补充。在有的情况下，研究者甚至还得借助于适当的推测或想象，以弥补史料的不足。这是微观史研究的资料局限。

四

从中外史学史来看，历史学的每一个发展阶段总是与其所处的社会现实紧密相关。在西方，新文化史研究出现在20世纪六七十年代，蓬勃发展于八九十年代，反思、检讨和平稳发展于世纪之交，这个过程固然体现了学术发展的自身规律，但也是西方社会的变化在史学中的反映。

新文化史的兴盛是时代的产物。新文化史研究的兴起有学术上的原因，但还有一个重要的条件，就是现实政治的影响。美国历史学家杰夫·埃利以其自身的学术经历，见证了历史学与现实政治的关系，他认为，不论是以什么样的形式，政治都深深地影响我们能够思考和进行研究的各种历史，"历史和政治始终都是相互渗透"。伊格尔斯在谈到新文化史的兴起时，也总是把时代背景首先揭示出来。

在六七十年代，欧美的大众政治就是女权运动、学生运动、民权运动、对科学和进步的信仰危机、对现代化的怀疑、对苏联式的马克思主义的失望，等等。结果，以现代社会科学理论和马克思主义为依靠的历史研究及其观点和方法都受到了解构或质疑，那时，"有一种悲观主义的看法占据了大量'新文化史学'的中心地位"。

如果说，新文化史的兴起在很大程度上是时代所造成，那么，它作为一种史学潮流的消退，也与时代和政治有关，比如各种历史研究都未预见到苏联的解体和东欧的巨变，这在一定程度上使历史学处在尴尬的地位，"它们以令人瞩目的方式推翻了旧的社会科学的自信心（它相信贯彻始终的社会解释的可能性），同样地也推翻了新的文化史学的自信心（它大体上忽视了日常生活文化的政治语境)"，现实使人们认识到，历史研究难以继续遵循以往的路子，当然，更不能只遵循一个路子。

既然新文化史研究带有时代的印记，那么，当与新文化史研究相关的政治热情消退以后，新文化史研究自身就成为一个纯学术的领域，这使我们有可能以更加平和、理性的态度对待它，把它放在与其他类型的历史研究一样的地位，以观察它的优长或不足。

中国史学界受西方新的史学风尚的影响往往有数年时间的滞后。虽然少部分人较早就接触到西方史学的前沿，但西方新史学的全貌要为国内大多数历史学者所认识，其成果为人们所消化、吸收和运用，则是一个渐进的过程，需要一些时日。例如，在80年代中后期，当国内学者把社会史当作新史学来倡导的时候，西方的新社会史研究高潮已经退去，史学不仅出现"文化转向"，而且新文化史的大旗正在高高飘扬。近年来，新文化史的作品陆续被引进，在新文化史研究为更多的国内学者所熟悉和追捧的时候，西方的史学潮流也是早已超越了文化转向。可见，从总体上看，我们与西方的新史学还做不到同步。不过，这种时间差对我们来说也有好处，它为我们比较全面地观察欧美史学的走向，以及思考如何吸收和合理地利用其成果提供了方便。今天讨论新文化史，是一件既有学术意义，也有现实意义的事情。

(原载《史学理论研究》2013年第1期)

令人困惑的后现代

现在的学术圈里，不谈"后现代"是不时尚的。我呢，对"后"之学充满敬意，一直对此比较留意，但也是仅此而已。实在地说，很多"后"的东西我看不懂。所以，我从来不敢谈"后现代"。《学术研究》组织的有关"后现代"与历史学的笔谈，给我提供了认真思考"后现代"的机会。不过，结果令自己深感意外。据称是属于"后现代"的思想和观点，确有不少令我茅塞顿开。但"后现代"及与此相关的其他概念的泛滥，如"后现代性""后现代主义""后现代主义者"等，却让我困惑不解。我在这里把自己的想法提出来，与大家一起探讨。

过去几年，我对西方社会史研究很有兴趣，感觉到这是一个历史学的新领域，而且发现一些新的研究成果对我很有启发，比如说，学术界以前认为，过去的几个世纪里，西方的家庭制度因为工业化、城市化、现代化而发生了从传统家庭向现代家庭的转变,并且认为现代家庭比传统家庭更文明、更进步。但新的研究反对将家庭分为"传统"和"现代"两种迥然不同的类型及其线性的演化,并认为传统家庭并不是想象中的那种专制的、暴虐的、缺乏温情的家庭。

我觉得,讲历史上的家庭组织的多样性,比刻板地根据现代化理论模式阐述家庭的现代化史,更符合历史,也更容易让人接受。据说,这有点"后现代"的意思。我很是吃惊,因为我读过不少表达类似观点的社会史论著,但一直想不起哪位作者刻意地标榜过自己的研究属于"后现代"的历史研究。而我对那些具有反思和批判精神的新观点的认同,当然不能算是对"后现代"的追随。

我觉得自己是现代主义的追随者。我是从现代主义的立场来理解和接受新的历史研究对以往的认识提出的批评和矫正;也正是基于这样的立场,我认为以往的历史理论和历史研究基本上是我们应当依靠和继承的传统。

过去的二三十年里,历史学涌现了大量具有启发意义的学术成果,其中有很多思想、观点、方法被冠以"后现代"之名,这有点强人所难。福柯是被人罗列的"后现代"大师中首屈一指的人物,但他本人却力图回避人们给他贴上属于某种派别的标签,他既没有把自己的理论认同为后现代理论,也从未在任何实质性的意义上使用过"后现代"这个词。有一名采访者曾向他提出过有关后现代性的问题,福柯反问道:"我们所说的后现代性到底指的是什么?我赶不上时髦。"加塔利是另一位被追捧为"后现代"

的著名理论家,但他攻击后现代话语是一股新的犬儒主义和保守主义浪潮。在《后现代的绝境》一文中,他将后现代说成是一种犬儒式的反动"狂热",一种"新的无所信奉的伦理学",在社会压迫和生态危机日益严峻的关键时刻瘫痪了的激进政治。他勉强承认我们正处在一个全新的历史情境中,但他却竭力排斥"后现代状况"这一观念。研究中国历史的何伟亚,也被列为"后现代"的史学家,但他在《怀柔远人》一书中好像并没有强调自己的研究是"后现代"的历史研究。

可见许多人在避讳"后现代"一词,这是一张不怎么讨人喜欢的标签。这不禁使我怀疑学术圈对"后现代"及其相关的术语的使用是否合适。尤其在历史学中,动辄把一些批评、修正及攻击以往研究中的规范认识的思想观点和作品归入"后现代",这种做法值得商榷。我们在侃侃而谈"后现代"时,需要搞清一些基本的问题,比如:什么是"后现代"?"后现代"这个概念是否成立?"后现代"的事实存在吗?

好像谁都没能确定地告诉我们"什么是后现代"。倒是有不少研究者承认,对"后现代"或"后现代主义"做总结十分困难。这也难怪,被人们置于"后现代"名义之下的那些思想极为复杂,它们远不是一个统一的整体。的确,根本就不存在什么统一的后现代理论,甚至在各种立场之间也没有基本的一致性。通常被笼统地归并到一起的各种"后现代"理论和观点差异极大,以至于它们之间也常常是相互冲突的。

听起来,"后现代"这个概念像个筐,它装下了所有具有反现代倾向的思想、观点、人物及其作品。能够把这些理论和观点拉在一起的共性，就是它们在不同程度上对现代或现代性的怀疑、批判、攻击，其中极端的观点则主张"颠覆"或"解构"现代性。

有"现代"作为参考，"后现代"的含义也就八九不离十了。现代理论使用一些核心的概念，如真理、理性、进步、规律、体系、因果关系等，偏好总体性、普遍性、统一性、同质性、一致性、确定性、共识。与此相反，后现代主义提倡非总体化、非中心化、非连续性、非合法化、离散、解体、解构、断裂等，主张差异性、多样性、异质性、特殊性、个体性、片断性。"后现代主义"代表了对现代主义的某种反抗和分离。

既然如此，怎么可以把"后现代"这个带有同质性、统一性、总体性意义的术语应用到各种主张个性、差异性、多样性，并责难现代性的理论和观点上？将各家学说归拢在一起，统一在某个"品牌"之下，这不就是现代主义者惯常使用的对待事物的方式吗？

我认为，"后现代"这个概念本身就是一个现代主义的概念，它用归类法将主张多样性和差异性，并且在事实上差别很大的批判或攻击现代性的思想学说归为一类，这个概念首先向人们表明的是这些思想、观点的共同性，从而使它们的多样性和差异性隐匿在统一性之下。"后现代"及相关概念之所以获得广泛流通，很可能是受"后学"影响的人的渲染所致。记得有人说过，"后学家"与受"后学"影响的学人之间还是有区别的，前者贬斥

"现代",但后者则不一定,有的人自诩为"后学家"的学术评论人,但他们口中的"后学"实则充满了"现代话语",从根本上未脱出"现代"思维模式。"后现代"这个概念就是骨子里的现代主义者给那些在不同程度上批判、攻击现代性的人和学说戴上的一顶高帽子。

正确的理论反映真实的世界。"后现代"思潮的产生的确是对现实的反映,但主要反映的是表象。"后现代"这个词出现较早,在艺术领域,该词表现的是比现代还前卫的艺术作品和风格。后来,它向其他领域渗透,并具有新的含义。现在所讲的"后现代"主要表达与现代相决裂的意思,这个意思在第二次世界大战后开始出现,"后现代"则被看成是在"现代"之后的一个新的转型时期。20世纪60年代,西方社会发生剧烈的动荡,反现代性的精神开始形成。随后,发生于70年代和80年代的一系列社会经济变迁和文化变迁,例如媒体、电子信息及新技术的爆炸、资本主义的重新调整、政治的激烈变动、新的文化形式,以及新的时空经验形式等,似乎让人们感觉到文化和社会已经发生了剧烈的变化。于是,"后现代"话语在不同的学术领域迅速扩散开来,并爆发了同现代性、现代主义和现代理论决裂的激烈论战。

由于"后现代"强调与"现代"的断裂或非延续性,这里的"后"就不能理解为对"现代"的继承和延续,"后现代"不是"现代"之后的新阶段,而是一个与现代决裂了的新时代和新的文化社会状态。显然,这里的关键就在于当前的时代是否真的与往昔发生了断裂。我以为，我们依然身处现代。

"现代"这个词，无论是指社会中的各种制度、文化，还是指一个与"传统"（或中世纪）相区别的时代，都不能离开资本主义。受到"后现代"攻击的各种现代理论，包括黑格尔、马克思、韦伯的学说，都与资本主义有关。尽管现代性还有其他的维度，但没有资本主义这个维度，就谈不上现代性。从这个意义上讲，如果发生了"后现代"与"现代"的断裂，那么，这必然也是资本主义时代的终结。

但是，事实上，资本主义依然充满生机。全球化现在被人们普遍地看成是当前这个时代的新特征，但究其核心还是资本主义，资本借助于当代高度发达的科技、交通、通信等手段在全球范围内流动、扩张，使资本主义的发展进入了一个新的、更高的阶段。不仅如此，资本主义在世界范围内对社会生活各个方面的渗透也达到了空前的程度，以至于娱乐、体育竞技、游戏也都成了重要的投资领域，像"情人节"这类公众的节日也因为蕴含商机而被大肆渲染。如此等等现象都表现着资本无孔不入的能力。这些现象与马克思在《共产党宣言》中所描述的资产阶级为了扩大产品销路的需要，奔走全球各地，到处落户、到处创业、到处建立关系的景象是何等的相似！从殖民主义、自由竞争和垄断资本主义，到新殖民主义、全球化，资本主义在不同的历史阶段变换着各种不同的面孔，资本的扩张在不同的时期借用了各种不同的手段，但要害只有一个，那就是变着花样追逐财富。"后现代"的理论家们敏锐地感觉到当代社会各个方面的快速变化，却不能理性地分析现象背后所隐藏的实质。

不仅如此,他们还只相信自己的感觉,竭力要消解理性,否认有实质存在。这就不可避免地在不同程度上使那些感觉转化为幻觉,以为我们当前处在一个与以往完全不一样的历史情境之中。

我以为,当代社会的飞速变化是不容置疑的事实,但资本主义在过去几个世纪以来一脉相承的本质却从未改变。资本主义是当今社会大多数变化着的主要现象背后的真正的决定因素,它完全依照其自身的逻辑和利益决定着什么样的媒体、信息、计算机以及其他技术和商品将被生产和分配。也正因为这样,被"后现代"理论所攻击的马克思主义依然是分析当今社会的一个重要的、基本的理论。所以,"断裂"只是一种被"后学家"及"后学"的追随者们误解了的或夸大了的变迁,资本主义或现代社会的延续性则是"后学家"及"后学"的追随者们懒得探究而被隐匿下来的现实。以相信断裂已经发生为依据的"后现代"理论,既然不能正确反映现实,那它就可能靠不住而不能长久。

所以,我不认为有一个适当的词汇可以将各种各样的对现代或现代性持批判、否定态度的思想、观点统一起来。我同样也不认为在现代与在被一些人称之为现代之后的当前这个时代之间存在着断裂,从而存在一个与现代不同的"后现代"社会和时代。无论是从概念本身,还是从现实的条件来看,"后现代"这个词是否成立是令人怀疑的。"后现代"及与此相关的其他概念,如"后现代性""后现代社会""后现代主义者"等被频繁地使用,多少带有炒作的、虚张声势的意味。

但是，我这么说，丝毫不意味着我对当今的一些思想家或历史学家在对现代社会和现代理论的反思和批判中表现出来的深刻的洞见和闪耀着火花的智慧抱任何怀疑的态度。相反，我认为，正是这些思想家的真知灼见，把人们长期以来对现代和现代性的反思和批判提到一个新的境界，使我们有可能对普遍的理性、绝对的真理、线性的进步、传统与现代的对立、西方中心论等长期形成的规范认识进行新的思考。

（原载《学术研究》2004年第4期）

社会史的定义与开放性

在社会史的研究过程中，研究者必然会思考"什么是社会史"这样的问题。

事实上，在欧美国家，由于社会史发展较早，人们早已讨论过这个问题，尽管大家最终没有达成共识。不过，在中国，社会史研究方兴未艾，"社会史"定义的讨论近几年十分热烈。

讨论社会史的定义，有重要的学术意义。通过给社会史下定义的方式，人们不仅可以对以往的社会史研究进行总结，而且可以阐明社会史今后的发展方向，因而对社会史研究有一定的导向作用。

但社会史定义之争应该避免"门户之见"，尤其不应互相排斥。

目前关于社会史的种种定义，都是对某个方面或某个角度的社会史研究的总结，不同程度和不同层次上具有社会史研究的性质。比如把"社会史"看成是与政治史、经济史、军事史一样的专门史，这是强调了历史中狭义的"社会"方面，重在从研究对象上阐明社会史是什么的问题；认为社会史是总体史，是"社会的历史"的观点，不仅把整个社会都当成了社会史的研究对象，而且具有方法论的意义。这两个定义之间的联系和差别是显而易见的，但严格地说来，"社会史"与"社会的历史"是两个不同的概念。

"社会史"是在与传统的政治史的批判中产生的，它起源于对传统史学专门叙述政治史和英雄人物的不满，认为应扩大史学的叙述和研究范围。所以，在社会史的早期，"社会史"主要就是指狭义的社会方面的历史。但狭义的社会史往往给人造成这样的感觉：叙述的内容琐碎，像是政治史剩余后的那部分历史。社会史在后来的发展中产生了"联系"的观点，即用联系的而非孤立的观念看待历史的各个方面，以克服早期社会史的缺点。屈维廉的"社会史"定义一般被当作狭义的社会史的典型定义而受到批评，其实，人们或多或少误读了他的定义，他的史观其实已经具有把政治史、经济史和社会史联系起来的倾向。他提出的社会史研究题材，有很多都是新社会史研究的基本内容。

第二次世界大战后，社会科学的繁荣为社会史的发展创造了条件，到20世纪六七十年代，社会史研究在欧美国家兴旺发达。这时的社会史又被称为新社会史，具有追求"社会的历史"的倾向。但是，总体史层次上的社会史研究成果很少，大多数社会史研究还是以社会的某一方面作为研究的对象，但与旧的社会史不同的是，新社会史的研究者是从全局的观念或称为"自下而上的角度来把握社会史研究对象的。

所以，社会史研究本身有一个发展过程，即从旧式的社会史向新社会史的演变，社会史研究发展到今天，我们应该提倡新式的社会史研究。但是，我们不必以新的社会史研究去否认旧式的社会史研究的"社会史"性质。

总体史意义上的社会史是由法国的年鉴学派提出的，追求总体史是历史学的革命，使历史研究进入一个新的境界，年鉴学派因此而在欧美史学界享有很高的声誉，产生很大的影响。但是，不能把年鉴学派提倡的"总体史""整体史"与社会史画等号。在年鉴学派看来，社会史有特定的含义，与总体史不是一回事。此外，我们也应当意识到，年鉴学派是法国新史学的代表，但在其他欧美国家也都出现新史学的潮流，并形成了各自的特色。虽然年鉴学派是新史学研究队伍中影响最大的一支，但它毕竟不能取代别的国家的新史学。所以，把法国年鉴学派提倡的总体史当作社会史，既不符合年鉴学派的本意，也抹杀了其他国家各具特色的社会史。

社会史、社会的历史、总体史这些概念之间有联系，甚至有重合之处，但它们是不同的概念。认识到这一点的好处，就是可以避免用不同的概念来说同一个问题。

指出"社会史"与"社会的历史"是两个不同的概念，并不意味着我们要给社会史下定义。历史的经验表明，很难给社会史下一个标准的定义，因为社会史是开放的。社会史的开放性表现在：

其一，社会史一直处在发展之中，没有形成固定的形态。上述的从旧式的社会史到新社会史的演变就是一个很好的证明。新社会史在战后异军突起，但并没有形成史学中的霸权，它在20世纪六七十年代度过了繁荣、兴旺时期后，即向更新的阶段迈进。

八九十年代以来，西方历史学出现了向新文化史的转变。这种转变在相当程度上显示了社会史的发展而不是社会史的终结。社会史的历史表明，社会史从来就没有一个固定的形态，这就使得人们很难对社会史做一个严格的界定。

社会史在不断发展，这一事实根源于社会史的不成熟和不完善，早期的社会史流于琐碎、狭隘，新社会史虽然克服了这些问题，但存在着对人的主观感受和体验不够重视的问题，向文化史的转变在很大程度上弥补了六七十年代的社会史在这方面的缺陷。

其二，社会史研究的多样化。在社会史普遍兴旺的大背景下，每个欧美国家的社会史研究表现出各自的特色。在法国，年鉴学派继续高举新史学的旗帜，追求总体史的目标。在英国，马克思主义成为社会史研究最重要的理论和方法论来源；美国的社会史反映这个国家的特色，种族史、妇女史、性别史、城市史等是美国社会史的主要研究内容，对它们的研究与美国社会自身的特征紧密地结合在一起，甚至它的"新"政治史也因为关注选举和种族冲突的历史，而使从事新政治史的学者赢得了社会史学家的声望。德国（指联邦德国）是传统史学的堡垒，它的现代史又有特殊的经历，这些因素深深地影响着这个国家的历史研究方向。当德国的社会史崛起时，它打出的旗号叫"历史社会科学"，它在当时注重的是历史社会的结构和进程的研究。所以，同样都是社会史，不同国家的社会史并不都是一张面孔。

其三，从社会史中产生的一些新的研究方向已经发展为一些专门的领域，比如妇女史、城市史。它们业已形成相对独立的历史学分支，有独特的理论和研究方式，并与其他学科交叉。它们在初期属于典型的社会史研究对象，但发展起来后，它们已越出了社会史的通常范围，如妇女史向性别史转变，并与政治史结合在一起。

其四，由于学科交叉，社会史与社会科学其他学科互相渗透，产生了一些边界模糊的领域。学科交叉的结果是发展出了社会史很多新领域，以至于在不同学科相邻地带的研究很难分清应当归属于哪个学科，比如经济史和社会史常常难以分离，人们习惯于称"经济社会史"或"社会经济史"。历史社会学与社会历史学、历史人口学与人口历史学也是这样，人们有时不得不专门阐释它们之间的联系和区别。

我们正处在一个界限模糊、学术前沿开放的时代，一个时而令人激动、时而令人困惑的时代。伯克的话就是社会史现状的写照。

其五，社会史与政治史的结合不仅是可能的，也是必要的。社会史的兴起虽是因为对传统史学的不满，但它并不反对政治史本身。法国的年鉴学派主张总体史，理论上应有政治史的位置；布罗代尔的"三个时段"理论，也应包括事件史。但在实际的研究中，人们仍轻视政治史，使新史学与政治史对立起来。现在，随着人们认识的提高，政治史正在受到重视，如法国大革命、俄国十月革命，从社会史的角度重新审视政治事件。把政治史与社会史结合起来，既有助于人们加深对事件的认识，也符合对总体史的追求。

社会史的过去向我们表明，它是开放的。由于它的开放性，社会史才有今天的成就。社会史的未来也应该是开放的，它要接受来自各方面的挑战，并从中进一步发展和完善。倘若它为自己设定边界，封闭起来，社会史离"终结"就为时不远了。

因为社会史是开放的，所以，给社会史下一个令人满意的定义其实是不可能的。但是，这并不意味着试图给社会史下定义这个行为本身没有意义，而是说，任何一个社会史的定义都不必被看成绝对的和唯一的。

（原载《世界历史》2005年第6期）

儿童的历史并非一部进步史

商务印书馆出版的《西方儿童史》(上、下卷),由意大利学者艾格勒·贝奇和法国历史学家多米尼克·朱利亚共同主编,20多位历史学家参与写作,堪称自《儿童的世纪》一书问世以来西方儿童史研究的集大成者。一方面,该书遵循了后者的学术路径;另一方面,则在反复检讨历史上的儿童观念的基础上,展现人们在挖掘儿童史过程中的新发现,其中不乏对于一些重要问题在既定认知上的扭转。

比如,就西方儿童历史发展的基本框架来说,新的研究已经摒弃了法国历史学家菲力浦·阿利埃斯在《儿童的世纪》中提出的儿童历史呈线性发展的思维。过去人们认为,在中世纪没有儿童观念,到近代初期,儿童观念在西方中上层社会才逐渐出现,儿童史是儿童的境遇不断改进的进步史;而随着儿童史研究的铺开,这种说法很快受到质疑。研究者发现,不仅在中世纪,甚至在古典时代，西方社会也不乏父母对孩子充满感情的资料。

做历史研究不易，因为资料难找。书写儿童的历史，则是难上加难。儿童的历史是由成人来写的，但儿童自身并没为历史学家提供充足的文字材料，出自孩子之手的日记少之又少，关于童年的回忆也还是成人之作。儿童的历史大体上属于"无言的历史"。不难理解，自阿利埃斯以后，对儿童史的研究往往利用间接的文字材料，如医学、文学、宗教学说、教育等有关儿童的论述。

而用图像、玩具、游戏、服装等实物，以及用哺乳、弃婴、规训、教育等行为方式作为证据，对儿童的生活、情感进行深入分析，这与其说是对史料的开创性应用，还不如说是在史料缺乏情况下的无奈之举。由于没有文字做媒介，这些新材料所包含的意义是靠历史学家释读的，而全部的问题在于如何正确理解其中的意义。

在儿童史研究之初，解读的方式充满了争议，其中，以现代人的标准去看待、追溯和评判过去的做法最受诟病。比如体罚孩子，一些心理史学家会轻易地将这种行为归于父母"不近人情"，没有把这种行为放在特定的社会文化情景之下去认识和理解。《西方儿童史》的作者则注意到这种行为发生的复杂原因，认为"毕竟暴力是当时社会关系的组成部分，也透露出生活条件的艰苦"。对于有些行为，也不能简单地判断其中有没有儿童观念或父母对孩子有没有感情，它们可能与当时人们的认识有关。

再比如对婴幼儿身体成长的认识，17世纪中叶的理论认为儿童的身体具有可塑性，用襁褓束缚孩子的身体有助于塑造好形体。但到后来，人们发现襁褓和紧身衣束缚了孩子天性的发展。所以，从18世纪下半叶开始，襁褓就被看成是一种"野蛮"工具而招致猛烈反对。

关于孩子学步的认识也是这样，做父母的乐意看到孩子早早独立行走，往往设法让孩子学走步，并为此而感到自豪。但医生却对此持反对意见，认为孩子的双脚具有不借助外力而直立行走的能力，当他有能力站立的时候，他就会有行动的需要。这些论述丰富了我们对历史上儿童生活和成长环境的认识。

作为一个特殊的群体，儿童为很多学科所关注。研究历史上的儿童，完全可以而且也应该借助于多学科的理论和方法，比如心理学、精神分析法在儿童史研究中有用武之地，尤其在史料不足和有些材料意义不明的情况下，应用心理学的理论和方法可以收到意想不到的效果。

在儿童史兴起之初，心理史学的确发挥了极大的作用，最初的儿童史专业刊物《儿童史季刊》（*History of Childhood Quarterly*）副标题即为"心理史杂志"，由此可见心理学在当时的儿童史研究中的影响。不过，从另一角度来看，作为史学活动所借助的理论和方法论，心理学在儿童史研究中的影响如此突出，不免让人觉得喧宾夺主，过于依赖心理学的方法对研究对象进行分析，难免误读其中的意义。

历史研究需要把研究对象置于具体的社会文化环境中，而且还要关注事物的发展和变化。比如，仅仅根据儿童服装的样式难以得知社会中是否具备儿童观念。按照阿利埃斯的说法，中世纪欧洲人缺少儿童观念，儿童是成人的缩小版，他们穿着像成人，一旦到了可以独自行动的年龄就混入成人世界。这个说法显然是从现代反推历史，而不是把儿童的衣着放在中世纪的社会、经济、文化等背景下进行观察、分析。同样，把孩子送进济贫院，也不能成为证明父母对孩子没有感情的依据。《西方儿童史》的作者把这个题材放在经济、战争、宗教、家庭、人口等因素下进行综合分析，比简单的心理分析更符合历史场景。

与此同时，《西方儿童史》的作者也注意到，看上去美好的现代社会，世界范围内儿童的处境远非令人满意——我们能从商业广告上所看到的"幸福"儿童并非是具有普遍意义的范例，童工依然不计其数，在幸福与悲惨的两个童年世界之间，还存在很多处境难以一言以蔽之的儿童。

因此，"儿童史并不是一部进步史"。

当然，现代世界对儿童的关怀前所未有，儿童的幸福面肯定扩大了，至少，我们从广告、电视、杂志的封面上发现，成人们用来表现儿童幸福的途径和手段的确多了。但是，"人们能够在不考虑儿童的话语的条件下去讨论这种幸福吗？"书中所提出的这个问题警示我们，任何关于儿童历史呈线性进步的观点都有可能表象化、简单化，儿童所依附的经济、社会和文化的多样性，使得人们无法从理论上假定儿童历史的普遍进步性和儿童现状的统一性。

西方的儿童史学无疑为中国的儿童史研究提供了借鉴。然而，从中国学者的视角来看，对历史上儿童的认识还需要进行比较，以便获得不仅仅对儿童本身，而且对儿童所依附的社会的更深刻的理解。它涉及老人赡养、财产分配和继承，以及从家庭关系到人口、经济、社会制度、文化传统等许多方面。

儿童的历史依然还是史学的一个富矿，期待《西方儿童史》在中国的出版成为挖掘丰富的中国历史内容的一块垫脚石。

（原载《文汇报·文艺百家》2016年11月4日，原题为《儿童历史并不是一部进步史》）

妇女史是一座值得挖掘的富矿

一

1997—1998年，我在美国做访问学者，经常去哈佛大学出版社门市部，门市部有几个书架专门用来摆放哈佛出版社出版的但稍稍有一点缺损的降价书。书的折扣打得很低，折算下来，很多降价书的价格几乎与国内出版的学术著作的价格差不多。

我在那里以每卷（册）8美元的价格陆续购得由菲力浦·阿利埃斯和乔治·杜比主编的五卷本《私人生活史》，以每卷（册）6美元的低价逐渐配齐了由乔治·杜比和米歇尔·佩罗德担任总主编的五卷本《西方妇女史》。我记得当时的北京图书馆和北大图书馆里也收藏了这两种图书，但每一种都没有收全。所以，在配齐这两套书的时候，我的心情很好，以为这两套书带回国内就是"孤本"，再找几个人把这两套书译出来，可为学术界做一点好事。那时，我国的世界史学者对西方的社会史、文化史已经有所了解，但不够深入。妇女史和私人生活史研究是欧美新社会史、新文化史中最有活力的史学新领域，但我们对这些领域的认识也不全面。所以，把这两套书译出来，想来对大家会有帮助。

当时的想法不错，只是回来以后一直没有行动。结果，实事和好事都是别人来做成的。《私人生活史》已有了中译本，这是洪庆明等历史学者共同翻译的，北方文艺出版社出版，中文版本介绍上称其为"独一无二的私生活图文微观史"和"世界史专业必读书"。

杜比等主编的五卷本《西方妇女史》尚未见中译本。不过，这已不再那么迫切了，因为中国学者自己撰写的第一本西方妇女史专著已经面世。2009年底，由裔昭印教授牵头，汇聚了国内十多名世界史研究者集体智慧的《西方妇女史》一书由商务印书馆正式出版。这本书的规模虽不及杜比的五卷本《西方妇女史》，但也有70多万字，将近600页的篇幅，给人沉甸甸的感觉。

看过裔昭印教授寄来的《西方妇女史》，我颇有感慨。中国的世界史研究在这十多年的时间里发展之快，超乎我当初的想象。我以为，拿一本好书翻译一下，给有兴趣的历史学者做一个参考就可以了。哪里能想到，没几年的工夫，研究外国妇女史已然成为我国世界史研究中的一个热门方向。近几年，由我国学者撰写的国别、断代，甚至很专门化的外国妇女史专著都已有不少问世，而裔昭印等十多名学者以国家社科基金项目"西方妇女地位的历史变迁"为基础、花了七年心血汇成的《西方妇女史》，则是国内第一本系统地阐述西方妇女史的学术著作，代表了我国的外国妇女史综合性研究的新水平。如果可以借用"综合国力"这种说法，大体上也可以这样说：这本书体现了目前我国在西方妇女史研究方面的"综合国力"。《西方妇女史》的出版从一个方面说明我国当前的世界史研究的确已经达到了一个新的、较高的境界。

二

妇女史研究从20世纪60年代的欧美主要国家兴起。七八十年代以后，妇女历史研究作为妇女研究中的一个重要内容，几乎成为学术界的显学，其影响也超越欧美国家，世界上其他国家和地区（包括苏联和东欧、印度、巴西，以及一些非洲国家）都开始研究妇女史。我国对西方妇女史的关注则稍晚，大体上在八九十年代起步，但发展很快。21世纪初，妇女史研究已相当兴盛，由我国学者撰写的外国妇女史专著大多数是在过去的十年里问世的。

在西方，妇女史研究的兴起和发展主要有两方面的原因。

从学术取向上看，新社会史潮流推动了妇女史研究。20世纪60年代，新社会史兴起，人们主张做"来自下层"的历史研究，把研究的重点放在大众社会。于是，有关历史上的家庭、婚姻、性等为传统历史学所忽视的题目都成了重要的研究对象。在这些主题里，女性当然是不可缺少的角色。

在六七十年代，妇女的历史作为一个专门的研究方向，越来越受人关注,主要反映了现实的需要。从社会现实的角度看,妇女史研究受到当时西方社会蓬勃高涨的女权主义运动的影响而变成热门。60年代中期,西方出现了女权主义运动,人们一般称其为"第二次女权运动"。在这场影响十分广泛的运动中,女性提出了明确的诉求和主张,"要求摆脱作为'第二性'、'他者'的屈从和被动地位,要求改变主流文化价值中的两性二元对立状态,要求实现充分的、全面的公民权,要求实现真正的两性平等"。女性在现实中争取自己权利,在很大程度上是以女性在历史上一直受到不平等对待来说事的。这样,作为对现实的女权运动的呼应,一些历史学者尤其是女性历史学者就致力于挖掘在传统史学中被隐没的妇女的形象,在肯定妇女在历史上所做出的贡献的同时,揭示妇女所遭受的屈从和不平等地位及造成这种状况的原因。所以,妇女史受关注在很大程度上是女权主义运动在历史研究中的回应。

如果我们留意一下西方妇女史研究的成果,可以明显地感受到上述两种力量所留下的烙印。一方面,作为社会史重要组成部分的妇女历史,与老人、儿童等社会群体一样,在历史中取得了应有的地位,新的历史图像展示了包括妇女在内的广大下层社会的生动场景。社会史意义上的妇女史与传统历史学中重视上层精英和英雄人物相对应,但这一研究并不谋求历史学总体框架的改变,人们努力在自己所熟悉的历史进程中充实妇女的历史内容。另一方面,深受女权主义影响的妇女史研究则把矛头直接指向历史上妇女受压迫的地位,其目的不仅要恢复妇女的历史地位,更重要的是要借此来说明两性关系的不平等及产生不平等的根源。这种妇女史紧紧地围绕权力关系来展开，政治取向十分明显。激进的女权主义史学家甚至对传统的历史阐释提出挑战，想用她们自己的语言来研究妇女。她们所关心的不仅仅是把妇女的历史添加到已有的历史框架中，而且也想重写全部历史。

在裔昭印等所著的《西方妇女史》中，我们也能看到这两个方面的影响。

该书的作者们致力于还原丰富多彩的历史本来面目，使妇女史成为人类历史中一个不可或缺的组成部分，"摆脱以男性精英为中心的政治史，把关注的目光从帝王将相的沉浮转向普通大众的日常生活，从男性转向男女两性，从政治、军事、外交转向物质、社会、文化，从而使传统史学中被忽视的女性和性别制度得以显现"。社会史和经济史意义上的妇女史内容在从古代希腊、罗马社会至20世纪欧美社会的各个章节中都已有所体现。

与此同时，"权力"这一思想几乎渗透全书。关于男女"不平等"、"权力"（男人对女人的权力和女性的无权）的表述贯穿始终，《西方妇女史》揭示了妇女史的一个核心问题，那就是妇女一直屈从于男性的权力，不仅在公共领域，甚至在家庭和婚姻这类私人生活中，妇女同样处在不平等或无权的地位。的确，《西方妇女史》几乎所有章节都在揭示这一事实，而妇女争取自身的解放似乎很自然地成为该书的一个主旋律。该书最后一章还专门列出一节，提出和阐述了"妇女解放，路在何方"的问题，并指出，即使西方妇女运动在当代已经取得了显著的成就，"但要赢得完全意义上的解放，还有一段漫长的路要走"。

不过，我也不得不承认，读《西方妇女史》，我的心情是比较沉重的。这首先是因为两千多年来西方妇女所遭受的不公和苦难，也因为追求妇女解放的艰辛。只要读者的心一直跟随着作者们所描述的妇女争取解放的曲折进程，他（她）几乎不可能获得轻松愉快的心情。这样，我在称赞《西方妇女史》的作者们成功地揭示西方妇女史的核心问题的时候，也在想：为什么《西方妇女史》的作者们总是围绕"权力""地位"等话题来组织历史内容？难道在两千多年的历史中西方妇女不曾享受过愉悦、快乐、幸福的环境和时光？除了受压迫、受不平等对待和争取权利的妇女史，还能不能留出一定的篇幅写一写幸福的或具有幸福感的妇女史？

在八九十年代的西德，新文化史学者（包括日常生活史和妇女史学者）曾经猛烈地批评社会史学者追求以结构和进程史为特点的社会史，批评这种社会史忽视了小人物的主观能动性，好像人们在客观的社会结构和进程中无能为力、无所作为。他们提出了关注历史上小人物的感觉、体验、经历的主张。他们还运用"策略"这一概念，用以说明普通人面对客观的、一时难以改变的社会经济条件，如何在日常生活中发挥自己的作用，争取对自己或对家庭利益的最大化。社会史学家接受了这一批评，在后来的研究中比较注意民众的经历，从而使社会史变得更加有血有肉。

西德社会史经历过的这场辩论，很适合用来观察妇女史研究。我察觉到，中西方对妇女史的研究都存在着一种过于强调政治体制、制度法规、经济环境、社会条件、生活习惯等外在于人本身的制约性因素。历史学者很自然地从这几个方面推导出妇女受到不平等、不公正对待的结论。于是，大多数妇女史作品呈现出来的女性形象总是一副受苦受难的样子，或者是摆出一种要挣脱苦难的架势。当然，我承认妇女受到不平等、不公正对待是基本的历史事实。

但我想指出的是，妇女在总体上对己不利的大格局下运用某些策略在日常生活中争取自己的权益，也是不可否认的事实，比如追求两情相悦的爱情，甚至为了追求个人的幸福生活而"私奔"。再比如在中世纪晚期西欧的家庭生活中，尽管法律规定和习俗不利于妇女掌控财产，但是，有些丈夫可以通过订立遗嘱的方式将财产直接转让给妻子，从而使妻子获得一定的财产权利。在这里，日常生活中建立起来的夫妻恩爱完全可以突破法律条规的约束，使得不利于女性的规定成为纯粹的纸面上的文字。

因此，妇女的历史并不只有一副苦难和抗争的面孔，还应该有一张幸福的笑脸，对日常生活中的女性来说，后者的重要性一点不亚于前者。因此，今后撰写妇女历史，可以考虑发掘更多的让读者心情愉悦，至少读起来令人心情放松的历史内容。

当然，要做到这一点，妇女史研究者自身与女权主义保持适当的距离是十分必要的。

三

西方的妇女史研究在20世纪80年代有一个新的发展，其中最为重要的表现是提倡运用"性别"概念。

妇女史兴起时就存在着两种关于妇女史的写法，一是在传统的、由男性话语支配下的历史框架内添加有关女性的内容。这种写法当然为女权主义者所不满，她（他）们主张另一种写法，要写与"他的"历史相分离的甚至相对立的"她的"历史。激进的女权主义史学家甚至举办只有女史学家参加的妇女史研讨会。妇女史的两种写法都牵涉与传统的历史研究及写作方法的关系问题，在妇女史学者当中引起不同的意见。事实上，正如有学者指出的那样，"过度强调'整合'与'分离'，都容易产生偏见"，并造成非女权主义史学家对女权主义的妇女史的疏离。在这样一种学术背景下，"性别史"作为妇女史的新形态逐渐发展起来。

对一些人来说，"性别史"只不过是"妇女史"的另一种说法。但实际上，"性别"概念在历史学中的使用，使原先的妇女史摆脱了狭隘的和可能被孤立的局面，因为性别的内涵比"妇女"更广泛，性别包括了妇女，但又不是特指妇女，听起来也更加中立、客观一些。性别是由社会文化建构起来的，规定了男女在社会中承担的不同角色，性别与男人的关系一如它与妇女的关系。因此，性别的历史是与男人和女人都有关的历史。在"性别"这个范畴内，不仅女性的历史获得了广阔的发展空间，而且意味着男性也有专门的历史。在某种程度上，也可以这样认为：性别理论所引起的主要变化就在于它使对男人的研究变得更加复杂，使得男人与女人一样成为性别化了的历史主题。

性别史开辟了新的历史研究领域。同时，也为历史研究者提供了一个新的视角，引起历史学家重新思考似乎已有定论的历史内容和观点。比如英国著名的历史学家克里斯托弗·希尔曾反思了自己对英国平等派的研究：英国的平等派发表过响亮的宣言，提出"在英格兰，最贫穷的他有权像最富有的他那样享受一样的生活"，"在政府统治下生活的每一个人（man）首先应当根据他自己的意愿将自身置于该政府的统治之下"。几十年来，希尔一直因为引用了平等派的宣言、揭示了17世纪英格兰民主观念的传播而引以为豪。但本来值得自豪的事情最终却成了"我最感羞愧的事情之一"。因为希尔对平等派宣言的理解缺乏性别的视角，他反问自己："每一个他？每一个男人？占当时英格兰人口半数的另一些人怎样？我认为，在一定意义上，我注意到了在这些宣言中缺乏妇女的声音。但是，不知怎样，我认为在17世纪的英格兰这一定是理所当然的。不过，如果我们要理解当时的英国社会，我们得问一下为什么这会被认为理所当然的——不仅是男人们，而且还有平等派妇女也都认为理所当然，她们为了选举她们家的男人去游说、鼓动、请愿、散发传单、收买议员，而且也从未想过要问问自己为什么这样做是理所当然的。一旦我们提出这个问题，其他的问题也就揭示出来了。"

果然，用性别视角重新审视历史，一些从来都给予很高的正面评价的历史主题马上就黯然失色。在裔昭印等撰写的《西方妇女史》中，我们看到作者们经常提出令人耳目一新的看法。比如作者指出："雅典民主政治有其局限性，在一定的程度上，它的发展是以牺牲妇女的利益为代价的。"欧洲文艺复兴运动对人的发现主要是对男人价值的肯定,"女性的价值和尊严没有得到应有的承认","与中世纪盛期相比,女性地位在某些方面甚至有所降低"。一些宣传"天赋人权"的启蒙思想家依然歧视女性,以"自由""平等""博爱"为旗帜的法国大革命"对于女公民而言似乎只是一种悲哀"。类似于这样的新颖观点在书中还有很多,这得益于性别的视角,通过这个视角,人们突然发现了很多历史死角。

的确,从性别史的角度重新检视人类历史,我们不仅能发现一些新的历史课题,而且还能在传统的历史主题中形成新的看法。从这个意义上说,历史需要重写这个说法也不无道理。

四

"西方妇女"是一个包含了文化、种族、阶级、个人生活周期等各种差异的大概念,在阐述统一的西方妇女历史的同时,照顾到客观存在的女性历史的差异,是一件十分困难的工作。《西方妇女史》的作者们注意到了这种差别,并且努力在整体的历史进程中讨论不同国家和地区、不同领域中的妇女地位的差异。比如作者们对围绕雅典男性的不同类型的女性,对中世纪的贵族妇女、修女、寡妇和工业革命时期的中产阶级妇女与女工等不同群体与阶层的妇女分别进行了研究;还考察了诸如女奴、妓女、女佣、女巫等西方社会历史上的下层和边缘女性的状况。此外,"西方"也不是只属于白人的世界,西方的妇女包括了生活在欧美地区的各有色人种(尤其是黑人)的妇女。《西方妇女史》的作者注意到这个事实,并指出她们"遭受着'种族'和'性别'双重歧视"。

与西方妇女的多样性和差异性相关,《西方妇女史》所用的历史资料也有多种来源。该书的作者们既注重对原始资料的发掘和解读,也注意对现代西方作者研究成果的吸收和利用。其中,原始资料包括各个时代作家的原著、法律文献、纸草文书、史料集、考古和铭文资料等。比如在运用古典史料时,除了引用古典作家的文学、史学、政治、哲学、医学、道德等著作外,也翻译并援引了一些演说家在法庭上的演说词。在研究英美、法国和德国等西方主要国家的妇女状况时,作者们尽量利用英文、法文和德文等文献资料,把学术研究的严谨性与前沿性结合起来,通过对丰富翔实的史料的梳理和研究,得出了一些独特的见解。

尤其要指出的是,该书在对西方妇女自古至今的发展历程做系统阐述的同时,也对其中若干问题,如古希腊罗马女性的宗教角色、中世纪的典雅之爱、猎杀女巫、启蒙运动与女性等进行了深入的专题探讨,这种娴熟地把纵向的叙述与横向的专题研究结合起来的做法是该书重要的特色之一,值得撰写通史的史家借鉴。

《西方妇女史》在理论阐述、方法和资料的运用等方面确实做得相当出色。但是,作者们的中西比较的意识有待于进一步加强。尽管该书的作者在"序言"中已经提到了要"以中国学者的独特视角来研究西方妇女史",但读者在书本中并没有明显地感受到这一点。作为一名中国读者，我在读《西方妇女史》的过程中由衷地敬佩西方妇女为争取自己的权益而进行的坚韧不拔的斗争。同时，我也在思考一个问题：为什么在有几千年父权制历史的中国社会里缺乏像西方社会中一再发生的、自觉的、影响广泛的女权运动？

如果说性别是由社会文化所造成，那么，女权主义或缺乏女权主义意识这样的事实也只能从社会文化中去寻找根源。中西方妇女在争取平等地位和政治权利上的差别当然是由这两个地方的社会文化差别所造成。但是，到底是哪些具体的社会文化因素造成了这个差别，或者说，为什么西方的女权运动总是那么激进，这是研究西方妇女史的中国学者值得深究的问题。

除了这类宏观的比较，对很多具体历史现象进行比较也是很有意思的事情。比如在中国社会，无论是历史和现实，几乎没有嫁不出去的女人。而在西方社会，历史和现实生活中多有独身女子，并且在总人口中形成一定比例的老处女。这是为什么呢？有材料表明，中国历史上性别比例失调的现象至少从清代中后期以来就已经出现。在20世纪的上半期，更有多份社会调查材料表明，当时的中国社会性别比例严重失调。性别比例失调与溺婴有关，中国社会中的溺婴现象自古以来就已存在。但是，自元代以后，溺婴主要就是指溺女婴了。这样，从溺婴到性别比例严重失调，再到女子在婚姻市场上走俏，似乎形成了环环相扣的因果链，从中也可见历史上中国女性的命运之悲惨。如果以此为背景再去观察西方历史上的弑婴、独身、性别比例等现象，我们或会有一些新的思考。

由此可见，对中西方的历史进行比较，是中国学者研究西方妇女史的一个优势，比西方学者研究西方妇女史多了一个观察的视角。当然，裔昭印教授等所著的这本书是关于西方妇女的历史，要在行文中对中西方差别进行专门的比较是不合适的，不过，作者们的确可以带着一种比较的意识去观察和分析西方女性主义的历史进程。如此一来，中国人的独特视角不用说便在其中了。

总的说来，《西方妇女史》是国内世界史和妇女史研究一部开拓性的著作，它的出版为中西妇女史的比较研究奠定了基础，其学术贡献是不言而喻的。然而，正是由于其开拓性，它也给西方妇女和性别史研究留下了广阔的发展空间。

（原载《世界历史》2010年第6期，原题为《妇女的历史是一座值得深挖的富矿》。本文是为《西方妇女史》［裔昭印等著，商务印书馆2009年版］所写的评论）

制度变革和人类社会的发展

一

道格拉斯·C.诺思和罗伯特·W.福格尔同时被宣布为1993年诺贝尔经济学奖得主，以表彰他们在经济史领域所做出的杰出贡献，他们成为自诺贝尔经济学奖设置以来第一次当选的经济史学家，殊为不易。

对于诺思，中国人并不陌生，他的一些重要著述先前已被翻译介绍过来。在《经济史上的结构和变革》一书中，诺思对他的新经济史理论及其对西方历史的阐释比较系统、完整。

作为美国新经济史学的主要代表人物，诺思及其同志反对为叙述历史而叙述历史，认为经济史学家的传统分析工具，已不能解决经济史上的一些主要问题，例如，如何说明作为经济系统成就的基础的制度结构和获得这一成就的原因，这种结构又是如何发生变革的。这就给经济史学提出了一种新的需要，为了解释经济史，必须建立一个新框架。诺思正是从这个需要出发，力图从历史上的各种经济组织，以及其他有过影响的非经济的制度中，提取一个决定经济绩效的基本结构。根据诺思的解释，所谓"绩效"，是指生产的多少、成本和收益的分配或生产的稳定性。而"结构"指的是基本上决定绩效的一个社会的那些特点，如政治和经济制度，技术、人口统计学和意识形态。诺思在该书中论述的主要内容有两个，一是将经济的结构理论化；二是既说明这些结构的稳定性，又说明它们的变化。一言以蔽之，诺思在该书中用他的理论对西方经济史从农业起源到20世纪这一万年做了适当处理。

关于书中的要义，我们引用该书的中译本译者厉以平的概述：诺思"从现代经济学的理性选择假定出发，运用交易成本、公共产品、相对价格等分析工具，构建了包括所有权理论、国家理论和意识形态理论在内的新经济史学理论体系"，"集中表述了这样一个中心思想：由于人类受其自身生产能力和生存环境的约束，只有通过交换即交易这一基本活动获得经济效益和安全保障。而所有权是交易的基本先决条件，所有权结构的效率引起经济增长、停滞或经济衰退。国家则规定了所有权的结构，并最终对所有权结构的效率负责。此外，由于约束行为的衡量费用很高，如果没有思想信念约束个人最大限度追逐利益，会使经济组织的活力受到威胁。因此，意识形态的作用是不可替代的，它是一种节省时间精力的工具，有助于实现决策过程简化并使社会稳定和经济制度富有粘合力"。可见,诺思制度理论的三个主要组成部分是所有权理论、国家理论和意识形态理论。

诺思设定了一个理论前提:最大化。认为个人在没有任何约束的情况下,可以任意地、最大限度地去追求利润量,这种状态下的人即处在"霍布斯丛林"中,而社会则处在野蛮状态。可是,人类在自身发展过程中可以通过对某些行为类型的限制来约束自己的活动,比如禁忌、规章条例、规劝告诫等制度的建立,使人类走向文明。诺思把制度看成是"为约束在谋求财富或本人效用最大化中个人行为而制定的一组规章、依循程序和伦理道德行为准则",它为人类提供了一个可以在其中相互作用的框架,使协作和竞争关系得以确定,从而构成了一个社会,特别是构成一种经济秩序。换言之,人类文明的发展是在一定的制度框架里进行的,制度的重要性在于它在指导和决定经济活动时起到激励或抑制的作用,决定着一个社会基本的福利和收入分配。所以,经济的增长、文明的进步,在诺思看来,就是制度起着关键性的作用,一种可以提供适当个人刺激的有效的制度,是促使经济增长的决定性因素。

关于制度与社会经济关系的理论使我们联系到我们国家的现实。改革、开放的经验,使我们全国上下形成了一个共识,那就是政策对头,经济发展。从这一点看,诺思的制度理论对目前我国的经济、政治体制及其他各方面的社会改革都有很重要的参考价值。同时,从我国各地区前段时间纷纷出台的一系列优惠政策,如尊重知识、引进人才等,以及吸收内资、外资发展经济的经验来看，也反证了诺思的制度理论不失为一种解释经济史和现实的经济增长的有效理论。

制度理论在历史研究中的应用产生了令人耳目一新的效果。我们以17世纪的危机为例，略述诺思的理论对近代西方世界兴起的解释。

17世纪的危机给欧洲带来了不同的影响，英国和荷兰几乎（如果不是全部的话）不受影响，而法国和西班牙（特别是西班牙）受到广泛的影响。

荷兰的统治者阻止限制性做法，积极鼓励竞争和商业贸易的发展。在英国，从都铎王朝到斯图亚特王朝，王权先是把持征税权，寻找可以搜刮到一切收入而置经济效率于不顾的办法。于是，就发生了议会与王权的斗争。结果，王权归于失败。王权在两个世纪里对所有权初步的控制，转移到由商人和土地贵族所组成的国会手中，这个集团逐渐终止一些限制性的规定，并以限制王权来保证私人所有权和竞争。根据诺思的说法，"如果不发生这样的转移，英国经济史或许会大不一样"。

法国和西班牙的情形正好相反。在法国，百年战争后，它的经济不是一种全国性的经济，为了分门别类地对每个地区进行征税，就得建立一个庞大的官僚组织体系。虽然，王权和官僚组织的岁入增加了，但由于成本提高，致使效益下降，法国提高市场效率的收益为国家的财政需要付出了代价。结果，法国就陷入了危机。在西班牙，由于王权的税源依赖牧羊集团，并以给予牧羊集团在西班牙来回迁徙羊群的特权作为回报，有效的土地所有权在几个世纪里一直建立不起来。同时，由于垄断、高税率和财产充公等原因，贸易和商业也衰落了。这些是造成西班牙衰落的根本原因。诺思对这段西方历史总结如下："有效率的经济组织是经济增长的关键；一个有效率的经济组织在西欧的发展正是西方兴起的原因所在。"

什么是有效率的组织？根据诺思的思想，是指通过在制度上做出安排，确立所有权，刺激个人的经济活动，使得私人收益率接近社会收益率。据此道理，无效率或低效率的组织意味着社会缺少一套可以刺激人们去从事有利于经济增长的活动的制度，从而使这个社会处于停滞状态。

二

诺思的理论一定程度上突破或发展了传统的学说。

首先，诺思在新古典主义经济理论的基础上，对解释制度和经济增长方面的关系做出了贡献。

自亚当·斯密以来，经济学家往往把他们的模式建立在收益来自贸易的基础上。《国富论》把分工、专业化当作经济发展、商业社会产生的关键性步骤，但对于这种分工、专业化所需要的成本一直不加考虑。斯密抨击过重商主义和政府的无效率，认识到在个人收益和社会收益之间时常有差异，并认为某些重要职能需要由政府承担。但斯密并没有告诉我们怎样保证有效率的政府发明和维持一套保证经济持续增长的所有权。政治、经济结构是由制度所决定的，而为了支撑这些制度，需要付出"交易成本"。

新古典经济学家在这方面并未走得更远，他们所探讨的社会是一个无摩擦的社会，在这个社会中，不存在"制度"，一切的变化都是通过完善运转的市场而发生的。获得信息的成本、不确定性和交易成本都不存在。新古典派经济理论能够说明人们为其自身利益行动的行为方式，但不能有效地解释人们所从事的那些可以不计自身利益，甚至甘愿做出重大牺牲的行动。新古典派经济理论同样也不足以解释稳定性，因为在社会中存在各种非法活动甚至重大犯罪活动的同时，我们也发现，有些人即使在社会规章妨碍他们获得自己利益时，仍服从社会规章。这就需要我们跳出新古典经济理论的思维模式，去阐释经济结构的稳定性及变革的过程。这正是诺思的制度理论的出发点。

其次，诺思的理论在我看来，也是对马克思主义理论的进一步发挥，特别是生产力与生产关系、经济基础与上层建筑这两对原理相互作用过程中，他对于反作用方面做了更为详尽的发挥。

我之所以用"发挥"一词，主要是因为诺思的理论要点早已在马克思主义理论中体现出来了。如前所述，构成诺思制度理论的三个主要方面的内容是所有权理论、国家理论和意识形态理论。这些大体都包括在马克思主义关于生产关系和上层建筑的学说中。

社会是什么？是人们交互作用的产物。社会并且还是一定历史条件的产物，在生产、交换和消费发展的一定阶段上，就会有一定的社会制度、一定的家庭、等级或阶级组织。一句话，就会有一定的市民社会。有了这一定的市民社会，就会有不过是市民社会的正式表现的一定的政治国家。

在论及制度对社会经济的关系时，马克思主义的观点也是十分明确的，如奴隶制、中世纪的一些制度。马克思指出，各种特权、行会和公会的制度，中世纪的全部规则，曾是唯一适合于既得的生产力和产生这些制度的先前存在的社会状况的社会关系。这些制度和规则在中世纪晚期曾对经济的增长起过很大的历史作用，资本得到积累，海上贸易发展起来了，殖民地建立了。但是，人们用来进行生产、交换、消费过程的经济形式，只获得了暂时性的、历史性的形式，不是恒定的。随着新的生产力的获得，人们便改变自己的生产方式。随之，也改变与这一特定的生产方式联系的经济关系。即便像奴隶制这样为现代文明所痛恶的东西，马克思主义也肯定它曾经有过的经济效益，称"奴隶制是一个极为重要的经济范围"，如果没有奴隶制，就会出现紊乱状态，"就会出现贸易和现代文明的彻底衰落"。

关于国家的作用，恩格斯认为，国家权力对于经济发展的反作用可能有三种：它可以促进经济的发展；也可以阻碍经济的发展；还可能"阻碍经济发展沿着某些方向走，而推动它沿着另一种方向走"。在这后两种情况下，"政治权力能给经济发展造成巨大的损害，并能引起大量的人力和物力的浪费"。

关于意识形态，马克思主义更是肯定它对历史的巨大作用。对历史斗争的进程发生影响，并且在许多情况下主要决定着这一斗争的形式的，除了经济状况这一基础外，"还有上层建筑的各种因素：阶级斗争的各种政治形式和这个斗争的成果——由胜利了的阶级在获胜以后建立的宪法等等，各种法权形式以及所有这些实际斗争在参加者头脑中的反映，政治的、法律的和哲学的理论，宗教的观点以及它们向教义体系的进一步发展"。

从以上概述中，我们可知马克思主义关于社会及其发展的理论，就是关于生产力和生产关系、经济基础和上层建筑这一系列关系的结合及矛盾运动，表现为一切因素间的交互作用。当然，在马克思主义看来，历史过程中的决定性因素，归根到底是现实生活的生产和再生产。但需要指出的，马克思主义并不认为这是"唯一"决定的因素。

可见，马克思主义关于社会及其变革的理论是全面而完整的。甚至诺思也承认，马克思主义框架之所以是目前对长期变革最有力的论述，恰好是因为它将新古典框架舍弃的全部要素，如制度、所有权、国家和意识形态等包括在内，并称马克思主义强调所有权在有效率的经济组织中的重要作用，以及现存所有权体系与新技术的生产潜力之间紧张关系在发展的观点是一项重大的贡献。马克思主义分析的力量恰恰在于它着眼于结构变革及社会生产潜力与所有权结构之间的关系。

毫无疑问，与所有权、国家和意识形态这几方面的内容相比，马克思主义更强调经济方面的因素。这往往让人产生误解，以为马克思主义就是经济决定论。在一百多年前，产生这种误解似乎是可以理解的。事实上，恩格斯在1890年就认识到这个问题，并勇敢地代表马克思和他本人承担了责任。他说："我们在反驳我们的论敌时，常常不得不强调被他们否认的主要原则，并且不是始终都有时间、地点和机会来给其他参与交互作用的因素以应有的重视。但是，只要问题一关系到描述某个历史时期，即关系到实际的应用，那情况就不同了，这里就不容许有任何错误了。可惜人们往往以为，只要掌握了主要原理，而且还并不总是掌握得正确，那就算已经充分地理解了新理论并且立刻就能应用它了。"从恩格斯的这段文字来看，马、恩主要限于当时的客观形势，来不及对经济以外的诸种社会条件的历史作用做系统、详尽的论述。

恩格斯在晚年已意识到这方面的问题，并在有关著述及一些书信中屡屡强调"交互作用"。虽然这些论述也只相当于概述，但其要义还是明确的。

时过几乎百年，马克思、恩格斯还未来得及发挥的理论，一定程度上由诺思及其合作者做了发挥。我个人认为，诺思的理论大部分是建构在马克思主义基本理论之上的，尤其是"反作用"方面的原理。当然，这么说并不意味着诺思的理论便是马克思主义理论。诺思在他的著作中，从来也不曾表白自己是一个马克思主义者，反而多处批评马克思主义，实际上，两个理论在根本上是不同的。

三

诺思的理论和马克思主义关于社会历史发展理论的重大差别

在于，马克思主义认为，生产力、技术的进步是一切因素中最革命、最活跃的因素，这一根本性的因素通过阶级斗争来达到变革制度的目的。

诺思虽然也认为制度"生来是保守的"，但他却认为制度的变革是由资本存量的变化而引起的，资本存量变动越快，现存的制度系统便越不稳定。所谓"资本存量"，是由人力资本（劳动）、实物资本（机器、工厂等）和自然资源的数量构成，它们数量的多少，决定资本存量的规模。然而，资本存量改变的原因首先是人口变动，"人口变动仍始终是资本存量变动的最明显的原因"。其次才是知识变化、知识存量和技术存量扩大人类福利的范围，但它们并不决定人类在扩大福利方面怎样达到成功。决定经济绩效和知识技术增长率的是政治经济组织的结构。所以，在诺思的理论中，决定制度变革的主要因素不是生产力及体现生产力发展水平的科学技术，而是人口变动。他几次指出，这是马克思主义的一个局限所在。

人口对社会发展的重要影响在诺思之前很久就有许多人研究，其众所周知的代表便是马尔萨斯的人口论，但这是一个悲观主义的论调。诺思也利用人口增长与资源数量的关系来说明社会运动，但又巧妙地安排了一套有效率的制度来调节双方的关系，从而使社会有避免马尔萨斯危机的可能。

我们且以人类社会早期发展为例，从诺思关于所有权起源的观点，看一看人口因素与制度创新的关系。他说，起初，这个世界上赖以为生的动植物供给好像是无穷无尽的。在这种情况下，人口便可以大量繁殖。但资源毕竟是有限的，人口增长一旦达到资源基础被完全利用的程度，那么，人口的任何增长便会引起狩猎、采集劳动边际产品的下降，产生人口压力。解决这一压力的办法就是"发展专一的公社所有权"。因为在资源充裕时人们没有感到建立资源的所有权的需要，只有在资源越来越稀缺时，人们才觉得有必要建立一种可以限制资源利用速度的所有权，并为之付出代价。所以，所有权是为了更合理地利用资源而发展起来的制度，它的发展过程是，首先把本群体以外的人排除在利用资源的强度以外。而后，发明规章来限制局内人利用资源的强度。随着所有权的建立，农业生产便逐渐发展起来了。

这整个的过程就是人类从狩猎到农业的缓慢转变。人类从一万年前的农耕发明和经济增长的起点就在这里，诺思称之为第一次经济革命。这一革命之所以发生，在于建立了专一的所有权，他说："如果存在着资源的共同所有权，那么，掌握优良技术和学识的刺激便很小。反之，专一所有权给所有者以报偿，为增进效率和生产率，或者在更基本的意义上为获取更多知识和新技术提供直接刺激。"他进而提出，要用刺激的这一变化来解释人类在最近一万年的历史脚步。从他对农业革命的解释中，可以看到他的看法与我们以前接受的传统观点确实格格不入。

我们无须举出更多的例子，诺思的逻辑是：人口增长导致制度创新，产生了刺激，进而推动知识、技术的进步。他恰好把马克思主义中关于制度与基础的关系颠倒了一下，并以人口因素取代了生产力在社会变革中所起的作用。

很难用是或非对诺思的理论做出判断。关于人口因素、关于制度等,它们确实对历史进程起过重大作用,甚至在现实生活中,我们仍可深切体会到诺思理论的合理性。

但是,我们也不能不指出,诺思的制度变革理论只适用于对某个历史时期的解释,即当生产关系阻碍新的生产力进一步发展时,制度的变革就成为促进社会进步的决定性步骤。例如,英国废除骑士领有制的法律。在这个封建的法律制度下,贵族的土地被认为是从国王那里领来的,土地的所有权并不掌握在贵族手中,他们必须对国王承担封建义务。随着新贵族势力的日益强大,他们越来越不满封建关系的束缚,迫切要求把土地变为真正属于自己的财产。终于,在1646年,长期国会废除了骑士领有制,取消了贵族地主对于国王的封建从属关系,一切封建义务也取消了,贵族地主的土地成了他们的真正财产。这一事件意义巨大,新的所有权的确立,使得新贵族得以完全按照自己的意愿在自己的土地上建立资本主义式的经济秩序。

像英国资产阶级革命前后这样特定的历史时期,用诺思的理论进行分析,是很具说服力的。但是,一旦超越这个时段,或者,我们追问一下,究竟是什么原因推动新贵族为争取新的所有权而斗争,那么,仅仅依赖诺思的理论就显得不那么可靠了。

我们终于触及历史发展的原动力问题。

诺思的观点十分鲜明,人类组织的成功和失败,说明了社会进步和倒退的原因,而人口则是引起变革的主要原因,从远古时代所有权的产生,古代腓尼基人、希腊人和罗马人的历史,西方封建制度的兴衰，近代西方世界的兴起，到工业革命，等等，整部西方历史发展的最终原因之一，便是人口增长。

这个说法有些过头，对人类历史发展起决定作用的因素，归根到底是生产力。就以所有权的起源来说，常识告诉我们的是，在人类的童年时期，主要是由于生产力发展水平的限制，人们必须以群体联合的方式生活，"为了在发展过程中脱离动物状态，实现自然界中的最伟大的进步，还需要一种因素以群的联合力量和集体行动来弥补个体自卫能力的不足"。光是人类在生产力发展水平还不足以抵御来自自然界和外在社会力量的侵害这一点，就足以说明，远在丰富的资源被利用至稀有程度而需要发明像诺思所说的专一的所有权之前，群体的生活已经开始了人类最早的社会形式，关于共同劳作、共同拥有、共同分配这样一些共产主义的原则和观念，早已成为人类祖先头脑中根深蒂固的信念。这些规则、信念正是诺思制度理论的重要组成部分。可诺思为了说明其理论，硬是把生产力的因素排除在外，忽视远古时代人类生产力发展水平极其低下的客观状况，选取对阐明他的制度起源最为有用的一段历史，这就限制了他的历史理论，不足以解释全部的历史事实，而只能是"理性假设"。还是马克思说得好，"人们不能自由地选择自己的生产力——这是他们的全部历史的基础"。

关于国家理论，诺思认为，国家的功能在于它规定所有权的结构，并最终对所有权结构的效率负责。由于所有权结构直接与经济发展状况有关，因此，经济的增长、停滞或衰退也可以由国家理论得到解释。国家为社会提供的基本服务有两种，其一为通过规定一组基本规则，使统治者最大限度地为自己谋利，增加自己的收入；其二是在第一个目标的框架内，减少交易费用，促进社会产出最大化。诺思还认为，在统治者及其集团利益最大化的所有制结构与减少交易费用、鼓励经济增长的有效率的制度之间，一直存在着紧张关系，国家的普遍趋势是产生低效率的所有权。

诺思的国家理论的框架基本包括了契约论和暴力论两类关于国家主要理论的主要思想。社会契约论者，从托马斯·霍布斯、约翰·洛克到卢梭，共同把国家设想为自由、自主的双方，即统治者和人民为结束自然状态而缔结契约的产物，并且更强调人民这一方的权力和意志。暴力论以马克思主义为主，强调国家是一个阶级剥削、掠夺其他阶级的工具。社会契约论强调缔约双方的共同利益，暴力论强调统治阶级单方面的利益。

诺思的国家观则是在他所设定的"最大化"的理性原则的基础上，汲取了暴力论的国家暴力的观点，但把暴力设想为处在一种潜在的状态，即"暴力潜力"。从历史和理论看，国家由于其一方面是一定的社会阶级的工具，另一方面又表现出凌驾于各阶级之上的面貌，因此，它的功能必然具有为统治阶级服务和协调、管理整个社会运行的双重性，在一定时期，其中的某个功能表现得突出一点。由于诺思看到了国家的双重作用，他更倾向于把暴力的那一面隐蔽起来，使得他在解释历史发展过程时具有更大的灵活性。

但是，他的国家理论总是让人觉得有一个很大的缺憾，双重功能并不解决国家的本质问题。国家究竟是为某一阶级所有，还是为全社会共有？国家的主体究竟是统治者及其代表的集团，还是全体人民？这是任何一种国家理论都必须解决的核心问题。社会契约论者提出"主权在民"的思想，马克思主义也公然表明国家的阶级本质。可是，诺思却没能把这个本质说清楚。这就使得他在面对国家的起源问题时束手无策，不知道"国家究竟是作为一种进攻和剥削乡间村民的掠夺性团体而发生的（国家的一种掠夺起源），还是从乡间村民对组织的公共需要而发展起来的（国家的一种契约性起源）"。有鉴于此，我们对诺思在阐述人类一万年的历史时，给国家的起源留下几千年空白，也就不足为怪了。

"如果我们相信对历史可以作出唯一科学的解释，那么我们不过是在欺骗自己；但如果我们不试图去达到那个目标，那么便是低估了经济史这门学科。"我们不能不为诺思对科学执着的追求而折服，唯其有这般执着，才使他打破叙述经济史的老框框，赋予经济史一个新的面貌，使经济史成为一门可以解释历史的学科。诺思的理论为我们审视历史的进程开拓了一个新的角度，引出一些新的考虑，虽然他的理论以及用这种理论对西方经济史从农业起源到20世纪这漫长的历史所做的"适当处理"，仍有进一步探讨的余地，其价值却是显而易见的。

（原载《史学理论研究》1994年第2期。本文是为《经济史上的结构和变革》[道格拉斯·C.诺思著，厉以平译，商务印书馆1992年版]所写的评论）

全球史观下的文明传统与交往

杰里·本特利（Bentley, Jerry）、赫伯特·齐格勒（Ziegler, Herbert）的著作《新全球史——文明的传承与交流》(*Traditions & Encounters: A Global Perspective on the Past*) 中译本出版了，这本厚重的大书有150多万字，粗略地把它通读一下都得花几天的时间。不过，这也不算什么，一部通史性的世界历史著作，从远古写到今天，世界上各个国家、不同族群，以及人类活动的方方面面都要照顾妥当，写出这样的部头也是客观的要求。苏联时期的历史学家曾写过十卷本的《世界通史》；我国学者吴于廑、齐世荣也曾主编过六卷本的《世界史》，可见，一部世界通史性的著作，如果不是有意要写成"通论""导论"式的简明世界史，就得照上百万字这样的篇幅来写。

让人新奇的是，这部包含了上下几十万年、遍及地球每个地方人类历史的鸿篇巨制的作者只有两个人：美国夏威夷大学的杰里·本特利和赫伯特·齐格勒。

大部头的世界通史著作往往由多人分别撰写,甚至要由数十人通力合作才能完成。这样做的好处在于充分发挥各方面专家的研究所长,把各个方面最新、最好的研究成果充分地展现出来。不足之处在于各人的写作风格各异、观点不尽相同,总撰时协调起来有难度。而对读者来说,出自众人之手的书,读起来有凑合的感觉就在所难免了。作者越少,越能保证书的体例、写作风格和观点的统一,本特利和齐格勒两人合作的《新全球史》,比之于有更多人集体完成的其他通史著作,很好地体现了体例、观点的统一。加上这本书鲜明的叙事风格,读起来确实令人爽快。

然而,在广泛吸收史学界的最新研究成果方面,《新全球史》并不因为作者少而显出欠缺,关于妇女史、性别史、生态史、疾病瘟疫史、家庭史、人口史等领域的新成果,在书中均能得到适当的体现。生态、疾病、人口迁徙等涉及全球影响的主题自不必说,像妇女和性别方面的内容,在书中几乎经常出现。这一方面说明了妇女史和性别史在西方史学研究中已取得了广泛而卓越的成就,另一方面也反映出作者处处注意到了对新成果的吸收和应用。

不过,对很多中国的世界史学人来说,兴趣可能更多地落在本特利和齐格勒两位作者对世界历史的体系把握上。

编撰一部世界史,总是在一定的世界史观的指导下进行的,不管编撰者是否提出他关于世界历史的基本看法,也不论他是否对他的心目中的世界历史的进程做过明确的阐述,当他设想世界史的体例、构建框架、确定重点,并对内容进行选择和取舍时,客观上他是在落实着他的世界历史观,这是一种关于世界历史发展的总的、根本性的看法。通过一部世界史著作,作者起码要告诉读者:什么是世界历史?为什么要编写世界史?世界历史是如何发展过来的?历史发展到今天的动力来自何处?新编的世界史著作与以往的世界史著作有什么差别?等等。任何一部世界史著作都会或多或少地对这些问题有所交代。

《新全球史》的内容很丰富,但本特利和齐格勒在这本书中关于他们对世界历史体系的阐述并不多,读者如果想充分地了解他们的世界历史观和他们对世界史体系的看法,可能要在慢慢地品读这本厚重的《新全球史》的过程中,从字里行间去琢磨了。不过,作者在简短的"前言"中对该书的视角、主题和结构的阐述,仍是一目了然。

根据作者的表述,这本书是"以全球史观透视历史"。

以全球史观来研究世界历史的目的,就在于"寻找一种理解过去历史的方法,为当代世界提供一个意义深远的背景"。俗话说,一切历史都是当代史。处在全球化时代,历史学家有责任告诉大家,人类是如何从过去的分散状态,发展到今天的全球化时代的。撰写全球史,就不能像以往那样根据某个国家或某个地区的历史经验,需要从全球的视角和观点来重新看待人类的历史。因此,全球史观是全球化时代理解世界历史的一个有用的工具。

关于这一点,我在阅读第二次世界大战起源有关日本对中国的侵略这部分内容时留下了深刻的印象。书中提出,全球规模的战争开始于20世纪30年代日本对中国的进攻。1931年日本攻占中国东北是"修正主义国家"（指德、日、意三国）扩张和侵略的第一步，中国是"第一个体验第二次世界大战残酷的国家"。这一观点为中国历史学家所提出的第二次世界大战开始于日本对中国的侵略和中国人民的抗日斗争的主张，提供了强有力的支持。所以，中国的抗日战争从一开始就不仅仅是两个国家间的侵略和反侵略的战争，而是具有全球意义的反法西斯战争的开始，抗日战争的历史地位和意义因此就大为提高。这一评价的依据，主要不在于人们习惯上所认识到的中国抗日战场在世界反法西斯运动中的重要性，而在于《新全球史》的作者从全球视角看到，日本、意大利和德国的对外侵略和扩张的原因：部分受到改变第一次世界大战后和平协议的想法的驱使，同时也是全球规模的经济萧条的压迫。

也正是由于全球视角，《新全球史》所展现的世界历史进程，比以往的世界史著作增加了（确切地说，是充实和加强了）世界各地在历史上交往方面的内容。

以前的世界史著作并不缺少有关文明交流方面的内容，只是人们并没有有意地去发掘和强调交往的历史，而且是把世界各地的横向的交往和联系的过程从属于世界历史的纵向的和历时性的进程。这样，关于全球不同地区之间交往、联系的内容，在以往的世界史著作中就没有取得突出的地位。而现在，《新全球史》弥补、充实并扩大了这方面的内容，比如大规模的民族迁徙、帝国扩张战争、远距离贸易、农作物的传播、生产技术、宗教、文化的传播，乃至疾病的传播，都被看成是历史上人们之间进行"交流"的几种主要形式，而恐怖活动的扩散也使恐怖主义成为全球化世界的一个持久的特征。

在《新全球史》里，"传承"（traditions）与"交流"（encounters）构成世界历史的两个主题。这本书的"新"，根据作者的说法，首先就体现在：通过这两个重要的主题把全球史观带到了世界史的研究中；它追溯了世界各文明的历史发展，同时也系统地考察了不同社会中各民族之间的相互影响和交流。

本特利、齐格勒把"传承"和"交流"这两个主题看成《新全球史》的两个亮点之一，是相比于其他著作而言的。的确，在其他著作中关于"交流"方面的内容都不及《新全球史》来得充分和突出。不过，本特利、齐格勒似乎是长于历史的叙述而短于理论的阐述，至少在《新全球史》这本书中对"传承"和"交流"之间的关系没有说清楚。如果从理论上来要求，本特利、齐格勒还真的该认真参考一下吴于廑关于世界历史的"纵向发展"和"横向发展"及其相互关系的理论。尽管《新全球史》所指的"传承"关注的是"个体社会的组织、维持和衰落"，与社会经济形态的演变并不完全相同，但我们还是看到了与"纵向发展"相似的过程。《新全球史》所指的"交流"，关注的是人们之间的相互联系，特别是多种文化交融的过程。"交流"的过程与历史的"横向联系"似乎更相近。所以，以中国的世界史研究来参照，我认为，这一亮点的光辉主要局限在对历史过程叙述的范围内，从理论上来看，不及吴于廑对世界历史的总体阐述。当然，吴于廑和齐世荣共同主编的六卷本《世界史》，从内容叙述上看，尤其是关于历史的"横向发展"的叙述，远不及《新全球史》的"交流"来得丰满和生动。不过，这是另一个话题。

《新全球史》把世界历史划分为七个时代，作者认为，这是该书的另一个亮点。前已讲到，本特利和齐格勒并没有就"传承"与"交流"这两个主题的关系做专门的阐述，但根据他们对世界历史时代的划分，可以看到，他们对"交流"赋予了独特的意义。他们主要是依据"交流"来划分世界历史进程的各阶段的，"交流"比单个社会的独特经历更加重要，七个时代更多反映的是"在多种文化交流中所有社会的共同经历。这七个时代与把不同时期、不同社会组织中的人们联系在一起的交通、运输和贸易网络形式有着紧密的关系"。

世界历史的七分法的确很新颖，根据"交流"的状况来划分时代，与作者所主张的全球史观相一致。但问题在于这一做法很可能会夸大历史上的"交流"的重要性。

众所周知，世界历史从原先各地方分散的、相互孤立和隔绝的状态，逐渐地发展为联系越来越密切并终成为全球化状态，是一个漫长的过程。越是往古代追溯，"交流"便越是稀少，与"传承"（即个体社会的组织、维持和衰落）相比，"交流"的历史分量就越轻。

即使我们承认，世界上不同的民族早在遥远的上古时代就已经通过文化交流相互影响了，我们也应当对这种交流给相关民族所产生的影响和意义持审慎的评价。比如古代城市的产生是在农业生产发展到很高的水平，粮食剩余多到足以养活一大批能够脱离农业生产活动并聚居于一个地方的人群时才有可能，城市的出现是人类文明发达史上的一个重要象征。美索不达米亚的城市起源最早，但在世界很多地方，城市文明是在农业生产出现数千年之后才慢慢地发展起来的。从古代几个文明地区看，城市起源的时间先后差别很大。但是，不论世界各地城市起源的时差有多大，人们一直没有发现某些较晚出现的古代城市文明是在另一些较早出现的城市文明的影响下发展起来的证据。古代世界各地的城市文明都是独立出现的。当然，说古代城市文明的出现并没有受到各地之间的交流的影响，并不表示那个时代各地之间的相互交流不存在，但可以肯定的是，即使那时已存在各地间的交流，这些交流的影响也不大，个别社会自身发展（即"传承"）的因素才是最重要的。

事实上，古代不同文化间的交流主要是地方性的，比如汉代汉民族与其他相邻的少数民族之间的交往。远距离的、跨越更大的文化圈的交往，比如汉代与西域的关系，虽然在历史上占有重要地位，但它对汉民族文化圈的发展所产生的影响，不可能超乎汉民族自身的传统因素，以及汉民族与相邻少数民族之间的地方性交流。对西域各少数民族也如是。因此，肯定"世界各民族从人类历史之初就开始彼此之间的交流了"是一回事，而评价这种交流的意义，尤其是当"交流"相比于"传承"时，必须与其特定的历史环境相适应。

带着全球化时代所发生的密切的文化交流使我们产生的强烈

感受，去理解历史上的，尤其是古代各民族、各文明间的交流，容易夸大这些交流的意义。本特利和齐格勒根据"交流"划分世界历史的时代，很可能已经夸大了横向联系的意义。刘新成在该书的"中文版序言"中批评全球史观"忽视社会内部发展的作用"，应该是上述意思的另一种说法。

还有一个很重要的问题《新全球史》应该向读者交代清楚。《新全球史》的作者说，当代的全球化有一个漫长的历史背景，全球性的互动和全球性问题绝不是世界历史的新特点，世界各地间的相互交流自古就有。同时，他们还承认，"当代的全球化的确比早期的跨文化互动更为剧烈"。这就引出一个问题：当今的全球化是人类自古以来的交流所演化的一个自然结果吗？或者说，全球化时代越来越密切的交往只不过是人类的交往倾向借助于当代的交通、通信技术在程度上和数量上的扩大？

全球化的历史有多长，也有不同的说法，是五百年？还是五千年？抑或只是二三十年？这些并不重要。重要的是对世界性交往的不同性质和引起这些交往的内在机制的认识。张骞通西域、黑死病的传播和蔓延、郑和下西洋、地理大发现、殖民活动等，在全球交往史上都具有重要的地位。但仅仅把它们看成是全球交往的大事，无助于我们分清它们之所以发生的原因、性质、对历史所产生的不同后果。在全球交往史上，近代资本主义的产生具有划时代的意义，资产者无限制地积累财富的欲望使全球联系成为必要，使全球越来越密切的交往成为可能，而且最终使全球一体变成现实，全球化是资本主义发展的必然结果。因此，由资本主义发展所引起的全球交往区别于以往一切世代的交流。

在严格的意义上，自资本主义产生以来的全球性交往与此前的历史上发生过的全球交流不可混为一谈。本特利和齐格勒注意到"当代的全球化的确比早期的跨文化互动更为剧烈"，但仅认识到这一点是不够的，他们应该告诉读者当代的全球化与以前的全球交流的差别，并阐释其原因。

（原载《中国图书评论》2008年第2期。本文是为《新全球史——文明的传承与交流》[杰里·本特利、赫伯特·齐格勒著，魏凤莲等译，北京大学出版社2007年版]所写的评论）

全球史研究的理论与方法评析

全球史研究兴起于20世纪六七十年代的美国。由于其研究的对象、观念和视角都十分新颖,到八九十年代,全球史研究借助全球化的浪潮在全球学术界的影响大增,并在1995年的国际历史科学大会上,以"'全球史'是否可能"这样一种设问方式,进入国际史坛的主流。

全球史学者以反对西方中心论为己任,主张要像从月球上观察地球那样看待世界历史的发展,这种视角符合力图破除西方中心论的中国历史学者的心意。同时,由于全球史研究强调对跨文化互动的研究,这又吻合了我国世界史前辈吴于廑先生在他的世界史体系构想中关于世界历史"横向发展"的思想。在这样的背景之下,全球史研究在中国几乎没有经历"是否可能"这类质问,便很快地发展起来。

如果不从斯塔夫里阿诺斯的《全球通史》中文版出版发行算

起，而是以首都师范大学全球史研究中心的成立为起点，中国历史学者有计划、系统地引进、学习和研究全球史，至少有了十年以上的时光。全球史在当前的中国史学界已经产生了广泛而深刻的影响，如今，中国很多历史学者即使不是专门研究全球史，有时也会用全球的视角审视一下自己的领域。可以说，我们或多或少都是全球史学的受益者。

当然，我们目前更应关注全球史在中国的未来发展。我认为，全球史研究将来要取得更好的发展，取决于它的本土化程度。具体地说，就是它能在什么程度上做到与中国历史学原有的话语体系之间相互适应，这对于全球史将来在中国的世界史体系中到底是成为重要的理论和方法论资源，还是仅仅发展为一个专门化的历史研究方向，具有重要的意义。

我认为，全球史的本土化需要经受学术批评，经历与它走向国际史坛主流时遇到的"是否可能"相类似的设问。

全球史研究要面对的基本问题，至少包括：

第一，处理好反对西方中心论与"去"资本主义的关系。

全球史学者一反西方长期形成的以欧洲为中心来阐述世界历史发展趋势和组织世界历史知识体系的传统，形象地提出要站在月球上来看地球，表明了全球史研究超越西方中心论的立场。目前，这方面最有代表性的成果便是对近代早期西欧崛起的新认识。

根据全球史观，西方的兴起不仅不再像以前所说的那样是其自身历史发展的结果，它认为，近代早期的西欧在经济上远远落后于亚洲，西方人只是用在美洲掠夺的白银，才买到了登上亚洲经济发展快车的车票。西方在与东方的竞争中胜出，那是18世纪以后的事情。这种解释比过去的西方历史学者处心积虑地从西方内部寻找其崛起的原因，历史视野更加广阔，从而在一定程度上打击了西方中心论。

然而，这只是事情的一个方面。在另一个方面，我们注意到全球视野下的历史研究也有走偏的时候。有的学者似乎不愿正视，甚至有意否认西方社会内部发展起来的力量对西方兴起的重要作用。这就有可能使它失去深刻洞察历史发展内在动力的能力。

这明显地表现在一些全球史学者对待资本主义的兴起和发展对于西方近现代历史的推动作用这个问题上，例如贡德·弗兰克，他几乎否认欧洲历史上有封建主义、资本主义这样的东西存在，他把"资本主义"看成是西方历史解释中的一个"死结"，要把它抛弃。这种思想在我国学者中也有不小的影响，主要表现为淡化资本主义的历史作用。但是，刻意强调西方人与外部世界的交往对欧洲发展的意义，而轻描淡写欧洲自身的变化；把近代早期的全球交往与欧洲自身资本主义的发展割裂开来，甚至"去"资本主义；使资本主义的发展与近代以来的世界历史进程脱钩，这种思路与过去西方人专门寻找自身的独特性来解释西方兴起的那种思维方式，其实没有什么区别。

西方的兴起当然离不开全球交往，然而，资本主义的发展是全球交往发展的重要动力，如果避谈资本主义，全球史对西方发展的解释就容易流于表面，它无助于说明欧洲人为什么要拿美洲的白银去买亚洲经济快车的车票，更不能解释为什么欧洲竟能爬到亚洲的背上，并最终站到亚洲的肩膀上。

认识资本主义的发展是理解近代以来世界历史演变的一把钥匙，为了破除西方中心论而扔掉这把钥匙，得不偿失。当然，我们也应该注意到，资本主义的发展有它的"初级阶段"。在原始积累时期，欧洲的资本主义是野蛮的、粗鲁的，它在生产能力上甚至还不如当时亚洲早已发展成熟的个体小生产，因而从表象上看，那时的资本主义是贫穷落后的。在历史初期，它需要搭乘亚洲经济的快车不难理解。但是，这是一种正在萌芽和成长中的新的生产方式，在发展生产力方面，资本主义具有无限的潜力。事实也正是这样，正如马克思所说，它在以后的发展过程中不仅改变了世界，并且根据自己的面貌创造了一个世界。

资本主义在世界范围内的胜利，是在它与非西方世界的交往过程中，尤其是在它征服非西方世界的过程中逐渐实现的。承认资本主义的历史地位，承认全球交往对西方兴起的作用，这不应是一种非此即彼的选择。否认了资本主义的历史作用，我们就只能看到近代早期发生全球联系的表象，而破除西方中心论也就缺乏事实基础。

第二，在世界历史发展的"纵""横"关系结构内，吸收全球史研究成果。

在阐述世界历史时，吴于廑先生专门讲了历史的"纵向发展"和"横向发展"，以及纵横之间的关系。如果说纵向发展指的是生产方式的交替演进，那么，横向发展主要是世界从分散到整体的发展过程。纵向发展规定和制约着横向联系，而后者又反过来促进纵向的发展。可见，在吴先生的世界史观里，纵向历史发展具有基础性作用。就近代以来的世界历史而言，纵向发展主要是指资本主义生产方式的发展。

由于全球史研究的重点在于不同文化之间的互动和联系，这使中国学者从一开始便敏锐地意识到全球史对中国世界史体系建设的意义。例如刘新成先生积极推动中国的全球史研究，一个重要目的就是想把全球史当作可以为"横向"研究提供借鉴的"宝贵资源"。

不过，从实践来看，学者们对全球史的认识具有脱离纵横发展框架的倾向。比如，学者们现在多讲全球"互动"这种"横向"的历史联系，而对于资本主义在近代欧洲历史中的地位和作用则轻描淡写。这种情形可能难以达到借用全球史来充实"横向联系"研究的目的。如前所述，如果淡化欧洲资本主义作为近代早期世界的一个重要特征，忽视资本主义对全球交往的推动作用，那么，这不仅不能充实中国世界史体系"纵横"框架下的"横向"内容，反而可能消解"纵向"发展的意义。而开始时仅仅拿来为我所用的全球史，最终可能拆散原先设计的纵横关系结构，从而陷入理论上的困境。

我认为，经过全球史学者多年的努力，我们现在对世界历史"横向"发展的内容有了较多和较深入的认识，已经具备了将"横向联系"的历史纳入以纵向发展为主线的世界史体系中的条件了。

第三，认识全球史的核心概念"互动"的局限性。

在全球史研究中，"互动"是其核心概念，它既是全球史学者研究的视角，也是全球史研究所关注的主要内容。作为一种视角，"互动"消除了以往单向的，而且常常表现为西方优势的倾向性。作为全球史关注的主要内容，"互动"还使我们看到在以往的历史研究中被隐匿的一方参与塑造历史的作用。

但是，"互动"是有条件的，它应该指地位独立、平等的双方或多方，共同参与互惠互利的活动。所以，它也只能适用于历史上那些和平、平等，以及互惠于双方的联系和交往，比如贸易、文化、信息、技术、物种等的交流；而不对等的，甚至用暴力手段强迫而成的关系，"互动"这个概念是不适用的。

然而，全球史学者竟然把军事侵略、殖民征服和统治等这类暴力行为，通通归在"互动"的范畴之内，结果，暴力的负面特征就被隐匿了。所以，用"互动"这个说法来解释不平等的关系，不仅不符合历史事实，而且，对于像中国这样有过被殖民、被侵略经历的民族来说，用"互动"来解释那段屈辱的历史，恐怕也是难以接受的。

一位全球史学者曾说，全球一体化进程并非首先是在西方设计好而后强加于世界其他地区。一体化是在全球范围内展开的，尽管是以不对称、不对等的方式。印度、埃及、阿根廷、中国、波斯，还有非洲，无一例外地成了西方人扩张和对外侵略的牺牲品，但若没有印度人、埃及人、阿根廷人、中国人、波斯人和非洲人的帮助，帝国主义也不会存在。非西方世界的这些人还追求复兴大计，而这同欧洲主导的全球政治体系有吻合之处。他们利用帝国主义的力量来加强或创立自己的政权，利用自己的地利来讨价还价，利用欧洲人和美国人入侵的契机，来学习借鉴西方的统治方式为地方利益服务。所以，这些非西方国家才是产生全球一体化的力量源泉。

在这个历史解释中，我强烈地感受到，"互动"成了替西方人的侵略行为、殖民统治开脱罪责的工具。

另一位著名的全球史学者认为，1500年以后的几个世纪里，权力是文化交流进程中的核心因素。但权力不等于暴力，文化知识体系本身就包括了权力。在近代早期，欧洲人的文化知识体系要比其他民族所拥有的更加庞大、丰富，其文化要素包括基督教、现代自然科学和商业惯例，这就保证了西方文化的优势，使得欧洲文化传统拥有异乎寻常的扩张机会。但权力并没有赋予欧洲人把自己的文化选择强加于他人的能力，这主要取决于"输入方"如何选择。

在这里，"权力"把"暴力"包装起来，而"文化知识体系"又把"权力"包装起来，经过层层包装之后，暴力就被深藏起来，而欧洲人在其他民族中之所以能够行使"权力"，就成了后者选择的结果。

按照这种说法，被侵略、被征服、被殖民和被统治都是自愿的选择，这无异于颠覆了我们整个已有的历史观和价值观。无论如何，"互动"所指本应有其限度，当它包含了西方对非西方的殖民掠夺和暴力征服时，它就成了一个极具欺骗性的概念，挑战着我们已有的历史观和价值判断，不能掉以轻心。

（原载《史学理论研究》2016年第1期）

关于全球史上的跨文化交流

随着世界性交往的增长，历史学家对历史上全球各地和不同文化之间相互联系、相互交往的形成和发展的兴趣也随之增长。在全球化时代，历史学家们以全球史之名或以全球的视角，撰写了多种世界历史著作，比如，斯塔夫里阿诺斯的《全球通史》、斯特恩斯等人编撰的《全球文明史》、本特利和齐格勒合著的《新全球史》，等等。这些具有世界通史性质的全球史著作都已被译成中文，为广大中国读者所熟知。此外，还有一些历史著作集中地探讨了近代早期的世界历史，它们也具有全球史的视角，比如，弗兰克的《白银资本》和彭慕兰的《大分流》，等等。以上各种著述均在中国史学界产生了广泛的影响。

与此同时，中国的历史学者也努力从自身的角度去理解历史上世界各地相互间的联系和交往，并提出了世界历史"横向发展"的概念。历史的"横向发展"首先由吴于廑先生提出，后来又很快地为中国广大的世界史学者所接受，并认为世界历史就是从分散到整体的发展过程。"横向发展"这个概念与世界历史的"纵向发展"的概念相对应，指人类的历史从各地区间的相互闭塞到逐步开放，由彼此分散到逐步联系密切，最终发展为整体的世界历史的过程。世界历史的"纵向发展"指的是人类物质生产史上不同的生产方式的演变和由此引起的不同社会形态的更迭。

最近，中国的历史学家开始使用"跨文化交流"或"跨文化互动"（cross-cultural interaction）的概念，比较具体地指称世界历史的"横向发展"。刘新成在新出版的四卷本《世界史·近代卷》上专门有一节内容，谈的就是"跨文化交流"。"跨文化交流"的内容十分广泛，包括游牧民族的迁徙与征服、旅行家的长途游历、传教、贸易、奴隶贩运，乃至物种的交换和疾病瘟疫的传播等。需要指出的是，无论是历史的"横向发展"的提法，还是"跨文化交流（互动）"的概念，或多或少地都受到了西方学者的全球史观及其方法的影响。

用全球视角观察世界历史上的跨文化交流（互动），大大地丰富了我们的世界历史知识，或者使我们重新审视这些交流的意义。例如，随着哥伦布的航行而发生的包括物种、食物、疾病等方面的跨洋传播，我们过去也了解一些，但由于对这些传播事件或过程的意义不曾予以充分的理解，我们就没有更多地关注过这方面的知识，而从全球史的角度来看，这些交流对世界历史的意义实在深远。所以，当我们再次接触到这些历史故事时，便有了全新的感受。

同时，用全球视角观察跨文化交流（互动）的历史，也改变着我们对世界历史进程中的一些重大问题的认识。一个明显的事例就是关于近代早期欧洲兴起的问题。过去，人们习惯于认为，欧洲从16世纪开始就是世界的核心地区，并且从欧洲内部寻找欧洲崛起的原因，以为欧洲社会内部的某种独特性造成了欧洲引领世界历史的潮流。但是，随着人们用全球史的方式重新审视近代早期的世界史，以往带有"欧洲中心论"色彩的、有关"欧洲奇迹"（European miracle）的观点现在已经发生了变化。新的观点认为，欧洲在世界经济中胜出是在19世纪才发生的事情。在此之前，世界经济的中心是在亚洲，尤其是在中国。用弗兰克的话来说，在近代早期，欧洲人是用美洲的银子购买了一张登上了亚洲经济快车的车票。新的观点是否能为史学界广泛接受，还有待时间的检验。但是，用全球史的方式、通过跨文化交流的透视，我们可以相信，欧洲在近代的崛起是借用了欧洲以外的力量，而不是仅仅靠它自身的因素。

尽管如此，有关全球历史上的跨文化交流（或互动）仍是一个需要深入探讨的话题。我以为，需要全球史研究者重点关注的是，对全球史上的跨文化交流（或互动）要进行适当的评估。也就是说，对于世界历史上不同时期跨文化交流的程度及其对世界历史进程所产生的影响，要做适当的估计；对于各种形式的跨文化交流所具有的不同的性质，应该做出适当的区分。

具体的内容表现在以下四个方面：

第一，在人类历史上，尤其是近代以前的漫长历史进程中，不同的文化、社会或族群的历史主要是各自在相对闭塞的环境中发展的历史，即主要是它们的"纵向发展"的历史，它们自身的因素对历史进程的影响，要远远大于它们之间由于相互交流（互动）而对各自的历史进程所产生的影响。

全球史研究者对世界历史的兴趣较多地集中在不同文化间的相互交往上，一些研究者所编写的世界历史著作，突出了"横向发展"方面的内容，好像世界历史是一部以跨文化交流为主的横向发展史，认为世界历史就是从分散到整体的发展史，这个观点就给人留下了较深的印象。事实上，在近代以前，世界各地之间的交流是偶然的、少量的，世界的历史主要是全球各地相对封闭的社会和文化圈以自身发展的形式表现出来的。在那个时代，跨文化交流对全球历史所产生的影响，总体上说还比较小。

以古代城市的产生为例，我们知道，城市的出现是人类文明发达史上一个十分重要的象征。但古代世界各地的城市文明都是独立出现的。然而，在城市文明的形成期，跨文化的交流确实已经发展起来了，如公元前三千纪和二千纪时的印欧人横跨欧亚大陆的迁徙，以及由此而引起了文化传播。这说明，即使当时的世界上已经存在着明显的跨文化交流，但这种交流尚未对任何一个地区的都市文明进程发生决定性的影响。

近代以后，跨文化的交流才明显地发展起来，世界各地的联系越来越紧密，并最终达到今天的全球化状态。与此同时，跨文化交流对世界历史的影响也越来越明显。不过，这也只是从长时段上来说，我认为存在着这样一种趋势。

而对一些具体的历史事件和过程，我们也要具体情况具体分析，还不能一概而论，以免夸大跨文化交流的影响。比如，关于欧洲的兴起，就算我们接受这样的观点：欧洲在经济上领先于亚洲是在19世纪才发生的事，欧洲人是借助于美洲的资源和与亚洲的贸易而发达起来的；那么，我们还是要面对为什么是欧洲人而不是亚洲人在18、19世纪率先走上工业化道路的问题。这个问题的答案，可能仍要从欧洲内部寻找。

总之，在世界历史的不同时期，跨文化的交流和互动对人类历史进程的影响是不同的，越是回溯历史，这种影响越小。人类漫长的历史主要是全球各地相对封闭的社会和文化圈各自的发展史。全球史研究重在讲清楚的历史进程仍然是世界历史的"纵向发展"，并由此说明"纵向发展"如何引起"横向发展"（即跨文化互动）。关于历史的纵向发展和横向发展的关系，我认为，吴于廑和齐世荣先生的有关表述是比较合适的，即历史的纵向发展和横向发展过程是互为条件的。纵向发展所达到的水平和阶段，规定了横向发展的规模和广度。横向发展一方面受纵向发展的制约，反转过来又对纵向发展产生促进作用。在历史向资本主义过渡的时代，横向发展对纵向发展的反作用表现得越来越明显。

第二，从古代以来的漫长岁月中偶然发生的跨文化交往，到近代以后经常性的、越来越密切的跨文化交流，直至今天的全球化的历史过程中，资本主义的兴起和发展具有特别重要的意义。

在世界历史上的大部分时间里，世界上的跨文化交流的频率和范围，还有交流的深度，都是受到限制的，主要的原因在于生产力不够发达，人类缺乏必要的手段和能力，克服广阔的空间对世界各地所造成的交往障碍，也缺乏为展开经常性的和持久的跨地域、跨文化交往所需要的动力。

只有生产力普遍发展，人们之间的**普遍**交往才能建立起来。到近代早期，一种新的生产方式在欧洲产生，积累财富和资本的欲望驱使新生的社会阶级到处寻找发财致富的机会，资本主义的发展具有把整个世界都变为资产阶级的活动舞台的要求和冲动，发现美洲和新航路正好符合了资本主义发展的需要，给新兴的资产阶级开辟了新的活动场所。大工业则终于建立了由美洲的发现所准备好的世界市场。所以，正是由于生产力和资本主义生产方式的发展，整个世界的相互联系才越来越紧密。沃勒斯坦将这个由于经济上的联系而形成的世界体系称为资本主义的世界体系，表明了这个以经济纽带为基础的整体世界的实质。

不难看出，世界范围的扩张是资本主义发展的内在要求，近代以来，世界各地之间发生的越来越密切的联系（或跨文化的交流），乃至全球化的动力，来源于资本主义的发展。因此，资本主义时代的世界性交往有别于以往一切世代的跨文化交往，在这个时代所发生的各种交往的性质、频率、深度和广度，还有后果，都是以往的各种形式的跨文化互动不可比拟的。

认识到这一点对于我们恰如其分地评估历史上的一些跨文化交流事件的性质和意义是很有帮助的。比如，我们可以拿郑和下西洋与哥伦布的航海进行比较。这两个看上去极为类似、差不多同时发生的历史事件，产生了极为不同的结果。放在当时欧洲商品经济发展的背景下,哥伦布发现美洲大陆以及欧洲人随后的殖民探险,包含了欧洲资本主义最初的扩张要求;而郑和下西洋主要出于一种政治使命。由于两个历史事件的性质不同,所产生的后果也不一样,郑和七下西洋但最终未能建立稳定的商业往来,而开辟新航路则为以后建立世界市场创造了条件。所以,在近代以后越来越经常性的、密切的全球交往过程中,资本主义的产生和发展具有根本的意义。

第三,正是因为资本主义的扩张成为建立更加稳定、更加深入的世界性联系的动力和基础,所以,对于资本主义时代所发生的、许多具有跨文化交往的假象的历史过程和事件的不平等性,应予以深刻的认识。

关于资本主义在向全球扩张过程中所表现出来的侵略和掠夺的本性,中国历史学家以往的认识其实是极为深刻的。只不过是在过去的20年里,人们变得不太愿意谈论资本主义了,或者在历史叙述中往往带有"去资本主义"的倾向。结果,在谈论到近代以来西方国家与非西方国家之间关系时,客观上淡化了这种关系的不平等性质。

全球史学者更喜欢使用"互动"(interaction)和"交流"(exchange)等中性词汇来描述近代西方国家与非西方国家的关系,起到了掩盖历史上的不平等关系的作用。"互动""交流"这类词是难以反映殖民国家与被殖民地之间的真实关系的。当历史上的西方人把美洲印第安人及其文明基本上都消灭时,连最起码的"互动"条件都不存在了;如果把奴隶贸易当作跨文化互动的一个内容,当然也是不合适的;用"互动""交流"描写鸦片战争,大概不会有中国人愿意接受。

近代以来的大多数年代里,西方与非西方之间的不平等是常态,一定范围内及一定程度上的"互动"和"交流"也总是存在着,但它们主要是随着不平等关系的发展而发生的。

第四,全球史研究的一个主要目的就是反对"欧洲中心论",这个意向十分符合非西方世界历史学家的心愿。为了反对"欧洲中心论",西方的全球史学者提出要从月亮上来观察地球。这个提法很有创意,并且在一定程度上能做到客观地审视历史,无疑值得西方和非西方史学家的借鉴。但与此同时,我们需要意识到从月球看地球所具有的客观性的限度。

毕竟,在历史学的实践活动中,历史学家的主观性对于历史事物的判断常常起很大的作用。当历史学家站到"月球"以表示其客观立场时,我们还得问一问,站在那里的人究竟是美国的历史学家,还是其他国家的历史学家?来自不同的社会和文化背景,以及有不同的个人经历和知识具备的历史学家,即使都站到月球的高度,未必都对所观察到的事物产生共同的兴趣和形成一致的观点。就此而言,在全球史观指导下的历史研究的客观性其实也是有限度的。

此外,全球史研究的兴起有两个不能忽视的背景:

一是时代背景,即全球化。全球化的内容虽然很丰富和复杂,其最基本的内容就是以西方国家为主的资本向全球的扩张和流动。全球史在这样一个时代背景下兴旺起来,可以算是符合了时代的潮流。因此,对于全球史观和全球史研究结果的借鉴,一如我们对全球化的态度一样,既不能拒斥,但也不可盲从。

二是学术背景,主要是指全球史研究受后现代主义的影响。后现代主义的主要目标是要解构现代主义,用一套后现代的话语取代现代话语。后现代思想和全球史的兴起,其学术意义当然毋庸置疑,但由于它们都发端于西方,不可避免地会带有当今西方人的价值观念,比如,他们在反对"欧洲中心论"时,把马克思也算成欧洲中心论者。如果我们接受这种观点,我们很快就会落入一个尴尬的境地,我们怎能在一边坚持反"欧洲中心论"的立场,一边还讲要坚持马克思主义?所以,几乎是稍不留神,我们就可能落入陷阱。再比如,他们否定"资本主义",弗兰克认为,不仅关于资本主义起源的探讨毫无意义,而且关于"资本主义"的存在情况和意义的探讨也是如此。他认为"最好彻底抛弃'资本主义'这个死结"。这个主意听起来十分动人,正好符合后现代主义者专心于解构宏大叙事、专做具体研究的要求。但如果我们在观察世界历史时放弃了"资本主义"这个概念,那么,关于近代以来的许多带有"血与火"的特征的历史事件和过程,就会轻描淡写地变成一件一件的、具体的、跨文化的"互动"和"交流"的历史事件和过程,历史学家在研究过程中本应具有的批判能力随之削弱。

总体而言,我认为,在我们认识到全球史的研究方法和视角对构建世界历史体系具有积极意义的同时,需要对世界历史上的跨文化交流的程度、性质及其对世界历史的影响做出适当评估。

(原载《北方论丛》2009年第1期)

评现代世界起源研究的理论和方法

商务印书馆出版了美国人罗伯特·B.马克斯的《现代世界的起源——全球的、生态的述说》一书。说实话，这本书的内容或观点本身并没有多少新颖之处，因为这些东西我们都可以从前些年译介过来，并在中国史学界引起了不小反响的几本著作中看到，比如弗兰克的《白银资本》，李中清、王丰的《人类的四分之一：马尔萨斯的神话与中国的现实（1700—2000）》，彭慕兰的《大分流》，等等。当然，还有一些虽未经完整译介但已通过各种方式为我国学者所熟知或应用的其他欧美学者的观点和理论，比如剑桥大学里格利教授关于煤炭的使用在英国近代经济史中的作用的论述。罗伯特·B.马克斯把这些重要的观点或理论综合起来并运用于世界近代早期历史的阐释，成就了《现代世界的起源》一书。该书的副标题是"全球的、生态的述说"，"述说"一词，可能表明了"综合"的意思吧。

虽然这本书本身还说不上对现代世界起源的阐述有什么重大突破，但它还是给我们呈现了近年来西方学者在这一主题上最新的、最为完备的研究状况，从这个角度来看，我们不妨把这本书看成是西方学者在这一领域的研究成果的集大成者，通过这本书，我们认识了当前西方有关研究的总体状况。

因此之故，它所涉及的已不仅仅是关于某个具体历史问题的具体见解，而是历史研究中更为一般的理论和方法论上的问题，比如对各种用以解释历史过程的社会科学理论的态度、以什么样的历史观看待历史、如何认识历史进程中的偶然性的作用，等等。所以，读这本书，能引起思考的是，我们现在究竟应该如何看待历史发展过程，以及今后如何研究历史的问题。

现代世界的起源和发展，长期以来是历史学和其他社会科学学科，如经济学、社会学等学科的研究中最有魅力的话题。由于工业革命以来西方国家在世界上的主导地位，一代一代的学人孜孜以求的问题就是西方是如何变成这个样子的。

由于时代的变迁及各个学科不同的话语特点，关于这个话题有很多不同的表述，比如资本主义的起源、西方的兴起、现代化进程、全球化等。对这个问题的各种解释或观点更是举不胜举，古典的解释已经很多，比如亚当·斯密关于市场经济和劳动分工的解释，马克思关于资本主义生产方式的起源和发展的解释，韦伯关于新教伦理与资本主义精神的解释，等等。而现代学者的研究更是汗牛充栋，举其要者，如关于欧洲从封建主义向资本主义过渡的研究，沃勒斯坦的世界体系理论，以及20世纪六七十年代的依附理论,现代化理论的指导下各类从传统农业社会向现代工业社会转变的研究,等等。

这些研究大大有助于我们对近代早期世界史的认识。令人感到意外的是,过去那么多关于西方兴起的研究(其中有许多的理论、观点和研究方法堪称这一领域的经典,曾经对我们产生过,并且至今仍产生着重大影响),到了八九十年代以后,被很多人发现存在着致命的问题,那就是其中的"欧洲中心论"(或称为"欧洲中心主义")。

所谓"欧洲中心论",根据马克斯的说法,是指强调西方文化的优越性,认为西方所有的成分都是好的和进步的,发展和进步源自欧洲,从那里向外辐射至世界所有其他地区;欧洲人是主动的,世界其他地区是被动的或停滞的(直到被迫对欧洲做出反应)那种论调。

把这种观念应用于历史研究和解释,就产生了欧洲中心论的历史观。

黑格尔的历史观可以说是欧洲中心论的一个典型。黑格尔的历史哲学把人类精神发展分为三级:中国人的精神发展得最不好,完全没有自由;希腊人好一些,因为他们半自由;而德国人的精神发展最为充分,因为他们有完全的自由。这种说法便是欧洲中心论的表现之一。

欧洲中心论者在对待近代以来的世界历史时,把欧洲放在优势的、核心的地位,好像世界的历史是围绕欧洲(西方)为中心来展开的,而世界其他地方只是配合了欧洲的发展,欧洲是进步、先进的一方，世界其他地区则是落后、保守的另一方。在具体的历史编纂实践中，把世界历史的主要内容给予西方，使之成为世界历史的主体。由此而派生出诸如"挑战"与"应战"、"传统"与"现代"等编纂世界历史的方式。

欧洲中心论的观点据说在西方已经深入人心。弗兰克认为，"在过去的一个半世纪里，所有的西方人以及许多其他地方的人一直不假思索地认为，至少从1500年以来，西方是世界经济的中心，西方是资本主义发展的发源地和动力"。根据他的说法，马克思、韦伯、桑巴特、波拉尼、布罗代尔、沃勒斯坦等，以及早期的他，都属于"欧洲中心论"者。

根据具有全球视角的历史学家的观点，欧洲中心论者的研究虽然在理论、方法、观点上各不相同，但是有一些共性：他们承认西方在近代的崛起，工业革命则无可置疑地被认为是西方开始主导世界经济发展的重要事件。为了追寻西方兴起的根源和原因，他们往往把眼光放在15、16世纪，试图从那时开始寻找有助于说明西方兴起的独特之处，即由于西方在自身的历史进程中存在的或发生的某些与众不同的因素和事件，导致西方社会走上了一条与世界上其他社会不同，并最终领先于其他社会的道路。

这种认识又有另外一个名称，叫"欧洲例外论"。

所谓欧洲人的理性、制度上的创新、创业精神、技术、地理环境等一切用来解释欧洲兴起，并被当作欧洲社会的独特性的各种因素，在有全球眼光的学者看来，都属于欧洲例外论的表现。

最新体现欧洲例外论的一个重要研究，据认为是过去的几十年在欧洲家庭婚姻和人口史研究中揭示出来的"欧洲婚姻模式"（European marriage pattern）。从20世纪60年代中期以来，西方的历史学家发现了前工业化时代欧洲人的家庭多为小规模、简单结构，以及晚婚、独身比率高等现象，他们认为，这些现象在世界其他地方的农业社会是没有的。他们把这些现象归结为欧洲（其实就是指"西北欧"）婚姻模式（或人口家庭体系）。由于现代资本主义首先从西北欧地区发展起来，所以，人们又把近代早期的这种欧洲人独特的婚姻家庭模式与资本主义的起源联系起来。因为晚婚和节育不仅可以控制人口的增长速度，还有利于财产的积累，从而有利于资本主义的发展。

具有全球史观的历史学家以破除"欧洲中心论"为己任。破除"欧洲中心论"的法宝，就是全球视角。弗兰克用了一种"全球学"的视野来颠覆欧洲中心论的历史学和社会理论。他宣告，"我要向众多被公认为'经典的'和'现代的'社会理论的基础——欧洲中心历史学挑战"，"要用一种更充分的人类中心的全球范式来对抗公认的欧洲中心范式"。马克斯在他的书中所用的破除"欧洲中心论"的方法也是全球视角，这本书的副标题表明了这一点。不过，马克斯对破除欧洲中心论似乎比弗兰克更有把握，他说，"我们现在对于世界其他地区的了解使我们能够对西方兴起的权威性叙述提出质疑，并且能够构建另外一个非欧洲中心论的叙述"，所以，《现代世界的起源》这本书，按马克斯的说法，是完全放弃了"欧洲中心论"的方法。

全球视角的好处就是人们在审视这段历史时，跳出了国家的、地域的、民族的及种族的局限,把全球当作一个整体来看待,好比是站在月球的高度来审视世界历史。这比以前的人们采用的反"欧洲中心论"的方式有进步。以前,非西方学者在撰写或解释世界历史时,通过把更多的内容分配给非西方世界的方式来反对欧洲中心论,这种做法根本就达不到破除"欧洲中心论"的目的。而全球视野下的世界历史景象就是世界成为一个整体,欧洲(或西方)只是这个整体中的组成部分,得到重视的是体系本身的结构、功能、运动是如何影响,乃至决定各组成部分的变化。

从全球视角揭示出来的世界历史的发展阶段大体是这样的:大约从1400年到1800年间,世界经济有多个中心,存在着几个地区性的体系,其中,每个体系又有自己的核心和边缘地带。各个体系之间不同程度地发生交往。在这个世界性的经济联系中,欧洲并不领先于其他地区,甚至还可以说是比较落后的地区,因为当时的欧洲人手中并没有什么值钱的货色可与世界其他地区进行交换。欧洲人后来在美洲大陆发现了大量的白银和储藏丰富的银矿,才得以积极地参与到世界经济的交往网络中来,否则,欧洲人根本就甭想插一脚进来。直到欧洲人掌握了美洲的金钱,才能够买到一张搭乘亚洲经济列车的车票,获得一个三等车厢的座位。所以,在当时的经济世界中,中国和印度才是真正的中心。

世界经济的天平向欧洲倾斜是19世纪的事,工业革命以后,欧洲成为世界经济无可置疑的中心,这当然已是众所周知的事实。证明欧洲在19世纪以前并没有领先于世界,这被具有全球史观的人看成是对欧洲中心论的一个重大打击，因为"欧洲中心论"者把西方兴起的开端定在15、16世纪，并追寻自那时（甚至更早的历史时期）以来西方历史的独特性，这在他们看来完全是一个神话。马克斯说："西方的兴起是一个故事，并且肯定地说是在欧洲中心论中处于核心地位的一个故事，它提供了一种选择与那一故事有关还是无关的事实的标准。"既然19世纪以前欧洲的经济并没有超越亚洲，世界经济的主要中心是在亚洲，特别是在中国和印度，所以，根本就不存在15、16世纪以来"西方的兴起"的事实。对于持全球史观的人来说，这些发现等于铲除了"欧洲中心论"的历史依据。

与此同时，以前为人们津津乐道的这样那样的欧洲"独特性"，在他们看来也是子虚乌有。就是那个独特的"欧洲婚姻模式"（欧洲人口家庭体系），也没有真正的独特之处，因为在世界其他地方，也能找到与欧洲相类似的现象。例如，在过去几年里，美国人李中清和王丰关于中国人口史的研究表明，历史上的中国人也实行生育控制，已婚生育率低是中国人口体系的最显著的特点之一，从而（据说）戳穿了马尔萨斯的神话。马克斯十分看重这个研究，他在书中这样说："仅仅通过这样一个例子，欧洲人无与伦比的论断和欧洲'兴起'的原因中一个支柱性的观点就动摇了。"在他看来，既然不是欧洲独有，当然就不能用于解释西方的兴起了。

尽管欧洲崛起的时间被延至19世纪，但持全球史观的历史学家仍要面对欧洲为什么在19世纪以后崛起的问题。既然欧洲的崛起没有什么独特的原因，那么，19世纪以后，首先是英国，随后是其他欧洲国家在世界经济格局中胜出的原因只好归结于偶然性了。

马克斯在书中的确把这个原因归结为无数的偶然因素，以及由众多的偶然性凑合在一起的"偶合"。马克斯说："本书在勾画关于现代世界形成的非欧洲中心论的图景时，将强调历史的偶然性和历史的偶合。"

他特别讲到英国人十分偶然地得到了便于开采的煤炭。煤炭矿藏在地下的形成是数亿年前的事情，而人类生活的地方恰巧有煤炭矿藏存在纯属偶然。有些煤矿位于人们既需要又懂得如何利用它们的地方，有些就非常遥远因而不可利用。例如，荷兰和中国都有能力，也急需发展煤炭工业，以提供经济发展所需的能源，但他们的煤矿都不在所需要的地方。这是导致下列现象的一个原因：在18世纪，这些地区的经济发展减缓，而英国由于恰巧靠近储藏丰富、便于开采的煤矿，经济发展速度加快了。就历史发展而言，煤矿的分布是具有偶然性的，但是对于哪个国家能够现代化而哪个国家不能，它当仁不让地发挥了戏剧性的作用。英国在近代的发展中逐渐胜出，不是因为别的，纯粹是因为它偶然方便地得到了煤，以及在海外拥有广大的殖民地。由于便利的煤炭储藏，英国人发展起建立在蒸汽这种新动力基础上的工业化，从而摆脱了那些束缚。在19世纪早期，这种新的能源用于军事，到那时，也只是到那时，平衡才向有利于欧洲人而不利于亚洲人的方向转化，率先跨出这一步的是英国人，向着明确的全球主导地位大踏步前进。

在这里，关键一点在于，西方的兴起并不是不可避免的，而是有相当的偶然性。马克斯说，世界的一个地区——这里指英国带领下的西欧——能够通过开发利用储藏的太阳能（煤炭，后来是石油）摆脱旧生态体制的限制，这种现象纯属偶然，是一种全球机遇促成的结果。

这是一个对英国走上工业化道路、与其他地方分道扬镳的生态学解释，它构成了《现代世界的起源》这本书的另一个重点，与"全球的"视角一样，同列在副标题上。

马克斯的这个思想的主要来源是彭慕兰。彭慕兰在《大分流》一书中从生态的角度，阐述了以英格兰为代表的欧洲与中国的分流的过程和原因。在彭慕兰的思想中，使用煤和在海外拥有广泛的殖民地上的资源，对英格兰（或欧洲）的发展至关重要。由于以矿物燃料和新大陆的资源利用做基础，英国的发展与原有的道路发生了断裂。没有这两样，英格兰就受到自身生态环境的束缚，它的经济的增长有可能像其他地方一样，走一条劳动密集型的道路。

生态学的解释很有魅力。但若追究起来，我们还不能停留在彭慕兰那里，因为从生态的角度解释英国近代的经济发展主要是里格利的贡献，这位剑桥大学的历史学家提出了有机物经济和以矿物能源为基础的经济这两个概念。"有机物经济"是指人类的生活和生产绝对地依赖有机物的经济，无论是原材料、生产过程中所消耗的燃料，还是最终的产品，都是地表上通过光合作用而形成的有机物。人类从狩猎到种植的各种经济活动都属于有机物经济。有机物经济的上述特点决定了它是受制于土地资源的。土地是有限的,能从地表生产的资源也是有限的,因而,归根结底,土地资源为有机物经济的发展设置了天花板,特别是人口不断增长给经济的发展造成压力,使得有机物经济的增长迅速地接近它的限度。要突破这个限度,就要从有机物经济中走出来,改变人类对有机资源绝对依赖的状况。英国最先实现从有机物经济向以矿藏能源为基础的经济的转变。正是英国率先大量使用了地下的能源(起初主要是煤,后来主要是石油),人类才改变了有史以来绝对地依赖于有机物的状态,大规模的生产有了可能,工业化得以蓬勃发展起来。里格利关于煤炭的开采和使用的观点被彭慕兰用于解释19世纪欧洲与中国的分流。而马克斯则把这种解释用于现代世界的起源,称之为"生态的"解释。

煤炭并不是导致英国崛起的唯一偶然因素。在马克斯的书中,还有其他很多个偶然因素在欧洲崛起的历史过程中发挥过重要的作用。他在讲到偶然性时,常常采用"假设",以表示"倘若不是这样,历史就会是另一个样子"的意思,比如他说,如果没有发现新大陆及随之而来的一系列事情,那么,欧洲人的命运就不会发生太大的转变。又比如,如果是中国人而不是葡萄牙人建立了欧洲和亚洲之间的水上通道,将迫使欧洲人不能远离本土;如果英国没有开始工业化并把工业化的成果应用于军事,天平也许不会朝不利于中国的一方倾斜;如果不是一系列的偶然性、偶然事件和历史的偶合,我们也许还生活在一个农业帝国的世界中；等等。

数个本来互不相干、偶然发生的事件在某个时期碰到一起，相互发生影响，并最后造成了某个结果，这就发生了"历史的偶合"。例如在15世纪早期的中国，由于独特的历史环境，政府决定用白银作为其货币体系的基础。但是，当欧洲人在新大陆发现了巨额的白银，以及对白银供不应求的中国市场的时候，中国政府的这一决定在16和17世纪就产生了全球性的影响。结果，白银流到了中国（和印度），而亚洲的丝绸、香料和瓷器则被卖到了欧洲和新大陆，从而开创了全球化的第一阶段。这就是一次历史的偶合：由于各地具体的环境而在世界不同地区发生的事情在那时具有了全球重要性。历史的偶合也可以发生在一个特定的地区内。例如民族国家发展的原因本来与导致工业化的原因各不相干，但是，当这两者在19世纪汇合在一起并创造了一次历史的偶合时，一种强大的全球化力量就出现了。

以全球眼光看待近代早期的世界，的确给人一些启发。在全球视野下，欧洲的崛起不仅仅是欧洲自身的力量所造成的，而且是在欧洲与世界其他地方的互动过程中实现的。西方的学者以前更多地关注欧洲自身的因素，力图从欧洲内部寻找有助于解释西方兴起的独特性；而非西方的学者则往往从另一个方向揭示西方兴起的条件，强调西方列强对殖民地、半殖民地的掠夺和剥削。现在，西方的学者通过全球视角，认识到非西方世界对欧洲崛起的作用，这无疑是学术上的一个重大进步。

同样，有全球眼光的历史学家注意到历史过程中的机遇和偶然性，这可以促使我们重新去思考偶然因素在历史进程中的作用问题，由于偶然性的介入，人们对历史过程的认识就变得丰富多样。正如马克斯所说，我们关注偶然性、偶然事件和历史的偶合，这意味着我们对现代世界形成过程中的重要发展的解释要从多方面而不仅仅是从一个方面分析原因。一元论的解释太简单化了，对于复杂的民族、社会和历史变迁来说并不适合。

全球视野下的历史研究尽管具有上述学术价值，但我们也不能不遗憾地指出，这类研究仍然是带有很大的局限和片面性的。采用"全球的"视角就其本意来说是为了对抗以往以欧洲为中心的研究取向的。这很容易使研究走向另一个极端，即欧洲自身的因素变得不再那么重要。我们在马克斯的书中看不到欧洲内部可以说明欧洲崛起的因素。虽然马克斯讲到欧洲民族国家的形成这一重要的历史现象，但它也只是碰巧由于西班牙人没能在欧洲建立一个帝国而偶然出现。曾经为人们所看重的那些用于解释欧洲兴起的种种原因，通通被当作欧洲中心论的产物而受到抨击。这多少让人感到那些具有全球视角的历史学家在解释欧洲崛起时，对欧洲历史采取了虚无主义的态度。

事实上，"欧洲中心论"与把研究的重心放在欧洲来解释欧洲的崛起，这是两码事。前者指的是在欧洲人的偏见和种族优越感的支配下看待事物的态度或方式，欧洲中心论者不可能客观、公正地看待历史；后者则是对事实的尊重。欧洲的崛起无疑是很多因素共同作用的结果，其中包括对殖民地的掠夺，以及欧洲在与世界其他地区的交往中得到的机遇。但是，不论外部的因素如何重要，欧洲只有在自身发生变化的情况下才有可能摆脱在以往的世界性交往中的微末地位。因此，历史学家把研究的重点落在欧洲完全合乎情理，把"欧洲中心论"的帽子套在这些历史学家头上，实在有些冤枉。

有全球视角的历史学家个个以反欧洲中心论为己任，可是，由于他们认识上的误差，他们在破"欧洲中心论"方面的工作远不是他们自以为已经做到的那么成功。

他们认为，他们的研究结果证明了1800年以前世界经济的中心在亚洲，而欧洲只是勉强搭乘了亚洲经济的列车，从而打消了西方人的优越感，即西方人认为自15、16世纪以来，欧洲就是世界经济中心的观点。

关于这一点，我首先要承认有全球史观的历史学家们的研究结果，在经济史层面上证实了19世纪以前中国的发展领先于欧洲。这一研究结果的学术价值是无可置疑的。但是，直到18世纪为止，中国发达于欧洲这一事实并不是到最近才得到发现的。18世纪的欧洲人对中华文明的向往足以表明当时的欧洲人已经认识到中国的发达程度。许明龙先生曾对此做了专门的研究，他的那本《欧洲18世纪中国热》的"前言"中，用这样一段话来描述当时欧洲人对中国的热度："那时，中国的商品抢着买，关于中国的书争着读；凡尔赛的舞会上，国王身着中国服装出现在满朝文武面前；塞纳河边的戏园子里，男女老少聚精会神地观看中国皮影；国王的情妇养金鱼，大臣的夫人乘轿子；阔人在私家花园的中国式亭子里闲聊，文人端着景德镇的茶碗品茶……"想来在当时欧洲人的心目中，中国无疑是一个文明发达、令人神往的国度，许明龙说："那时的欧洲人对于中国商品的热情，胜过如今的某些年轻人对于'耐克'、'阿迪达斯'的追求；那时的中国在欧洲人心目中的地位，高于今日某些中国人心目中美国的地位。"原因不难发现，"因为那时的中国不比欧洲落后"。

可见，仅仅证明19世纪以前欧洲不是世界经济的中心，并不能充当有全球视角的历史学家手中用来砸破欧洲中心论的砖头。有全球视角的历史学家或许混淆了把欧洲的兴起时间定在1500年，与把欧洲兴起的源头追溯到1500年之间的差别。认为欧洲从1500年起已经对世界其他地方占据优势，这是不符合历史事实的。非要那样说，确有"欧洲中心论"的嫌疑。但是，把欧洲兴起的源头确定在15、16世纪，甚至更早的历史时期，很难说与欧洲中心论有关。

众所周知，从15、16世纪到18世纪的欧洲历史一般被称为"现代早期"，人们看重这段历史，因为这段历史直接与后来的工业化、现代化有关，是为西方后来支配世界积累条件的阶段。所以，大多数研究者把欧洲在这个阶段的发展称为资本主义起源阶段、封建主义向资本主义过渡时期、前工业化时代，等等。这说明大多数人是意识到"西方的兴起"的前史与"西方的兴起"本身之间的差别。抹杀了为大多数人确认的这个差别，把他们探究西方兴起的源头的时间追溯到15、16世纪的做法，视为他们已经把15、16世纪的欧洲当作世界经济的中心，这完全是一个误会，而有全球视角的历史学家破欧洲中心论恰恰是从这样的一个误会开始的。

根据有全球思维的历史学家的看法,"欧洲中心论"者总是在欧洲内部寻求用以证明欧洲在近代得以胜出的独特性。马克斯在书中反复讲到,"欧洲中心论"者为了表示西方的优势地位,总是在欧洲内部寻找独特性,以此来说明西方为什么最终胜出。为了破除"欧洲中心论",有全球眼光的历史学家则偏偏从欧洲以外的地方寻找那些被欧洲中心论者认为欧洲独有的东西。好像一旦发现在其他地方也存在着原以为只存在于欧洲的东西,欧洲的独特性、例外论便不攻自破了。

李中清和王丰对中国人口史的研究结果,在很多西方学者看来,就起到了这样的作用。李中清和王丰对自己的研究十分自信,据称是揭穿了马尔萨斯关于中国人口发展的神话,其中讲到已婚生育率低是中国人口体系最显著的特点之一。有全球头脑的历史学家十分看好李中清和王丰的研究,他们拿这个研究结果去反击西方的历史学家所主张的、有助于抑制人口增长的"独特的"欧洲婚姻模式和人口体系。令人费解的是,一些中国的学者也跟着去抬高李中清、王丰的研究的意义,说他们的研究不仅在批判马尔萨斯主义方面取得了成功,而且对破除西方中心主义方面也做出了重要贡献。

然而,稍有中国历史常识的人都知道,李中清和王丰的研究主要是基于清代皇族和东北的一个叫道义屯的村子的人口资料所做的个案研究。作为个案研究,我认为他们的研究工作做得十分出色。但这毕竟只是一个个案而已,考虑到清代满族贵族这一群体的特殊性、东北地区在当时作为移民目的地的地域特征，以及屯民们的特定身份，李中清和王丰的研究结果对于中国人口史而言并不具有典型意义。他们拿一个没有典型意义的个案研究结果，作为反映当时中国人口总体情形的样板，实在不太合适。因为他们的观点无法面对这样一个明显解决不了的问题：如果历史上中国人的死亡率很高，至少不低于欧洲人；如果历史上中国人的已婚生育力很低（据称低于欧洲人），而中国人的非婚生育率又极低，那么，他们怎么能够令人信服地给大家解释中国历史上人口快速增长的现象？

可见，李中清、王丰的研究的学术意义，最好还是局限在个案本身。赋予它更大和更广泛的意义，经不起推敲；拿它来破"欧洲中心论"，期望过高。西方学者对中国历史的了解不多，他们如获至宝的东西，其实根本不足以成为反击欧洲婚姻人口体系独特性的可靠依据。

通读马克斯《现代世界的起源》一书，给人留下深刻印象的还有充斥其中的对历史进程的偶然论解释。历史研究中关于必然性和偶然性的争议由来已久，从过去的经验来看，人们显然更青睐于规律和必然性，虽然并不否认偶然性在历史中有时也起到重要作用。对必然性的重视，引导人们去探究因果关系。人们往往根据已经发生的事实去追究其原因。长期以来，人们喜欢追问西方为什么兴起的问题，并寻找西方兴起的独特性，就是遵循了因果关系。

近年来，西方史学的风向大变，否定规律性、必然性，以及否认对历史进行因果关系式的解释的思想十分走红。他们抵制"从现实反推历史"的思维方式,反对根据西方当前的强势地位去寻找西方兴起的内部因素。

这种想法看上去很有见地,不过,在实际的历史研究中,还是绕不过"为什么"这个最为基本的史学问题。关于现代世界的起源问题也是这样。我们可以认同1800年以前没有什么"西方的兴起"这样的观点,但我们毕竟仍要面对1800年以后随着工业化而来的"西方的崛起"这个事实,我们还是要问:西方为什么崛起?按照非因果关系式的思维,我们是不能找出导致西方崛起的前因的。可是对这个问题又必须做出解释,于是,他们便求助于偶然性,好像现代世界的起源是一个又一个的偶然因素和众多的偶然因素合在一起,奇特凑合、共同作用的结果。

这样,事物又走到了另一个极端,即从先前的过于强调必然性,走到了过于强调偶然性。"必然性"是指注定要发生的事,"偶然性"则是既有可能性,也有不可能性,万一发生了某件事,那就是碰巧了,俗话说得好,那叫"碰运气"。虽然碰上运气也是一种原因,但这不是可以根据因果律推演的。

过于强调偶然性和偶合对历史进程的作用,让人怀疑历史研究的必要性和意义。如果一切都是偶然所致,那么,历史学家的任务只需把历史事件按年代编排好便是,根本不需要再去追究这样那样的原因了,事情变为大家所感觉到的这种状态,既没有什么"深刻的"背景,也没有什么"复杂的"原因,一切皆偶然为之。可是,如此一来,历史学家不就仅仅成为一名编年史家了吗?

事实上，马克斯把英国的崛起归因于偶然地得到了便于开采和运输的煤，这完全是因为他出于实用的需要而部分地（或许是片面地）吸收了里格利的思想。煤炭是几亿年前就埋藏在英国地下的，英国也是自古以来就有人定居的地方。英国人自中世纪起就已经在使用煤。为什么要到近代早期开始，才越来越多地使用煤做燃料？为什么要到蒸汽机发明以后，煤的作用从以前的主要产生热能向着主要产生机械能转变，从而使英国社会对煤的需求量大大增加，以至于煤炭成为工业革命所依赖的能源？煤炭的大量使用绝不是"偶然"的。里格利本人在解释近代早期英国的经济何以持久、快速增长时，讲到两个原因，一是亚当·斯密式的资本主义，二是从有机物经济向以矿藏能源为基础的经济的转变。可见，马克斯从里格利那里仅仅是提取了对自己有用的那一部分观点。

然而，偶然论的历史解释让人不满的还不止这些。无论是弗兰克的《白银资本》，还是马克斯的《现代世界的起源》，都讲到中国当前的经济发展，并看好中国的前景。他们说，中国在历史上曾是世界经济的中心，现在的这种发展趋势使中国有可能重新回归世界经济中心的地位。他们这样说，让我们中国人感到欢欣鼓舞。可细细一想，此事并非那么简单。为什么？因为如果按照他们的说法，从现代早期的历史中看到，西方的兴起并不是不可避免的，而是具有偶然性的，那么，这也就意味着中国未来的再次崛起也应该是偶然的。我们现在所做的一切并不能保证未来一定成功，除非发生一些偶然事件再次把中国推到世界经济的中心。按照偶然论的历史解释，中国要崛起，也得碰运气。但是，碰运气的事是没准的，有可能碰上，也可能碰不上。生活的经验告诉我们，碰不上运气的可能性总是要远远大于碰上运气的可能性。以此看来，预言中国能再次占据世界经济中的支配地位，更像是偶然论者开给我们的一张空头支票。一个国家能否占据世界经济的支配地位，自有其必然性，不是用完全的偶然性所能说明白的。

（原载《中国图书评论》2006年第12期。本文是为《现代世界的起源——全球的、生态的述说》[罗伯特·B.马克斯著，夏继果译，商务印书馆2006年版]所写的评论）

全球气候变暖与人类的活动

看过不少环境方面的论著，几乎所有的作者都认为，人类自工业革命以来大量排放二氧化碳，导致全球气温上升，而全球变暖将使千万年里形成的地球两极冰川融化，使海平面上升，进而给人类的生存造成威胁。曾经在前年发生激烈争论的全球气候大会让人们确信，当代的全球气候变暖趋势与人类的活动有关。

但是，荷兰学者萨洛蒙·克罗宁博格所著的《人类尺度：一万年后的地球》一书中的观点，似乎可以让人稍稍放松一下在气候变暖问题上的紧张感。克罗宁博格的一个基本观点是：所有当下发生的一切，从地球的立场出发，是"正常运作"，最近的气候变暖也是如此。

作者认为，大自然变化的长周期类似于四季交替，只不过是它的时间尺度更长。根据克罗宁博格的描述，大自然的"春天"是在一万年以前开始的，那时，天气已开始转暖，曾经覆盖了当今人类广泛活动区域（比如像北欧地区）的冰层逐渐在阳光下融化，海平面上升。而人类祖先的生活方式则开始从渔猎转向定居农业。总之，植物、动物和人类都受到日益变暖的气候的影响。到现在，人类已经处在"盛夏时节"。不过，我们虽然生活在"夏季"，却没有意识到这本来就应该是一个气温升高的季节。于是，我们担心于气温上升1度或2度可能会给人类带来的危害。我们当今面临着的各种自然灾害的确是更多、更剧烈，人类遭受了更多也更大的不幸，但依据克罗宁博格的说法，那是因为"我们在火山口、地层断裂活跃地区、海岸下沉区以及有可能遭受洪水袭击的河谷低地安家落户"。但是，"夏季"终将过去，这也是自然规律，只不过是要再等一万年，"秋季"才会来临，那时，冰层重新覆盖大地，海平面下降，自然景观将重回"春季"到来之前的样子，而今天的人们因为气温上升而引发的激情也将随之结束。

克罗宁博格面对当前全球气候变暖的趋势，之所以显得如此淡定，在于他在看待这一问题时使用了与众不同的时间尺度。

通常，人们只考虑几十年或几代人的事情，能顾及2100年后可能出现的状况就已经是很长的时间尺度了。考虑几代人以后的未来，这就是"人类的尺度"。我们是生活在从大自然那里借来的时间里，并且一直在用我们人类的尺度去衡量大自然，在人类的尺度框架内去思考问题，而不是用大自然自己的尺度衡量大自然。结果，每个人都为现在的气候最大值激动不已。其实，这在克罗宁博格看来只不过是大自然长周期循环中出现的"一丝波纹而已"。

如果我们超越现阶段人类思考问题的尺度，观察一个漫长的周期，那么，情形也许就不会那么令人沮丧了。那就是一万年，也就是四百代人的时间尺度。为什么要一万年的时间尺度？因为人类现在所处的全新世开始于一万年以前，那是大自然长周期中的"春天"的开始；地质学的知识告诉我们，类似于我们现在所处的温暖期一般不会超过一万年；人们还认为一万年前左右爆发的火山都处在活动期；还有，在美国，核废料都必须埋在地下，一万年不许接触；等等，还有许多以万年为时间尺度的事情发生着或存在着。而且，在这一万年内，还存在着一些可能以千年为周期发生的事情。因此，这万年的时间尺度，是地质学送给我们的最大礼物。

与地质学应用的时间尺度相比，人类的尺度就不那么适用了。地球的年龄将近46亿年，而人类的平均寿命只有70岁左右，按照这个比例，一个人的寿命在爱尔兰大主教厄舍尔的时间刻度表上不会超过一小时。可见，与自然的历史相比，人的生命实在短暂，在人类尺度内，我们难以经历我们从地质史上了解到的最大的自然灾害。当然，未来的人们有可能碰上这样的灾害。总之，克罗宁博格认为，"人们在一生中或是在已经被记录下来的所有人类历史的时间中所看到的或是所经历的东西，不足以去理解自然进程"。这也难怪他要嘲讽因为气候变暖、海平面会上升而变得"如此激动"的人们："为什么要大张旗鼓地围着小周期内出现的现象团团转?"

他镇定自若的表现还缘于他对地质史上的地震、火山爆发、海平面波动等自然进程做过的一些研究,其中关于里海海平面在较长时期内发生较大幅度升降的历史信息,有力地支撑着他关于现今及未来海平面可能上升的态度。在20世纪,里海的海平面发生过三次突发性的升降,波动幅度为3米,人们深受惊吓。但当时间尺度放宽到三千年,他发现,里海水位的振幅高达25米。如果时间尺度进一步放宽,考察一万年直至十万年前的情况,那时的里海水位比现在竟高出75米,整个里海北部平原50万平方公里的土地都被海水淹没。所以,里海海平面在一个世纪里所发生的变化,放在万年尺度上来看,只不过是一束小小的浪花而已,完全是微不足道的。

《人类尺度》挑战了较长时间以来人们拥有的有关二氧化碳排放与气候变暖关系的"常识",书中的论述充满了智慧,为气候变暖所做的辩护也是十分巧妙。这本书的观点也有助于增加人类面对气候变暖、海平面上升所带来的挑战的勇气,正像作者所说的那样:穿着熊皮、拿着石斧的石器时代的人类尚且知道如何在冰期生存下来,我们难道无法运用现代高科技去解决海平面上升1米带来的后果吗?

当然,话还得说回来,上述观点和解释只是克罗宁博格的一家之言,它为我们思考气候变化提供了一个新的视角,这是本书的价值所在。但同时,我们也应该意识到,即使人类的活动对于全球气候变暖的作用微不足道,我们也不能从此以后就不加节制地去排放温室气体，大量地消耗资源和排放二氧化碳已经严重地破坏了自然生态和人类的生存环境。所以，克罗宁博格也表示，"我们应该节约能源"以保护有限的资源。

（原载《光明日报》2013年11月17日，
原题为《全球气候变暖与人类的活动无关吗？》）

历史研究中的时间尺度

历史学是关于时间的科学，历史研究的时间特征无处不在，一个明显的事实就是：任何研究对象都是历史性的存在，它们在历法时间上存在过。历史研究与时间的关系，如同地理学与空间的关系一样，是不可分离的。

运用"时间尺度"是历史学作为时间的科学的具体体现之一。所谓时间尺度，指的是研究者在观察、分析其研究对象时所采用的一种时间上的度量工具或方法。在有些情况下，一定的时间尺度还可以成为研究者对研究对象进行价值评判的依据。

历史研究需要"时间尺度"这个工具，首先是因为历史学上的每个研究对象都有一定的存在和运动期，研究者所选取的对象必然是有起始、有终结的历史内容。所以，每个研究对象自身就存在于一定的时间中，研究者应当尊重并确认这一存在。其次，历史社会的内容丰富多样，这些历史事实的存在和运动具有不同的时间节律，因此，研究者不能满足于用单一的、线性的时间观念来观察和分析各个研究对象，而应当用差别化的时间尺度去对待。

历史学中的时间尺度是多样的。根据不同的研究对象，我们可以发现历史上存在着千年、万年的长周期，也有以时、日为单位的短期节律。比如在19世纪，资本主义经济危机大概以8—10年为一个周期就爆发一次。经济生活中还有其他的节律和周期，比如物价和工资的波动，这就需要用相应的时间尺度去理解它们的运动态势。康德拉季耶夫周期则以50年为期，分析经济形势的变动。而研究人类活动与全球气候变迁的关系，一个世纪的时间尺度还可能显得太短，于是，就需要使用千年，甚至一万年的时间尺度。与此同时，表现为短促节律的事情则更是经常发生，按照布罗代尔的说法，政治史中的事件相比之下就只能算转瞬即逝的历史了。政变虽然不常发生，但一旦发生，它总是来得突然，只需几天，甚至几个小时就完成了整个过程。所以说，历史的复杂性决定了时间的多重性。

马克·布洛赫最先注意到历史学中的时间尺度问题，他认为，社会运动结构的节奏或快或慢，存在着"漫长的代与短促的代"，所以，历史学"应该有符合历史节奏之变化的时间尺度"。他还认为，最准确的时间划分并非必然是日、年这种最小的单位，"真正的精确在于每次都依据考察对象的本质。因为每种对象都有其特别的测量尺度"。所以，对于像社会、经济、信仰和心态行为这样的结构演变，过去精细的时间测量法在历史研究中是不合适的。

时间尺度这个概念在布罗代尔的那篇著名论文《长时段：历史和社会科学》中做了进一步的阐述，他讲到历史学家的时间"是一种尺度"，研究政治史与经济社会史适用不同的时间尺度，"在以往的政治史学家看来，一天、一年都是时间的计量单位。时间是许多天的总和。但价格曲线、人口增长、工资运动、利率波动、生产预测、流通分析都要求更加宽广的尺度"。他并且相信，"历史学家肯定拥有一种关于时间的新尺度，按照崭新的方位标及其曲线和节奏定位，使对时间的解释能适应历史的需要"。

布罗代尔找到了历史研究中的时间尺度，这就是他关于时段划分的理论：历史事件像大海上的浪花，转瞬即逝；社会像暗流掀动着表面的生活；而人所生活的地理环境则缓慢地流动。相应地，布罗代尔发明了三种不同的时间尺度：地理时间，即长时段；社会时间，即中时段；事件时间，即短时段。布罗代尔的时段划分理论第一次揭示了历史存在多种时间尺度，以及历史研究需要运用不同的时间尺度的问题。

历史学家注意到时间的尺度，是与历史学的发展联系在一起的。19世纪晚期和20世纪初期，新史学兴起，历史研究从以政治史为主，发展到以经济社会史为重点。这一变化要求历史研究者从对短时段历史的关注，转向对具有长期趋向的历史进程的观察。从马克·布洛赫到费尔南·布罗代尔、米歇尔·伏维尔、雅克·勒高夫，法国年鉴学派的每一代历史学家都关注历史的时段，就与他们对社会经济史的厚爱有关。

然而，人们头脑中的时间观念的变化，也有助于拓展更多的、新的历史研究领域。"长时段"的方法使得原先一些无法在"短时段"的时间架构内进行观察和分析而遭忽视的历史题材进入了历史学者的视野，"心态史"这一年鉴史学派的历史学家最为擅长的研究领域，被认为是应用长时段方法的"优势领域"，比如在家庭史、爱情史、对儿童的态度史、对死亡的态度史等一系列研究领域中，人们在较短的时间尺度内很难看到明显的变化，它们的演变极为缓慢和隐蔽，往往要经历长达数个世纪的时间才能发现其中的变迁。这样，在心态史领域，注重于对态度、行为举止，以及集体无意识层面上的研究，由于有了长时段这样的时间尺度，一度成为历史学的新增长点。

近几年来，历史学者对生态环境史表现出浓厚的兴趣，生态环境史也是一个需要用较大的时间尺度才能进行适当分析的领域。比如关于全球气候变暖问题，通常，人们把气候变暖归因于人类活动、大量排放二氧化碳所造成的温室效应。如果把全球气候变暖的原因归结为人类的活动，那么，工业化无疑成为历史学者追溯全球气候变暖史的起点，因为从人类活动的历史上看，只有自工业革命以来的人类活动才可能排放出足以让全球气温持续升高的二氧化碳。这样，要解释全球气候变暖的历史，研究者需要跨度至少在两个半世纪以上的时间尺度。

不过，运用不同的时间尺度，不仅仅因为研究对象本身存在着或快或慢的运动节奏，而且还因为，在某些情况下，不同的时间尺度具有解释历史现象的功能。

还是以全球气候变暖问题来说，以一万年的时间尺度去观察，得出的结论与以世纪为单位的时间尺度所做出的解释是完全不同的。2011年，上海文艺出版社出版了荷兰人萨洛蒙·克罗宁博格的著作《人类尺度：一万年后的地球》，作者认为，现在全球气候变暖的趋势与人类的活动没有什么关系。这与上述的把气候变暖归因于人类活动的通常看法迥然不同，其秘密在于作者使用了万年时间尺度。万年时间尺度使克罗宁博格具备了独特的优势，得以超越通常在人的生活时间尺度内考虑地球变暖的视野。他认为，我们一直在用我们人类的尺度去衡量大自然，在人类的尺度内去思考问题，而不是用大自然自己的尺度衡量大自然。结果，每个人都为现在的气候升高而激动不已，其实，这只不过是大自然长周期循环中出现的"一丝波纹"，与人类本身的活动无关。为什么要使用一万年的时间尺度？因为人类现在所处的全新世开始于一万年以前，那是大自然长周期中的"春天"的开始；地质学的知识表明，类似于我们现在所处的温暖期一般不会超过一万年。因此，这万年的时间深度，就是地质学送给我们的最大礼物。

克罗宁博格撇清气候变暖与人类活动的关系是他的一家之说，但他那大胆的万年尺度对历史研究来说极具启发意义，他的研究表明，时间尺度不仅仅是一种度量工具，也可以成为历史解释的一个因素和一种视野。

时间尺度还可以影响我们对历史事件和过程进行评判的态度。

工业化和现代化进程的某些方面在不同的时间尺度下可能会获得不一样的评价。在经济增长方面，工业化和现代化因其生产力迅速发展，在较短的时间里创造出比以往一切世代所创造的生产力总和还大的生产能力而获得极高的评价。以世界规模的市场来配置资源，以科技不断进步推动起来的一次又一次工业革命为人类创造出巨大物质财富，这些成就都是与效率、速度，归根到底，是与时间相联系的。在这里，时间尺度越短，越是体现出工业化、现代化的创造性和进步性，从而获得积极的评价。

不过，现今的人们越来越意识到工业化、现代化的代价，时间尺度提醒人类，这样的代价很高，比如绿色植物收集和储存的太阳能在地下经过长达六千万年的不完全氧化作用而变成的化石燃料，在很短的时间内被大量开采，尽管化石燃料的形成过程仍在不断进行之中，但其形成的速度与被消耗的速度相比，极为缓慢，从时间尺度上看，它们是数千万年与数个世纪的关系，完全不成比例。不可再生资源过快地消耗，意味着当前的这种增长速度不可持久，考虑到人类在地球上还要世世代代地生活下去，那么，这种增长速度用未来的时间尺度来衡量就成了一个问题。

环境污染所造成的危害性也是这样，比如放射性废料，这种废料要想冷却到周围环境的温度，可能需要长达五千年的时间。在某种程度上说，自20世纪中叶以来大约半个世纪的时间内在核技术的发明及其应用上所取得的成就，是以人类要担惊受怕五千年为代价的。转基因作物是否对人类有害的问题，大概不是用十年、二十年的时间尺度就可以判断的，有些后果或许要经历数代人的时间以后才可能为我们所感知。如果评判转基因作物的安全性需要较大的时间尺度，那么，我们现在就可以怀疑一些人仅仅根据"眼前"的尺度判断出来的安全性。

时间尺度很好地体现了历史学作为时间科学的特性，它依据于历史事物本身，但它更是历史研究中一个工具、一种方法，也是一种视野，应该受到重视。

（原载《中国社会科学报》2012年7月18日）

中国抗日与"二战"的开始

第二次世界大战是一场世界人民反法西斯的战争，这一性质无人怀疑。但对这场战争的开端，则有一些不同的说法。传统的看法是把1939年9月初的德军入侵波兰，以及随后英、法等国对德宣战，看成是"二战"的开始。近年来，这种看法正在改变，比如在承认1939年9月初第二次世界大战"全面爆发"的同时，有人提出以"九一八"事变为起点，中国的抗日战争"打响了世界反法西斯战争的第一枪"。也有人明确表示，"二战"开始于1931年日本与中国之间的战争。

新的说法包含着对中国抗日战争的历史意义的重新评估。不过，新的意义仍未得到充分阐述，本文将从全球视野进一步说明，中国抗击日本侵略不仅仅是一场发生于局部地区的民族战争，它还具有世界历史意义。作为一场反抗法西斯的世界性战争，第二次世界大战开始于1931年"九一八"事变以后中国的抗日战争。

一

全球化是一个漫长的过程。到20世纪,全球化进入一个新的阶段,我国学者称之为"整体世界史"时期。在这个时期,全球不同的国家和地区之间的联系空前紧密,世界形成一个整体,很多地区性的事件往往具有全球意义。战争也史无前例地成为世界性的大战,第一次世界大战就是因为一个偶发的地区事件而引起。战后,国际社会建立了凡尔赛—华盛顿体系,"国际联盟"成为20世纪第一个全球主权国家的政治组织。整体世界的形成,不同国家和地区间政治、军事、外交上的密切关系,有赖于世界市场作为其基础,世界各国都已深刻地卷入全球经济,它们互相依赖、互相影响。1929年从美国开始的经济危机很快席卷全世界,这再次说明,20世纪的世界不再是各自独立的政治地理单位的简单集合,有一种内在的力量已经把全球整合在一起。

整体的世界是20世纪世界史的一个基本特征,这为我们用全球视角观察和分析发生在不同地方的历史事件提供了依据。例如,在20世纪二三十年代,法西斯主义和反法西斯主义的斗争在很多国家发生,直观地看,这些事件大多属于这些国家内的"地方性"事件,或是发生在少数国家之间的冲突。不过,从全球史的观点来看,它们从一开始就具有世界性的意义,并且在发展过程中,它们对世界的影响越来越大。

"法西斯主义"一词适用于任何右翼民族主义、极权主义的运动和政府,强调国家至高地位,个人意志服从由国家体现的统一的人民意志，完全服从代表国家的领袖。1919年，墨索里尼在米兰发起"法西斯主义运动"。1922年10月，墨索里尼在意大利建立第一个法西斯政权。受其影响，1933年起，法西斯势力在德国兴起。在日本，以军部为代表的法西斯势力从20年代末就开始抬头。在30年代，法西斯在西班牙也掌握了政权。据研究，在两次世界大战期间，包括英国、法国、巴西在内，共有40多个国家和地区建立过各种名目的法西斯组织。

法西斯主义在各国兴起或发展，虽有各自的原因和条件，但却是一种世界性的现象。意、德、日等国对"一战"结局不满，想突破凡尔赛—华盛顿体系的束缚，"在两次世界大战之间的年代，国际事务中发生的每一个重大事件，无不直接或间接地与凡尔赛—华盛顿体系相关联"。1929—1933年世界经济危机进一步推动了法西斯运动的泛滥。在日本，到1933年底，法西斯主义和半法西斯主义团体共有501个，其中半数以上是在1932—1933年出现的。在德国，纳粹党迅速发展也是在危机以后的短短几年里，纳粹党员人数成倍增长。法西斯分子企图通过在国内建立极权体制、发展军事经济，对外进行侵略来克服危机。

的确，法西斯主义具有对外侵略的本性，希特勒具有以无限"生存空间"为依托的扩张野心；墨索里尼追求对人类的"最高统治权"；而日本则想北进、南下征服亚洲和世界。这使得法西斯主义一经出现便是对世界的一种潜在威胁，法西斯国家就是与世界为敌。1933年2月，日本因为世界各国反对它的侵略行为而退出国际联盟。1933年10月，德国退出"国联"。1937年12月，意大利也宣布退出"国联"。不仅如此，法西斯国家还结成联盟。1936年，德、日签订防共协定。1937年，德、日、意三国签订防共协定。1940年，这三国进一步结成法西斯同盟。

以上讨论表明，进入20世纪，特别是经历了第一次世界大战以后，世界比以往任何时候都更加显示出整体的特点，这使我们有可能用全球视野去认识发生在民族国家之内（或之间）的历史事件的世界意义。

二

法西斯分子支配下的日本给我们进一步观察其世界性的危害提供了一个样本。

还在20年代末，舆论就曾流传日本首相田中义一（1927—1929）有一份密奏，即《田中奏折》。奏折上讲，"惟欲征服支那必先征服满蒙；如欲征服世界，必先征服支那"，"以支那之富源而作征服印度及南洋各岛以及中小亚细亚、欧罗巴之用"。这个奏折还多次提到英美对日本的制约，并表示"将来欲制支那，必以打倒美国势力为先决问题"，"不得不与美一战"。

在日本退出"国联"之前的1932年12月，担任国联全权代表的松冈洋右做了一个长达80分钟、题为《十字架上的日本》的即兴演讲。在演讲结束前，他说："我们日本人已经做好接受考验的准备。欧洲和美国的某些人不是想把20世纪的日本钉在十字架上吗？各位，日本眼看就要被钉到十字架上。但是，我们相信，并且确信,过不了几年,世界的舆论就会因日本而改变,就像拿撒勒的耶稣被世界理解一样,我们最终也会被世界所理解。"这名外交官的辞令在当时或许只是让人发生某种猜想而已,但现在来看,他的演讲表明,日本决意与世界为敌。

1933年,策划过"九一八"事变的关东军参谋长石原莞尔认为,日本人与白种人之间的决战已为期不远。为准备决战,首先要完成东亚的联盟。并认为,"战争之动机,在于出现妨害我国成立东亚联盟国策之敌国,而此敌国无论其为美、苏、英,均难免成为持久战争"。他提出的日本国防政策就是要"以武力对付苏联陆上及英美海上之武力"。这种思想后来竟演变成为日本的国策。1936年8月日本制定的《国策基准》提出,要在"确保帝国在东亚地位的同时,向南方海洋方面发展"。为达到这一目的,要在消除北方苏联威胁的同时,还要备战英、美。"陆军军备能对抗苏联在远东可使用的兵力为目标",海军军备要"在对抗美国海军时能确保西太平洋的制海权"。可见,日本对中国的侵略不仅仅以灭亡中华民族为目的,对外扩张,不惜与世界为敌,是日本的既定国策。

然而,侵占东北,使资源丰富的东北成为日本进一步扩张的基地,这是日本征服世界的第一步。石原莞尔在1935年末所写《目前国策的重点》中称:"皇国的经济要求期待于中国及南洋甚多,但特别是期待满洲国能成为对付苏联的军事上和政治上的据点。目前国策的重点是在于健全满洲,使苏联放弃进攻远东的念头。"1936年6月20日,参谋本部《关于对满洲国的要求》称,要准备对苏战争,"为了准备战争,要求飞速发展满洲的产业"。同年7月23日,参谋本部的《关于为准备战争而开发产业的要求》中声言:"为了准备对苏战争,持久战所必要的产业,要求以昭和十六年(1941年)为限,以日、满、华北为范围完成之;特别要求在满洲国果断地迅速开发。"不久,参谋本部提出的《战争准备计划方针》要求在1940年以前"大力发展持久战所必要的产业,特别要迅速开发满洲国"。

日本对我国东北乃至全中国的侵略,还不只是两个国家间的事情。"满洲"在日本的总体战争中具有特别的意义。经历第一次世界大战后,日本认识到今后的战争不单是军队对军队、战舰对战舰的作战,而是"全体国民的战争",这就是国家总体战的思想。根据这一思想,确保原料的自给自足显得特别重要,而中国的东北就成了日本为实现总体战体制而必须控制的前提。

日本不仅把东北变成向更广大的世界进行扩张的保障基地,而且也把它变成了一个军事基地。为了落实它的侵略方针,日军在东北修建了十多处军事要塞,其中较有名的如海拉尔要塞、东宁要塞等,为进攻苏联进行准备。1938年和1939年,日军先后挑起"张鼓峰事件"和发动"诺门罕战役",但均遭到苏军的迎头痛击。正是在北进无望的情况下,日本才转而"南进"。

可见,日本侵占东北不是其最终目的,把东北、华北变成它向世界扩张的基地,才是日本法西斯主义的至上国策。当然,这反过来也凸显了中国人民抵抗日本侵略的世界意义,中日之战从一开始就具有双重意义:既是一场民族战争,又具有反法西斯性质的世界历史意义。

三

对于"二战"的起点,很多人是根据战争的规模来确认的。1939年9月1日,德军入侵波兰。3日,英、法对德宣战。随后又有更多的国家加入战争。战争的规模空前扩大。一般认为,第二次世界大战从此开始。但这个说法其实并不准确,从战争的规模和空间形态上来看,那时,两个最重要的国家苏联和美国还未直接介入战争,战事还只限于欧洲,也是一场局部战争,与1931年起日本对中国的战争一样,还没有达到地理意义上的"世界大战"的规模。如果世界大战中的"世界"主要是指战争的规模,那么,1941年6月22日德国闪击苏联和同年12月8日日本偷袭珍珠港以后,苏、美两国卷入战争作为"二战"的起点可能更合适,但这显然又不是人们的共识。

美国历史学家帕尔默把战争划分为三个阶段。从1931年日本入侵中国东三省到1939年欧洲战争爆发,一场新的世界大战被那些从不接受上次和约的国家发动了起来。1939年9月德国入侵波兰与英、法对德宣战,是一场"欧洲战争"的爆发。他特别指出它"不久便演变为世界大战"。等到太平洋战争爆发,美、英对日宣战和德、意及其他轴心国也跟着向美国宣战,"至此一场全球战争形成了"。帕尔默把1931年"九一八"事变当作"二战"的起点,1939年9月则被看成是战争发展到新阶段的开始,准确地把握了"二战"演变的外在时空节奏。不过,他的划分主要也是根据战争的规模,不太重视整个战争过程的内在性质。

日本历史学家井上清对于"二战"进程的划分与帕尔默基本

一致。但他注意到战争过程中不同阶段、不同区域的战争有四种不同的性质,即日、德、意三国最初对弱小国家和民族进行的帝国主义侵略战争;美、英、法等对日、德、意的帝国主义相互间的战争;德、意侵略社会主义苏联的战争;德苏战争以后,英、法、美等帝国主义集团既与苏联结盟,也与中国及其他被侵略民族结盟,于是就产生了"世界反法西斯主义战争这样的第四种性质"。他还认为,日本对中国与东南亚的侵略战争是"基本的",从这一战争才发展出帝国主义国家之间和世界反法西斯主义的战争。井上清对战争性质的观察比任何人都要仔细,但是,他把包括"满洲事变"("九一八"事变)、"中国事变"(七七事变)在内的日、德、意三国在初期发动的侵略战争,仅仅定性为民族侵略/保卫的战争,而把德、苏战争以后英、法、美、苏、中等国结盟对抗日、德、意法西斯三国的战争定性为"世界反法西斯主义战争",这样一来,他就抹去了30年代日本侵略中国,以及德、意侵略战争的法西斯性质,反而削弱了他把这些早期侵略战争划分在"二战"第一阶段的立场。

前已指出,日本对中国的侵略是它征服亚洲乃至世界的国策当中的第一步。对侵略者来说,征服中国东北及全中国的意义最终体现在其征服世界的策略中。日本侵华,必然激发中国人民强烈的民族意识,抵抗侵略首先表现为民族战争的形式。但这种抵抗又在客观上具有抗击法西斯向世界扩张的意义。此外,我们也要认识到,由于地缘的关系,日本欲侵占世界,必须从侵略中国开始。它首先对中国开战,这与德国首先对邻近的波兰开战都是一样的道理。没有必要把那些最先受到侵略的国家从法西斯主义企图征服的"世界"中分离开来。法西斯与全世界为敌,决定了任何反法西斯的行动都具有世界历史意义,这与战争是在"局部"发生还是全面爆发无关,也与抵抗者在当时是否认识到这个意义无关。当然,在中国抗日战争与世界人民反法西斯战争过去70年的今天,我们应该认识到,从1931年"九一八"事变以来,中国人民抗击日本侵略的所有行动都具有世界历史意义。

总　结

第二次世界大战是一个过程性的历史事件,由一系列的重大事件所构成,这个动态的过程在时间上有开端,有发展和演变,有结局;在空间上,它从一个局部扩大到多个局部,最后演变为全面的世界战争。尽管有这种种变化,但有一点不变:反法西斯的主线贯穿始终。

法西斯主义在一些国家兴起,虽与这些国家的具体条件有关,但却是在世界形成整体的背景下的产物。法西斯主义具有征服世界的野心,与世界人民为敌,这就决定了任何国家、民族反抗法西斯的斗争具有世界意义。中国人民的抗日战争从一开始就具有民族战争和反法西斯战争的双重意义,它们是一个硬币的两面,不能分开。基于这样的认识,我认为,第二次世界大战开始于1931年的"九一八"事变及中国人民的抗日战争。

(原载《安徽师范大学学报(人文社会科学版)》2016年第3期)

地方文史资料保存的民族记忆

一

尽管中国的史学传统源远流长,但在当今较为世俗化的社会经济环境里,史学这一行的人经常要为如何令人信服地回答"历史有什么用"而伤脑筋。当然,对这一问题犯难的也不仅仅是中国的历史学者,法国大史学家马克·布洛赫在面对小儿子直截了当地向他提问"历史有什么用"时,他一时也答不上来。可见,职业历史学者,无论中外,在沉迷于他的研究对象时,反而容易把本专业一些基本的问题置于脑后,或者以为这种问题早就不言自明而不用去专门琢磨。

非专业的历史学者反而更在乎回答好这样的问题,他们花大量的时间和精力去从事本职以外的某一项活动,必然首先要弄清它的作用和意义。换言之,只有在认识到所做工作意义的情况下，人们才会有如此的投入。例如，人民政协几十年如一日，持之以恒地征集、研究和出版文史资料，就是因为政协的文史工作者深刻地理解这项工作的意义，政协在一开始就从一个特定的角度回答了历史研究的作用问题："存史、资政、团结、育人。"

近日，由中州古籍出版社出版的《百年记忆——河南文史资料大系》，以两千万字的篇幅，再次诠释了历史研究的上述作用。这套巨著涉及政治、军事、经济、科技、教育、民族宗教、文化、社会生活等各个方面，以及河南省政协自身的发展演变，均以有关人物的亲历亲见亲闻为基础，记述了自戊戌变法以来一百多年间发生在河南或与河南人有关的重大历史事件和重要历史人物的活动。这些资料所展现的正是河南和河南人在我们国家各个方面的发展进程中的重要作用，犹如河南在中国的地理位置。

在过去一个多世纪里，河南和河南人在中国历史的舞台上扮演了重要的角色，有些事件和人物已经成为中国文化和精神的核心组成部分而发生深远的影响，例如红旗渠、焦裕禄精神。因此，这套资料的出版，完全可以起到资政、团结和育人的作用。

二

当然，这些资料到底在何种程度上发挥这些作用，首先取决于资料的可信、可靠程度。尽管政协征集文史资料以撰稿者的亲身经历和见闻为依据，但这种具有回忆性质的资料，仍不可避免地存在一些问题，比如记忆失误和缺失，或者选择性地追忆某些经历而省略及淡化某些信息，这就需要资料的征集和编辑人员对所征集到的资料进行严格的核查和鉴别。在这个过程中，史学的专业精神是不可缺少的。

河南省政协这套文史资料的编纂者以这样一种精神对待征集到的资料，就是"实事求是、忠于史实、秉笔直书"，这就是史学的基本原则。王志屏口述的《我在西安事变前后的经历和见闻》一文中写到蒋介石向卫士借两毛钱买糖的事，给我留下了深刻的印象。蒋当时被关进杨虎城公馆，光喝白开水不吃饭，但他又嫌"水太寡，喝不下去"，就向卫士借"两毛钱买点儿糖"。后来，卫士从大厨房拿了一包足有10公斤的糖给蒋送去时，遭蒋大声呵斥："借你两毛钱买糖，是私人关系。你拿这么多糖来干什么？公家的糖我不吃。拿走！拿走！"这里的语言既生动，又实在，即使我们从大义上把蒋看成是西安事变中的一个反面角色，但蒋在性命攸关的时刻依然公私分明，仍令人肃然起敬。这个细节把一个历史人物的多面性揭示了出来，不仅丰富了人物形象，并且使叙述中的人物更符合真实。所谓忠于史实和秉笔直书，往往就是在一些细节的叙述中，不经意地流露出来的。

"允许多说并存"，则是史学专业精神的又一种表现。历史研究的一项基本工作就是昭示真相，如前所述，尽管文史资料是以亲历亲见亲闻为依据，但其作为一种回忆性的、口述的史料，有些问题在所难免，还有不少问题则难以在较短的时间内澄清、证实，比如在回忆西安事变时，每个亲历者的说法不尽相同，那么，就不妨把它们作为一家之说先保存下来，再等待后来的史学家们去考订、辨识,所谓"真相"总是在不同的材料、不同的说法不断碰撞过程中逐渐呈现出来的。河南的文史资料把"允许多说并存"作为一个编纂原则,表明了编纂者的一种客观立场,也为以后的深入研究创造了条件。

政协在征集文史资料的过程中秉持上述专业精神,那么,这些资料的"存史"作用便在其中了。据说,政协文史资料的引用率很高,说明政协的这项工作已经得到了学界的认可。

不过,文史资料"存史"的价值,可能超乎我们的认识。

三

19世纪后期以来,由于政治史在史学中的核心地位,文献档案被当作基本的史料而受到历史学者的追捧。不过,档案资料也有自身的局限,史料当然不能囿于档案文献。所以,回忆录、日记等作为一种补充性的、辅助性的史料在历史研究中也得到谨慎的重视。这样,我们看到,对于传统的政治史、外交史、军事史而言,"文史资料"的补充、辅助作用更明显一些。

但是,20世纪以来,新史学发展起来,以非精英人物为主要对象的新社会史、新文化史等史学新领域先后兴起。在这些新领域,档案资料极少,历史学家反而更看重日记、书信、回忆录等史料的价值。所以,从传统政治史的角度看,政协所编文史资料如果具有"匡史书之误、补档案之缺、辅史学之证"的作用,是一种重要的史料补充的话,那么,在新史学中,不少文史资料就不再是辅助和补充，而是一些基本史料，比如河南的这套文史资料关于"社会生活"的内容单列一卷，历史上的婚丧嫁娶、民风习俗、灾荒和救济等资料，对于研究社会史的人来说就是珍贵的史料。可见，从社会史或大众文化史研究的观点来看，这套文史资料的史料价值恐怕比原来认识到的要更大一些。

同样需要给以充分认识的还有这套文史资料的意义。

编纂者说，这套资料"不仅是研究中原地区近现代历史的第一手资料，也是了解河南、认识河南、宣传河南的独特窗口"。这样的自评当然也有道理。然而，对于历史学者而言，很多史料的价值其实是超越地方性的，比如关于河南人袁世凯在河南的活动的资料，就不仅仅是作为中原地区的史料了。所有具有民族国家意义的历史事件都是在特定的地方发生的，那么，与此相关的史料，其价值和意义必然也超越地方性。

要用两千字的篇幅来评述这套有两千万字的史料，这活儿具有挑战性。好在这套书渗透了专业的精神，我们很快就能认识它的价值，确切地说，它的史料价值可能比编纂者预期的还要大。

（原载《光明日报》2015年10月27日，
原题为《重新认识文史资料的价值》。
本文是为《百年记忆——河南文史资料大系》
［中州古籍出版社2014年版］所写的评论）

时势与英雄*

在纪念中国人民抗日战争暨世界人民反法西斯战争胜利七十周年之际，朋友送我一本书：《老将军张加洛：革命文献暨书画作品集》（山东美术出版社2015年版）。

张加洛是一名抗日老战士，这本书收录了张将军革命经历的回忆、许多珍贵的文献和老照片，还有他的一些画作。作为对抗战胜利七十周年的纪念，该书由山东美术出版社出版。因为这本书，我对张将军的革命故事和业余爱好有了一个大致的了解。

我不精通书画，自然没有资格评说。不过，从一个历史学者

---

* 朋友的父亲张加洛（1919—2003年）是一名抗日老战士，山东莱州及胶东创建党的抗日武装的领导人之一，为建立胶东抗日根据地做出了重大贡献。在抗战胜利七十周年之际，山东美术出版社出版了《老将军张加洛：革命文献暨书画作品集》一书以资纪念，这本书收录了张将军革命经历的回忆、许多珍贵的文献和老照片，还有他的一些画作，读来令人激动，也让我产生一些思考，特作文以致敬。

的角度，我对张将军早期的个人经历还是产生了一点兴趣，我在琢磨一个问题：一个十八九岁的年轻人如何可以发动一场武装起义、带出一支三四千人的抗日队伍？他能成就这轰轰烈烈的革命业绩，除了"时势造英雄"这一具有普遍意义的原因以外，是否与他的个人经历有关？

张加洛出生于1919年。1937年10月，年仅18岁的张加洛受中共山东省委的委派在掖县开展抗战发动工作，并于次年3月领导了抗日武装起义，创建胶东第一个抗日民主政府。1964年，他晋衔为将军。最高官职为第五届人大常委会副秘书长。2003年，张将军逝世。

张加洛是"少"字辈的将军，与众多的革命前辈相比，张将军并没有留下如雷贯耳的名声。不过，放在他曾经战斗过的山东来看，他的事迹亦可彪炳史册。我在这里转引张将军逝世以后山东莱州的官方唁电对张将军的评价，可知张的历史贡献："张加洛同志是莱州及胶东创建党的抗日武装的领导人之一，在任县委书记期间，他与县委成员一起发动、组建、统一全县抗日武装力量，创建抗日民主政府，并在短时间内将掖县的'胶东抗日游击第三支队'发展为全省最大的抗日武装力量之一。为保卫和巩固掖县抗日武装，团结各阶层人士一致抗日，建立胶东抗日根据地做出了重大贡献。"张将军的革命生涯很长，但最值得一书的大概就是这段历史了，他与他的同志能在七七事变后不到一年的时间里在胶东拉起一支"拥有十七八个大队、三千七八百人枪的抗日队伍"，那是相当了不起。

十八九岁的年纪，用现在的标准来看，只不过是一名高中毕业生或大学一年级的学生，从当时的照片来看，他的确也是一副书生的模样。但他英气勃发、神色坚毅，多少也显示出他的个性或与众不同。

他在这个年纪成就这样的壮举，基本的原因还是"时势"。

1931年"九一八"事变，激起了中国人民的抗日救亡运动；1936年，他加入中国共产党，使他的思想和行动汇入中国追求社会进步的主流；1937年七七事变后，全面抗战开始。10月，他便接受中共党组织的委派，回到山东老家掖县开展抗战发动工作，此后便有了上述一系列的壮举。我把这一切归为"时势"：全民族的抗战形势，党的领导，这些都是成就张加洛抗日功业的客观条件。

然而，时势对于每个人来说都一样存在，但时势不可能把每个人都造就成英雄。恰好是张加洛顺势而为，成就伟业，这又不能不说到他的个人经历，我从书中所收录的资料中发现，正是他自小耳濡目染形成的印象和观念，使他逐渐地靠近，乃至融入时局的主流。

张加洛老家山东，但出生在今俄罗斯的布拉戈维申斯克，这个地方以前是我国东北的土地，称为"海兰泡"，那里曾经发生过悲惨的故事。这个出生地在他的内心里是一个什么样的情况，我们不得而知，但东北在他人生的记忆里一定是极为深刻的，他曾在中学时代写过一篇小说《在船上》，他说，他所写的是舅父讲述过在松花江上遭遇日本兵施虐侮辱中国人的事实。他的舅父很可能就是在他的幼小心灵中无意间播撒了革命种子的人。他说,他小时候在小北屯及黑河经过"跑反"和自诩为共产党的舅舅等人的宣传,对"共产党""红军""十月革命"等"名头"留下了深刻的印象,"我就是在那个特殊的环境氛围中,多少也认知了一些"。可见,张加洛在东北的童年经历确有一些独特之处。稍知儿童心理学的人都知道,孩提时代留下的记忆往往伴随一生,并且在以后的人生选择中时常会产生深刻的影响。尤其是,当类似的景象再现时,过去的记忆就会得到强化,并在新的情景下做出回应。

1930年,张加洛全家从东北回到掖县老家。那一年,他虚岁12岁。第二年发生了"九一八"事变,而老家的街道上也出现了共产党的标语,这对于已经少年的张加洛来说已不是陌生事。这些事也许还加强了他对日本人的敌意和对共产党的印象,当他有机会表达他的个人想法或意志时,我们便感到这事顺理成章。

1932年,张高小毕业,参加全县会考,当时的作文题是考论学生读书救国之事,这就给了他一个梳理个人经历、表达内心想法的机会。他所写的文章大体表达了这样的意思:"抗日救国,人人有责,学生并无例外,学生不可闭门死读书,不问国事。游行喊口号,能唤醒国人的觉悟,但还要采取多种样法,加强抗日宣传,激发人心,用行动推动政府。"这一年,他虚岁才14岁。这篇文章表明,张加洛的内心世界正在准备着与更广大的世界建立联系,所需要的就是一个适当的环境。

这个环境在他上中学时便出现了。从成长阶段来看,中学时期的张加洛已从少儿时代转入青少年时代，属于他个人的思想观念正在形成之中，而且产生了将思想付诸实践的愿望。如果说，在少儿时代，有关抗日、救国、共产党等的言论是通过别人的宣传而进入自己的头脑，那么，到中学时代，他就主动地、积极地去寻找有关的书籍、刊物、资料，充实自己的头脑，这符合他这个年龄的人的特点，所以，从他的回忆中，我们看到了那个时代很多热血青年学生共有的特点：阅读进步刊物，讨论时局，写文章、诗歌，发传单，贴标语，宣传抗日救国，建立学生组织，发动罢课请愿，乃至号召抵制日货，等等。

然而，张加洛在中学时代有两件个性化的事情仍然值得我们注意。

一是他的好朋友、学生地下党员张烈对他的影响。他说："我们俩常在一起议论时局。张烈一九三二年已是共产党了，但他没有向我透露，我是受他的灌输，产生了政治倾向。"正是张烈把张加洛发展为中共党员。我从张加洛的回忆录中还特别注意到他写下的这几行字，他说，曾有半年光景，"我们两个形影相伴，或在他家，或在我家，几乎天天碰头，还常到村西崖下阴阳地（即台田）沟渠之间捉毛蟹，或走游田野、海滨。那里一片宁静，连续或间歇的闷沉炮声，却不时地从南面传来"。这是两个年轻人情投意合的真实写照，政治理想与日常生活很自然地联系在一起，青少年时代形成的这种密切关系对人生的影响极为深远。在他们的关系里，共产党员张烈果然影响了张加洛的政治倾向，而张加洛的内心世界是否也已准备好接受这样的政治倾向呢？我以为是。回到张的少儿时代，我们知道他有过一个"自诩共产党"的舅舅；而到青少年时代，他又有一个真正的共产党员做朋友。在他的人生中，一再出现与他关系亲密的类似人物，一定加深了他对共产党的记忆和对共产党人的好感。

二是冯玉祥来校视察。冯玉祥主张抗日，这是张从小就知道的。他说："我在黑河道立小学读高小时，见到过他的画像，一模一样。"这一次亲眼见到冯，也是加深了儿时的记忆，张在描写冯来校视察的一段文字，不时流露出对冯的敬仰和赞美之辞。视察结束时，学校有一个合影，在一大群人参加的合影中，张加洛"就坐在他的左侧"。可见，冯主张抗日，在张的心目中有一定的位置。

中学时代，张加洛加入了共产党，至此，他的个人命运已完全融入时势。他后来受党组织的委派，发动抗日武装起义，建立民主政府，都是在中国共产党的领导下所取得的功绩。然而，他个人的经历和选择，也是我们必须加以关注的。

"时势造英雄"，这当然是一条真理，但这只讲到客观的一面。从主观方面来说，我们还要认识到，顺势而为，方能成为英雄。张加洛早期的革命经历正是这两方面很好地结合在一起的一个生动故事。

（原载《烟台日报》2015年9月27日，原题为《时势与英雄——读老将军张加洛的革命故事》）

第三部分
学术访谈

做学问是值得追求的事业[*]
——访中国社会科学院世界历史研究所研究员俞金尧

（2009年）5月12日晚，由于校园停电，中国社会科学院世界历史研究所研究员俞金尧老师为河大师生带来了一场"烛光讲座"——"资本主义与16世纪以来的世界历史"。他用幽默的话语和亲切的语调表达了他对16世纪以来世界历史的思考和见解，并与同学们展开了互动交流。

烛光中我们没能看清俞老师的容貌，但他的博学睿智却让我们折服。由于时间仓促，第二天我们在没能与俞老师取得联系的情况下进行了一次"不速采访"。当我们怀着忐忑的心情敲开房门，面前的俞老师神采奕奕，透露着学者的儒雅。

辛苦求学，阅读思考

俞老师17岁时考入杭州大学历史系。在那里，他奠定了扎实

---

[*] 本文作者李倩龙、买琳芳。

的史学功底。然而,由于年龄小、阅历浅等诸多因素影响,大学时期的他并没有在专业方面进行过更多、更深入的研究与思考。这一遗憾在北京大学攻读研究生学位时得到了弥补。在北大读书期间,俞老师沉浸在忘我的大量阅读中,专业积累迅速增长。他说自己在北大期间的阅读涉及古今中外:"既包括像《资本论》这样长盛不衰的经典著作,也容纳了学术界最前沿的研究动态,这些阅读大大拓展和丰富了我的思维,我由此开始了对历史的思考。"此后在漫漫的治学道路上,他从未停止过自己思考与学习的脚步,而且在不同阶段都有不同的收获和体悟。

后来在社科院工作期间,俞老师曾到哈佛、剑桥以及德国进行访问学习。在那里,他与自己向往已久的世界顶尖大师们在一起,观察、学习他们的研究方法和思维方式,同时收集了许多在国内当时还没有的最新研究资料。

俞老师激动地回忆起当年到剑桥人口史和社会结构研究小组进行学术访问时的情形,他说:"我当时的心情就好比是一个虔诚的朝圣者到心中向往已久的圣地去朝圣,心里满是敬畏与期待。"访问期间,他除了徜徉在知识的海洋中,享受着研究与思考的乐趣,还领略到了异域的生活与学术情调。剑桥小组每天上午和下午各有一次轻松的"coffee time",小组里的人轮流值班煮咖啡,而其他人则一边品尝咖啡,一边进行学术探讨。这种轻松的学术氛围深深吸引了俞老师,他自告奋勇要求把自己的名字编进值日表,像其他人一样,承担煮咖啡的任务。他感慨地说:"你们没有想到吧，原来学术也可以如此轻松活泼！"说罢，大家一起笑了。

身处"陋巷"，不改其乐

在史学研究比较冷寂的当今社会，要想潜心做学问，就更需要坚定不移的意志来耐得住那份寂寞和清苦，而俞老师认为"做学问是值得追求的事业"。

俞老师说，社科院的收入和待遇虽远远不及北京的一些高校，但它却提供了一个比较自由、宽松的学术环境。俞老师目前居住的房子还是福利分房时代由社科院分配给他的两室一厅。"房子虽小了一点，但能凑合着住。要是有钱的话将来能改善一下当然好，不过，现在住着也还能对付。"他笑着说。在俞老师的笑容中，我们看到了颜回"一箪食，一瓢饮，在陋巷，人不堪其忧，回也不改其乐"的风范。

谈到世界史，俞老师开始滔滔不绝地向我们讲解他的观点。在当今历史领域，后现代历史学极端地否定了历史学的客观性，认为历史和小说一样是编织、建构出来的，带有浓重的主观色彩。俞老师说："我不否认历史带有一定的主观性，然而却不能因此而走向另一极端。后现代史学提出这一观点的确为我们指出了以前过于强调历史学的客观性而存在的问题，但也不能就此而否定历史研究的客观性，认为历史都是主观意志的产物。对历史学中的主客观关系应该有一个全面的、辩证的认识，好比我们观察一套房子，我们当然要顾及它的整个结构，包括厨房、卫生间、阁楼等，房子的主体当然在客厅、卧室，以前只注意主体部分，这固然不对，但现在也不能反过来只讲厨房、卫生间，并且认为这些才是房子的主体。我们在对历史进行描述时首先要依据事实，在掌握资料的基础上提出自己的看法，历史研究就是一个主客观相互作用的过程。"俞老师认为在学术观点此起彼伏的今天，一定要有自己的思想，不能人云亦云。

结缘河大，遥寄学子

俞老师与河南大学的缘分，要追溯到2002年。那时，俞老师来参加河南大学九十年校庆期间的学术活动，当时就被这所百年老校的古典雅致所深深吸引。而这次与河大的重逢使他增进了与河大学子的交流，特别是5月12日晚上的那次"烛光讲座"更让他难忘。那天由于施工，学校临时停电，所有课程安排全部临时取消。但俞老师的讲座却在烛光中如期举行。他本着对学生认真负责的态度，条理清晰地为同学们讲解自己对于世界历史领域的一些独到见解，博得了同学们的阵阵掌声。

通过几场座谈交流，俞老师对河大学子给予了好评。他感受到了河大学子对知识的渴求以及对问题的深刻见解，同时也对大家提出了建议：不同的学习阶段有不同的学习任务，而大学四年期间一定要将自己的专业知识基础打牢。也许不少同学不喜欢"死记硬背"，但掌握基本知识对历史专业的学生来说仍是一项基本功。只有在知识积累达到一定程度时,才能触类旁通。同时,要在此基础上学会思考,形成自己的专业思维。除此之外,俞老师还建议大家多读名著,历史学及相关学科中的学术经典历经了岁月的洗礼依旧闪耀着智慧的光芒,是需要我们细细品味的。

(原载《河南大学报》2009年6月20日)

用唯物史观构建16世纪以来的世界史体系
——访世界历史研究所研究员俞金尧

记者： 在过去的二三十年里，我国学者为构建我国新的世界史体系做了很多工作，并且取得了一些重要的成果。您最近又提出要以资本主义为主线来构建16世纪以来的世界历史体系，请您讲一讲有关的学术背景。

俞金尧（下文简称"俞"）： 克罗齐有一句名言，叫"一切历史都是当代史"，意思是说，每个时代的人对历史有自己的理解，从而，人们对历史的认识打上时代的烙印。我很欣赏这句名言，所以也十分欣喜地看到新时期以来我国学者为构建新的世界史体系所做的努力，以及在不同程度上已经取得的成果。

"从分散到整体"的世界史体系就是其中最有影响、最有代表性的成果之一，《中国大百科全书》的"世界历史"条目就反映了从分散到整体的思想。这一体系的影响如此之大，以致人们简洁地称之为"整体世界史"。除此之外，还有其他一些学者试图从现代化、全球化的视角,以及根据文明史观来重构我国的世界史新体系。

我以为,这些探索都是人们在新的、变动着的时期重新认识世界历史的尝试,体现了一切历史都是当代史,它们在使我国的世界史研究摆脱以往僵化的世界历史体系的局限方面起到了积极的作用,新的探索丰富了人们的历史认识,开阔了思路,对它们的意义,我们应该有充分的估计。

不过,这些体系或构建体系的思想都存在着这样那样的不足,有的体系过于强调世界历史进程中的某些方面,比如从分散到整体的思想就是过于强调了世界横向的联系和交往。以现代化为主线构建世界史体系的设想,问题更大,因为现代化理论本身的学术声誉不高。

当然,无论是对整体世界史,还是对现代化进程的研究都是必要的,但用某个方面的具体研究来替代一般性的世界史体系,那就不合适了。所以,现在有很多世界史学者在思考如何重新构建世界史体系的问题,这说明,现有的体系是不能令人满意的。

记者: 您认为我们如何才能构建起一个可以为大家广泛接受的世界历史体系?

俞: 这个问题很大,涉及很多方面,原则上讲,这样一个世界历史体系必须揭示历史发展的基本规律,阐明历史发展的动力,反映历史发展的总体趋势。这个体系不仅要说清世界历史的进程,还要说清楚世界历史是如何一步一步地发展到目前这个样子的。这里的关键是要有正确的历史观来指导,我指的是用历史唯物主义做指导。

"世界历史"是人类历史的另一种说法。人类社会的生活和生产实践活动丰富多彩，人类的历史自然也是复杂多样。但是，在纷繁的历史存在及其流变过程中，我们凭借唯物史观的指导，可以寻找到人类历史中具有根本性的东西，发现历史发展的规律性和动力。

马克思主义认为，人类为了生存，就必须进行生产，在生产实践中，人们结成相互的关系，从而形成社会和社会交往。各种制度、法律、习俗、礼仪由此形成，并服务于人类的日常生活和生产的需要。根据对人类社会现实活动的考察，马克思主义抽象出了生产力与生产关系、经济基础与上层建筑既相互联系，又相互矛盾的社会运动规律。人类社会始终处在以上述基本关系为依据的各种关系的矛盾运动之中，并向前发展，形成人类的历史。

所以，以唯物史观为指导，我们是可以构建起一个符合历史事实，能揭示历史发展规律和动力的世界历史体系的。事实上，新中国成立以来，我国的世界史工作者一直在致力于构建这样的世界史体系，并取得了很大的成就，比如在20世纪60年代由周一良和吴于廑主编的《世界通史》，体现了当时的中国学者对历史唯物主义的认识水平。虽然以今天的眼光来看，那个体系有对历史认识简单化、教条化的缺陷，很多重要的观点现在已不能令人信服，但这并不能说明唯物史观已经过时，而恰恰是由于人们认识水平的提高，才发现了那个体系的不足。我相信，以我们现在对历史唯物主义的新的理解，我们完全可以重新解释世界历史，构建一个可以为大家广泛接受的、新的世界历史体系。

记者： 请您谈谈您对这个体系的一些基本想法。

俞： 我目前的学术兴趣主要集中在习惯上被称为世界近现代史的这个时期。而且，国内的世界史学界对世界史体系的构建争议特别大的地方，也集中在这一历史时期，所以，我在这里想集中谈谈我对这个时期的世界史体系的一些基本想法。

前不久，我在《光明日报》上发表了题为《"资本主义"与16世纪以来的世界历史》的文章，引起了一些反响。在文章里，我提出要以资本主义的产生、发展为主线，来构建16世纪以来的世界历史体系。

为什么"资本主义"适合充当构建16世纪以来的世界历史体系的主线呢？

主要的理由是，资本主义的产生、壮大和发展是16世纪以来世界历史的一个基本事实。

现代资本主义的故乡是在15、16世纪的意大利地中海沿岸地区。虽然，资本主义当时只在很小的范围内萌芽，在世界上的影响也十分有限，但它诞生在地处亚、欧、非三大洲交汇处的地中海，多少反映了资本主义从一开始就具有世界性。在新的商路开辟、世界性的贸易联系初步形成以后，资本主义的活动中心适时转移到以北海、波罗的海为中心、靠近大西洋的欧洲西北部地区，更是体现了资本主义经济活动以世界为舞台的倾向。资本主义在此后的发展阶段，无论是在自由竞争阶段，还是在垄断时期，无不是以争夺世界市场为目标。资本主义大国在不同历史时期争夺世界霸权，赤裸裸地反映资本主义借助于国家力量在世界范围内掠夺资源、攫取利益的本性。

人们普遍认为，20世纪八九十年代以来，世界的发展进入了一个全球化时代，人们明显地感受到世界性的联系和交往日益密切，全球成为一个整体。这种状况从历史的眼光来看，只不过是16世纪以来的世界性交往的延续，借助于现代的通信手段和交通工具，我们进入了一个俗称全球化时代的世界性交往过程的新阶段。全球化主要是围绕资本的全球流动而展开的，所以，全球化又被称为资本的全球化，是资本主义在世界范围内的进一步扩张和渗透。

创造这一历史进程的主体是资产阶级。关于这一点，《共产党宣言》讲得很生动："不断扩大产品销路的需要，驱使资产阶级奔走于全球各地，它必须到处落户，到处创业，到处建立联系。"《共产党宣言》还指出："资产阶级在它的不到一百年的阶级统治中所创造的生产力，比过去一切世代创造的全部生产力还要多，还要大。"马、恩在150多年前的这番评述，完全适用于全球化时代的资产阶级，当今的资产阶级比他们的前辈更方便，也更忙碌地奔走于全球各地，他们创造了比他们的前辈们大得多的生产力。的确，我们不能设想一个没有现代的科学技术做依靠的全球化，我们也同样不能设想没有资本渗透的高新技术能在人类生产和生活中得到如此广泛的应用。

当然，马克思主义者是辩证地看待事物，以发展、变化的眼光看待过去五个世纪资本主义的历史的。虽然我们基本上肯定资本主义在世界历史中的地位和作用，但并不是说资本主义的发展尽善尽美，它在早期的发展，我们习惯上称为"原始积累"时期，是一个充满血腥和暴力的时期，"羊吃人"、殖民掠夺、奴隶贸易等都是资本主义在发家史上所干的很不光彩的一些勾当。资本主义的扩张一方面促成世界的联系越来越具有经常性，并且也越来越紧密；另一方面也曾导致资本主义列强之间的激烈竞争，两次世界大战的爆发就是列强争夺世界市场和霸权的结果。

同样，我们在承认资本主义推动生产力的飞速发展和物质文明的巨大进步的同时，也必须看到人类为这种发展所付出的代价，资本在全世界扩张的要求和无限增殖的本性，使得它不放过利用存在于世界的每一个角落、可以为它增加利润的每一种资源。当前，全球资源消耗加剧，环境破坏日益严重，世界范围内的生态危机正在威胁着人类的生存和进一步的发展，这与资本的疯狂扩张大有关系。

还必须指出，与历史上存在过的其他任何一种生产方式和社会经济制度一样，资本主义也不是永恒的。它的内部始终存在着不可克服的矛盾，即使它在过去成功地度过了重重危机，它也没有获得永恒的性质。同生产的社会化与生产资料的私人占有之间的矛盾一样，资本的无限扩张要求和现实世界的有限形态之间的矛盾也制约着资本主义无限扩张的可能性。资本主义在它的生产力没有得到充分发展之前是不会灭亡的，但资本主义在全球的每一步扩张都使它更加逼近其生命的尽头，一种可替代资本主义的新的社会经济体制将在这个进程中逐渐形成。

记者：您构想中的世界历史体系有哪些特点？

俞：上面所讲的以唯物史观为指导，以资本主义作为主线，可以说是该体系两个最主要的特点。

还应指出的是，这个体系是建立在前人已取得的成就的基础上的。20世纪五六十年代，以周一良、吴于廑主编的《世界通史》为代表的老的世界史体系就已明确了世界近代史是资本主义的产生、发展和走向衰亡的历史。八九十年代以来，我国有学者提出了世界近代史是资本主义的产生、确立和发展史，或认为世界近代史是资本主义时代的历史等命题。这些看法是对以前的世界史体系的发展。但是，这些看法依然是有局限的，比如对20世纪的世界历史的把握就有困难。而且，基于对资本主义重新认识而编写的世界近代史教科书的内容仍显单调，总体上还是以事件史为框架，分政治、经济、军事、外交、文化等几大块来编纂的。历史的丰富多样性并未得到充分体现，国内外史学界最新的研究内容和研究成果，比如新社会史、新文化史、全球史等没有得到充分吸收。

新的世界史体系要以已有的成就为基础，实现更大的突破。具体说来，一是打消近代史与现代史的分界，把16世纪至今的世界历史当作一个完整、统一的历史时代，并以资本主义发展的阶段性为依据，对这五个世纪进行适当的分期，反映出资本主义是如何起源、壮大，乃至向全球化方向发展的历程。二是丰富世界历史的内容，以资本主义的演变为主要线索，把丰富多彩的历史内容有机地联系起来，不仅要突出生产力与生产关系、经济基础与上层建筑的相互关系的内容，而且要以此为依据对体系的内容进行充实，凡是与资本主义发展有关的历史内容，大到重要的历史人物和事件，小到人们的日常生活、情感表达，都可以成为这个体系的组成部分。这样的一个体系是有骨架和有血肉的。

与此相关，包容量大则成为该体系的另一个重要特点。这个体系可以把"从分散到整体""现代化""全球化"等方面的研究成果吸收进来。我反对以那些说法为依据来构建世界史体系，因为它们不足以成为解释全部人类历史的理论基础，也因为它们偏重于对历史现象和过程的叙述，而不太注重对历史规律、本质和动力的探讨。但这些现象的发生的确与资本主义的发展有关，是资本主义的发展引起了世界从相对隔绝的状态，变为联系越来越紧密的一个整体，乃至发展到全球化；是资本主义的发展，使西方国家率先走上现代化的道路。所以，把它们包容进来是很自然的事情。

然而，这个体系的包容量远不止这些，是资本主义把非西方世界强行纳入以西方为核心的世界体系中来，以自己的面貌为自己创造出一个世界；是资本主义造成了自己的对立面社会主义，而社会主义运动的历史，从世界历史意义上看，是不可能离开资本主义来说明它的产生、发展和现状的。到目前为止，我们还没有一部独立于资本主义的社会主义史。甚至社会主义将来在全球的胜利，也必须是以人类的生产力在资本主义世界内的发展达到极限的情况下才可以实现。最后，资本主义在全球扩张的同时，其影响已经广泛地渗透到社会生活的每个角落，影响着人们的日常生活，环境恶化、家庭和婚姻关系的变化、人类联系手段和交往方式的演变等，无不受资本主义的影响。那些看上去属于传统文化的礼仪、习俗，也因为商品货币关系介入而与资本主义有染。

因此，在唯物史观指导下，以资本主义为主线构建的16世纪以来的世界历史体系，符合马克思主义的世界历史思想，体现历史发展规律，并能揭示历史发展动力。而这个体系的包容量之大，远远超过以往的任何一个体系。

（原载《中国社会科学院院报》2007年4月26日）

欧美史学新动向：实践史学

对谈人：俞金尧（中国社会科学院世界历史研究所研究员）
　　　　张弛（北京大学历史系博士研究生）
　　　　加布里埃尔·M.施皮格尔（约翰斯·霍普金斯大学历史系教授、美国历史协会前任主席）
主持人：薄洁萍

历史学在20世纪经历了快速的发展和变化，我们从"新史学""'新'的新史学""新社会史""新文化史"等词语中，可以感受到这种变化。比如在20世纪六七十年代，欧美史学界流行新社会史；20世纪八九十年代，盛行新文化史；大约从20世纪90年代中期起，超越文化转向又成为新的史学追求。进入21世纪以来，此前受文化转向影响、受后现代主义支配的史学思潮风头渐弱，史学研究出现多元化趋向，全球史或跨民族史研究随着全球化进程而兴起。近年来,欧美史学中又出现一种以"实践理论"为导向的史学,实践理论虽还不是一种成熟的理论,以这种理论为依据的历史研究尽管也还在实践之中,但这至少表明,欧美史学正在超越文化/语言转向,告别后现代主义主导的史学潮流,值得中国学者关注。为此,本版特邀请中、美三位学者,就"实践理论"和实践的历史学发表相关看法。

新文化史在西方兴起,对历史学的发展起到了推动作用,但把文化作为独立的体系难以说明历史学所关心的变化。

主持人:20世纪80年代兴起的新文化史,可以说让人们对历史学的认识有耳目一新的感觉。不仅研究主题有了极大的拓展,而且历史学家看待史料、看待过去也有了变化。能否先谈谈新文化史研究对历史学的发展究竟起到了什么样的作用?

俞金尧(下文简称"俞"):新文化史在西方兴起,并借助于语言转向和后现代主义的影响而迅速发展,至少在两个方面对历史学起到了推动作用:一是使社会史的研究不再局限在大结构、大进程、大比较上,在研究的对象(如以大众文化为主、微观史研究等)和方法(如叙述)上有很大的创新。这可以被理解为以人民大众为基本研究对象的社会史在新社会史基础上的发展。二是历史研究中的文化转向表达了人们对以往史学范式的不满,文化转向既可以被看成是解释性范式崩溃的原因,也可以被看成是其结果。在这个意义上,文化转向为历史学的范式转变提供了契机。

张弛(下文简称"张"):新文化史想要修正之前社会史过分强调

物质基础决定性的不足。因为任何细致的经验研究都会注意到，仅仅通过经济条件来解释人的意志、思想和行动，肯定是不充分的。可以说，这个问题一直困扰着20世纪六七十年代的社会史研究，尤其是那些分析工人运动的历史学家。这是20世纪80年代新文化史诞生的一个重要背景。这种新范式的提出也意味着一代历史学家的成熟。所以20世纪80年代初也是美国的林·亨特、休厄尔以及琼·斯科特这些人正面和查尔斯·梯利等老派社会史家分庭抗礼的时刻。

主持人： 1999年，由美国史学家维多利亚·鲍纳尔和林·亨特编辑而成的论文集《超越文化转向》一书出版，标志着超越文化转向已经成为历史研究的新趋势所在。为什么会出现这种转向？

俞： 在新社会史盛行时期，文化不受重视，确切地说，文化被认为是一个被经济社会所决定的领域。新文化史兴起后，文化的地位大为改变，成为一个独立的领域。这样做的好处是有助于文化摆脱从属的和被决定的地位。但是，作为符号和意义的体系，文化是如何发生变迁的呢？历史学主要关心在时间中所发生的变化，而文化作为一个独立的体系的观点难以说明这种变化。

同时，在20世纪七八十年代，"语言学转向"深刻地影响了历史学。语言/话语结构具有决定性的意义，结果，一切都成了语言的产物。比如美国妇女史学家琼·斯科特认为，知识是维持世界秩序的一种方式，这种知识的含义与话语语境有关。琼·斯科特还质疑历史学家专注于经历，对于一般的历史学家来说，人的经历应是真实可靠的，但在她看来，经历本身也是话语的产物。这似乎成了德里达的"文本之外一无所有"这一名言在历史学中的翻版。这样激进的观点当然会引起人们的质疑:"难道整个世界就是一个文本?"

针对上述问题,人们开始重新思考文化的要素,以及文化与社会情景的关系,努力把曾经弱化或排除的社会因素找回来。同时,反思不同形式的决定论,提出要克服客观/主观、实在/观念、经济/文化二元对立的思维模式。在重新思考语言转向后的历史学时,人们既承认语言学转向对社会和文化研究所产生的深刻影响,也注意从社会是如何经历不断转变这一角度去修正受语言学转向影响的某些观点。这种思考势必把行动者、行动,以及既能使经历发生,又能限制经历的结构性制约等话题放在重要的位置。

张:新文化史深受人类学、社会学以及语言学的影响,想要把人的能动性从社会物质因素的决定论困境中解救出来。但是现在看来,这个目标没有实现。

拿英国史学家加雷思·斯特德曼·琼斯在1983年出版的《阶级的语言:英国劳动阶级史研究》一书来说,这本书是话语转向的代表作,一经发表,反响就很大。琼斯用话语的决定性取代了社会的决定性,他说是话语预构并创造了主体。归根到底是因为他没有改变关于物质基础和上层建筑这套隐喻。

美国文化史学家达恩顿在《屠猫记》中对屠猫仪式的分析也是一样。18世纪30年代末期,在法国巴黎圣塞佛伦街的印刷所里,发生了一起翻天覆地的对猫的大屠杀。在诡异的仪式之下,一群印刷学徒先是狠狠地折磨从街道上围追堵截捉来的猫（包括师母的宠物猫），然后在"欢欣""闹成一团"的大笑声中，将它们一一处死。而且，笑声远未就此结束。接下来的几天里，工人们想要偷闲寻开心，就会模仿当时的场景，不厌其烦地一遍遍重演，印刷所里也一次次地响起工人们的捧腹大笑。在为这一系列行为追根溯源中，他最后找到的是文化。达恩顿的意思可以理解为，技工屠猫这里头并没有什么经济利益可以用来解释，是文化让他们这样做的。这是一种文化塑造的阶级自由和冲突的表现，是通过拉伯雷式的狂欢对日常秩序的短暂颠覆。所以他关心的是这样一张支配性的文化意义网络。

新文化史最终没有把主体性解脱出来，文化或者说话语成了制约决定人的另一类因素。20世纪90年代以后，新文化史的霸权慢慢消退，不少曾经的主将也开始反思十多年来的史学演进。亨特主编过《超越文化转向》，而法国史学家夏蒂埃甚至也提出了"新文化史真的存在吗"这样的疑问。这些反思有个核心问题，那就是如何体现人的能动性和主体性。

"实践"一词成为解决文化转向中存在的问题，以及探索历史研究新路径的联系纽带。20世纪80年代以后的"文化"概念开始突出"实践"的内容，认为文化是一个存在着实践活动的领域。

主持人：什么是实践理论？历史学家为什么会对实践理论产生兴趣？

施皮格尔（下文简称"施"）："实践理论"这个词是由德国社会

学家安德烈亚斯·雷克维茨在一篇名为《迈向一种社会实践的理论：文化主义理论化中的发展》的文章中提出来的，该文发表在2002年的《欧洲社会理论》上。他主要反对的是以下两种观点，第一是决定论色彩太浓的后结构主义文化理念；第二是认为话语有建构作用，能塑造主体，语言是先在于世界的，而世界乃是语言塑造的结果。

但是雷克维茨的目的是想要探寻另一种话语运作的理解，而这种理解是能给语言实践留下空间的。其他像威廉·休厄尔和德国史家戈夫·埃利这些人也都在关注社会实践的问题，他们把实践看成既是接受文化，也是改造文化的地方。因此，雷克维茨的"实践理论"依旧是文化理论，但是又有别于后者，因为他强调的社会秩序以及个体都不是话语塑造的结果，也不是顺从某种期待的产物，相反社会秩序和个体都是在日常生活中人们用实践改变周遭世界的时候创造出来的。从这一观点来看，实践是一种行为的例行化的模式，包含一套互相关联的因素：仪式化的身体表现、心态活动、情感，以及理解世界、各种"事物"，明白它们如何使用的习惯性的思路。

所以在"实践理论"中，话语运作失去了它们的塑造性功能，只不过是某一种实践形式而已，而各种形式的实践都是作为一种"惯例"表现出来的，有一定的时间跨度，而且是一组重复的行为，由此产生了社会秩序的再生产。人的能动性统合了心和身，而"承载"并"表现"社会实践的就是这种能动性，而这就是负载并传递文化的运作方式。文化就是通过这些惯例才得以承继下来，同时也被改造的。

俞：实践理论其实就是关于人民大众在日常生活世界中行动的理论，这种理论特别适用于以人民大众为本位的历史研究。大体上，实践理论借助于实践来分析结合成一个整体的体系。同时认为，尽管体系是一个整体，但它的各个组成部分和维度并不拥有同样重要的意义。在某一时间、某个地方，体系内部存在着非对称性、不平等的现实，这是引起体系的矛盾运动的关键，实践的理论要解释的就是某个特定的社会/文化整体的发生、再造，及其形式和意义的变化。

举两个例子，威廉·休厄尔试图协调文化作为"体系"和"实践"的关系，认为它们之间是一个辩证的关系，可以互补。从事文化的实践意味着要利用现存的文化符号去达到一定的目的，同时，文化体系离开了不断的实践就无法存在。因此，体系也意味着实践。作为一个符号体系，文化具有"真实但微弱的内聚力"，但它不断被实践所突破，从而发生变迁。

美国人类学家马歇尔·萨林斯认为文化有其二元的存在模式，一是作为一般的体系或结构，二是文化在人类有目的的行为中的出现和运用。他认为，结构是静态的，而人类的行为在时间中不断地展现开来。行动在结构中开始，也在结构中结束，但人的行动或实践的积累性、集聚性的效应将使结构发生变化，从而为历史的发展留下了空间。文化在人们的行动中被改变和再生产，而"结构"也就变成了一个历史性的存在。

这些探索代表了当前历史学在超越文化转向过程中进行理论

思考的主要趋势，探讨的重点在于行动者是如何使文化发生变化的问题。当前关于实践的研究极为多样，关于实践的理论现在也还没有形成系统的理论，但这些探索可以防止文化理论走上"文化主义"或"唯心主义"的道路。

主持人： 新文化史和实践史学的关系及区别是什么？

施： 雷克维茨写关于"实践理论"的文章时，历史学家的兴趣点正在发生明显的转变，他们对以下三类理论或者研究取向都产生了疑问，第一是关于语言在人的各类行为领域中的作用的过于体系化的陈述；第二是所谓的"话语转向"；第三就是任何贬低人的主体性和能动性的研究取向。

威廉·休厄尔和雷克维茨不太一样。他在《文化的几种概念》中也修正了之前那种将文化看作是一套符号意义体系的观点。休厄尔把文化看成是实践活动的领域，以此来取代之前的文化决定论。这和雷克维茨的想法是一样的。但是雷克维茨想用"实践理论"来分析文化理论，而休厄尔是想要修正它，想要将文化理论变成一种"表现性"的概念，变成一种借助历史行动者的行动，持续不断地生产和再生产意义的领域。雷克维茨把文化看成是相互关联的各类活动集合或是"堆积"；而在休厄尔那里，文化没有了整合性，也失去了系统性，变成了一种"工具库"，或者是历史实践者的策略的库存，这种文化表现根植在日常经历和实践当中。但休厄尔并没有完全抛弃文化的结构性或是体系性，这和雷克维茨是不一样的，虽然他们两人都把文化看成是实践。

休厄尔提出了一种辩证的分析途径，他将文化既看成是"社会实践的符号维度"，又看成是一种实践，这两种文化总在互动，而且实践能够重塑符号。休厄尔认为与其说文化是在人的"做事"当中塑造的，不如说一直是和实践维持着辩证关系的结构，这种结构改变并再度塑造实践的各种效果。所以，"文化"还是一种结构，但其"整合性"已经变弱了，变得不那么稳定，此外在实践当中的应用方式也多起来了。

这种观点也可以在美国史学家埃利以及其他批评后结构主义的学者身上找到。所有这些人，如果我们将他们归拢到一起的话，就会发现他们在文化形塑的过程中，强调人的能动性，强调做事，强调人的意向以及主观意识。

张：就像施皮格尔说的，和先前的历史学都不一样，实践史学的出发点是"做事"，就是行动本身，是人如何有意识、有策略地利用各种资源，实现预定目标，这是同新文化史的根本区别。新文化史关心的是行动背后的意义，对它来说，行动只不过是意义的表现，是过渡到意义的桥梁，本身缺少独立分析的价值。

实践史学的分析逻辑是比较复杂的。人是存在于一定的社会文化条件下的。对于主体行动而言，这些经济的以及文化的条件既是资源，也是限制。人是完全可能发挥他的创造性和能动性的，但是他必然是在现有的条件下发挥，也只能利用现有的资源。换句话说，他不可能随心所欲。但是正是因为存在着这种实践，所以文化体系的整合性或者说结构性就比较弱。因为它们总要面对各种各样的策略性实践的冲击。它们总在承担风险，总是不稳定的。因为人有自己的意图,这些意图并不一定与文化的预设相符。

实践史学和新文化史学的另一个区别在于强调文化是一个结构化的过程,而不是一种静态的统合的结构。实践依赖于文化结构,仅仅是因为后者提供了行动方案所依赖的资源,而不再具有某种决定性的力量。另一方面,文化结构也唯有依靠实践才得以延续。在实践史学看来,文化是一种松散的、开放式的结构,共享这份文化结构的人可以有完全不同的利益诉求。而且意义的展演效果还受制于其他的因素,比如人所处的社会位置、他人的评估。所以当文化意义通过实践表现出来的时候,同时也是其自身完成转型的过程。也就是说,文化的再生产和转型是同一个过程。其实,实践理论强调的是转型,而不是再生产。萨林斯有过很风趣的表述,说文化模式的变迁是失败了的再生产。

对实践理论和实践历史的探索代表了欧美史学家超越文化/语言转向所做的努力之一,它能否成为历史研究的新范式仍有待观察。马克思主义对"实践的历史"具有指导价值。

主持人: 用"实践"的理论研究历史,就出现所谓"实践的"历史。然而,正如实践理论是一种未成形的理论一样,"实践的历史"也是一种正在形成中的历史研究。目前它主要涉足哪些领域?能否举出一些运用实践理论进行历史分析的例子?

俞:"实践的历史"在当前已成为"受到社会理论与文化理论影响最大的历史写作的新领域之一"。根据英国社会史学家彼得·伯克的介绍,"实践的历史"涉足的新题材有语言史(尤其是言语史,即说话的历史)、宗教实践史、旅游史、收藏史、阅读史等。

在社会史的传统题材如婚姻、家庭、亲族关系的研究中,"实践的历史"也有新的收获。还在20世纪70年代早期,法国社会学家皮埃尔·布迪厄就用"实践"的思想研究了比利牛斯山区农民的婚姻问题。他发现,当地的农民往往会在婚姻方面采取一定的"策略",以确保他们的家系延绵和他们对生产工具的权利,这些策略也可以看成是社会再生产的策略。此后,"策略"成了家庭史研究者在描述农民如何应对日常生活,尤其是应对具有很大的不确定性和艰难困苦的生活状况时经常用到的一个词。

施: 不太容易找到一部符合雷克维茨思路的历史研究。一般说来,法国的米歇尔·德赛托的《日常生活实践》是很有影响的。和雷克维茨一样,他一方面也想要重新回到文化研究,另一方面也要远离语言的决定力量,但是德赛托的思路却是强调话语理论的表言性层面,或者用索绪尔的说法就是言语,而不是仅仅关注语言本色。在这种意义上,德赛托依旧和从语言学家索绪尔那里来的塑造了"话语转向"的符号结构学有更密切的关联,而不是与雷克维茨更接近。

张: 以前的社会史爱用经济标准,比如收入水平,来圈定一群人,但实际上这些人之间的共性远没有像我们认为的那么多。后来新文化史发现,文化能够跨越不同的社会阶层,将不同的人和不同的事情结合在一起。卢梭的粉丝既有高层的贵族,也有像雅克·梅内特拉这样的普通玻璃工人。

我上面说的就想表达这样一个意思，那就是文化也是一种历史现象，不应该简单地看成是某种结构，或是简单某套话语，而应该是发生在实实在在的人身上的现象，都是发生在特定历史过程中。这些人总是处在这样或是那样的经济关系和政治关系中，而他们对文化的态度带有他们自己的意向。所以卢梭迷的圈子永远在变化，有想要挤进这个圈子的，也有满怀失望想要离开的，更有站在圈外指指点点的人。

在经历了新文化史转向后，这就需要历史学实践有另一种变化，需要去关注联系行动者和文化资源之间的具有历史性和社会性差异的方式。

主持人： 实践理论能否代表历史学实践的未来趋势？马克思主义关于"实践"的理论资源对于实践史学的意义何在？

施： 雷克维茨的术语是"实践"，而休厄尔的是"表现"，我想说或许是休厄尔的"表现"以及他提出的语言和行动塑造文化现实的方式或许更有效，视野也更显广阔。但是雷克维茨之所以会提出"实践理论"来修正当前各种文化理论，其背后的动机是具有普遍性的。所以即使历史学家还没有采纳他的术语，其实他们也已经找到类似的其他术语了。

后现代和后结构主义已经过去，这或许是共识。2002年提出的这套"实践理论"或许代表了一段学术史的终点，不是开端。"实践理论"以及"展演"是否可能会在历史研究的理论或者研究方式中占据一席之地，是否能发展为处理新时代各类历史现象的方法和理论建构，这还有待观察。

俞："实践的历史"是人们赋予超越文化转向的历史研究的一个暂时的名称，这种历史研究考虑了"社会的"和"文化的"两方面因素（但不是这两个方面因素的简单相加），突出了人作为行动者的主体地位，使人成为在一定的文化、社会、经济、政治、生活等环境中有意志、有计划、具有能动性的行动者。

前面已讲到，超越语言转向的要求在20世纪90年代中期就已经提出。但是，超越以后的历史学该面对什么样的问题，也同时摆在人们面前。对实践理论和实践历史的探索代表了欧美史学家超越文化/语言转向所做的努力之一，它能否成为历史研究的新范式仍有待观察。但是，这种探索表明，后现代主义主导史学的局面正在成为过去。

马克思主义对"实践的历史"仍有指导价值。关于行动/行动者的社会实践及其作用，当前实践的历史主要从法国人类学家布迪厄和英国社会学家吉登斯等人的理论中汲取营养，而很少直接利用马克思主义理论从事有关实践的历史的研究。其实，马克思主义关于"实践"的理论资源十分丰富，布迪厄作为实践理论的代表性人物就深受马克思的影响。

马克思主义认为，人民自己创造着历史。这就指出了人作为行动者、作为主体的能动作用，与"实践的理论"所关注的并无差别。马克思主义又认为，人不能随心所欲地创造历史，人们是在既定的、制约着他们的现实社会环境（这当然也包括文化和传统）中创造历史的。这又指出了人的行动的约束性因素。此外，马克思主义对于作为个体和集体的人的作用做出了区分，在很多情况下,作为集体的行动显然能发挥更大的作用。历史是在许多单个意志的相互冲突的过程中被创造出来的。推动历史发展的力量是无数个力的"平行四边形",而无数人的行动最终可能出现谁都没有预想到的结果。可见,马克思主义理论不仅对于"实践的历史"具有指导意义,而且可以进一步发展实践理论。

(原载《光明日报》2011年9月13日)

光启随笔书目

（按出版时间排序）

《学术的重和轻》　　　　　　　　李剑鸣 著
《社会的恶与善》　　　　　　　　彭小瑜 著
《一只革命的手》　　　　　　　　孙周兴 著
《徜徉在史学与文学之间》　　　　张广智 著
《藤影荷声好读书》　　　　　　　彭　刚 著
《生命是一种充满强度的运动》　　汪民安 著
《凌波微语》　　　　　　　　　　陈建华 著
《希腊与罗马——过去与现在》　　晏绍祥 著
《面目可憎——赵世瑜学术评论选》赵世瑜 著
《中国的近代：大国的历史转身》　罗志田 著
《随缘求索录》　　　　　　　　　张绪山 著
《诗性之笔与理性之文》　　　　　詹　丹 著
《文学的异与同》　　　　　　　　张　治 著
《难问西东集》　　　　　　　　　徐国琦 著
《西神的黄昏》　　　　　　　　　江晓原 著
《思随心动》　　　　　　　　　　严耀中 著
《浮生·建筑》　　　　　　　　　阮　昕 著

光启随笔书目

《观念的视界》	李宏图 著
《有思想的历史》	王立新 著
《沙发考古随笔》	陈　淳 著
《抵达晚清》	夏晓虹 著
《文思与品鉴：外国文学笔札》	虞建华 著
《立雪散记》	虞云国 著
《留下集》	韩水法 著
《踏墟寻城》	许　宏 著
《从东南到西南——人文区位学随笔》	王铭铭 著
《考古寻路》	霍　巍 著
《玄思窗外风景》	丁　帆 著
《法海拾贝》	季卫东 著
《走出天下秩序：近代中国变革的思想视角》	萧功秦 著
《游走在边际》	孙　歌 著
《古代世界的迷踪》	黄　洋 著
《稽古与随时》	瞿林东 著
《历史的延续与变迁》	向　荣 著
《将军不敢骑白马》	卜　键 著

光启随笔书目

《依稀前尘事》	陈思和 著
《秋津岛闲话》	李长声 著
《大师的传统》	王 路 著
《书山行旅》	罗卫东 著
《本行内外——李伯重学术随笔》	李伯重 著
《学而衡之》	孙 江 著
《五个世纪的维度》	俞金尧 著
《多面孔的克尔凯郭尔》	王 齐 著
《摸索仁道》	张祥龙 著
《文明的歧路：十九世纪的知识分化及其政治、文化场域》	梁 展 著
《追寻希望》	邓小南 著